U0462862

권威·前沿·原创

皮书系列为
"十二五""十三五""十四五"国家重点图书出版规划项目

残疾人事业蓝皮书

BLUE BOOK OF THE CAUSE FOR PERSONS WITH DISABILITIES

中国残疾人事业研究报告（2022）

REPORT ON THE CAUSE FOR PERSONS WITH DISABILITIES IN CHINA (2022)

主　编／郑功成

副主编／杨立雄

社会科学文献出版社

SOCIAL SCIENCES ACADEMIC PRESS（CHINA）

图书在版编目（CIP）数据

中国残疾人事业研究报告.2022/郑功成主编.--
北京：社会科学文献出版社，2022.2
（残疾人事业蓝皮书）
ISBN 978 - 7 - 5201 - 9761 - 8

Ⅰ.①中… Ⅱ.①郑… Ⅲ.①残疾人 - 社会福利事业
- 研究报告 - 中国 - 2022 Ⅳ.①D669.69

中国版本图书馆 CIP 数据核字（2022）第 027331 号

残疾人事业蓝皮书

中国残疾人事业研究报告（2022）

主　　编／郑功成
副 主 编／杨立雄

出 版 人／王利民
责任编辑／周　琼
文稿编辑／李惠惠　孙玉铖　李小琪
责任印制／王京美

出　　版／社会科学文献出版社·政法传媒分社（010）59367156
　　　　　地址：北京市北三环中路甲 29 号院华龙大厦　邮编：100029
　　　　　网址：www.ssap.com.cn
发　　行／社会科学文献出版社（010）59367028
印　　装／天津千鹤文化传播有限公司

规　　格／开 本：787mm × 1092mm　1/16
　　　　　印 张：15.75　字 数：235 千字
版　　次／2022 年 2 月第 1 版　2022 年 2 月第 1 次印刷
书　　号／ISBN 978 - 7 - 5201 - 9761 - 8
定　　价／128.00 元

读者服务电话：4008918866

残疾人事业蓝皮书编委会

主要编撰者简介

郑功成 1964 年生，湖南平江人，武汉大学政治经济学专业毕业。中国人民大学教授，全国人大常委会委员，国务院政府特殊津贴获得者，中国社会保障学会会长、中国人民大学残疾人事业发展研究院院长。长期从事社会保障、收入分配及与民生相关领域的研究，是"中国社会保障改革与发展战略""维护社会公平正义与保障国民共享发展成果""国家社会福利制度发展战略"等重大战略项目研究的首席专家。出版著作 30 余种，发表学术文章 400 多篇。主持国家战略研究项目、国家社科基金重大攻关项目与决策咨询项目、教育部重大项目与重点项目以及多个中央部委重点科研项目 50 多项。荣获第六届高等学校科学研究优秀成果奖（人文社会科学）一等奖，第九、十、十二届中国图书奖，国家级优秀教学成果二等奖，全国首届孺子牛金球奖荣誉奖，全国挑战杯园丁奖，北京市哲学社会科学优秀成果奖一等奖等多种全国性或省部级学术与教学奖励，以及"有突出贡献的中青年专家"称号和"为首都建设做出突出贡献的先进个人"称号，是北京市理论人才百人工程、教育部新世纪优秀人才支持计划、国家百千万人才工程入选者。

杨立雄 1968 年生，毕业于南开大学社会学系，获博士学位，教授、博士生导师。中国人民大学中国社会保障研究中心副主任、中国人民大学残疾人事业发展研究院副院长。曾于 2010 年、2018 年分别在美国印第安纳大学和康奈尔大学做访问学者，多次应邀出席联合国、OECD 等国际会议并做主题发言。研究方向为残疾人事业理论与政策，涉及残疾人社会政策比较、残疾人社会保障、残疾人劳动就业、辅助器具产业等，发表论文近百篇，出版专著 8 部，是国家社科基金重大项目"中国残疾人家庭社会支持及案例库建设"的首席专家，承担国家社科基金一般项目 2 项，承担部委课题超过 50 项。承担的北京市社科基金项目获"北京市第十二届哲学社会科学优秀成果奖"二等奖，3 次获得中国残疾人联合会举办的中国残疾人事业研究优秀成果一等奖、二等奖。

主要作者简介

吴雪萍　上海体育学院教授，博士生导师，上海高校特聘教授、曙光学者、浦江人才。现任上海体育学院科学研究院执行院长，兼任亚洲适应体育教育与运动学会常务理事、中国体育科学学会第八届理事会理事、中国残疾人事业发展研究会常务理事兼体育专委会副主任、中国残疾人康复协会智力残疾康复专业委员会常务理事等职务。主持科技部国家重点研发计划课题、国家社会科学基金重点项目、高等学校博士学科点专项科研基金项目、中国残疾人联合会体育科研项目等多项国家及省部级课题。在国内外各级刊物发表残疾人研究论文数十篇。获 2018 年度上海市科技进步奖三等奖、2015～2018 年全国残疾人体育先进个人。

顾耀东　博士，毕业于英国利物浦约翰摩尔斯大学体育工程学专业，宁波大学教授，博士生导师。现任宁波大学国际处处长，宁波大学体育学院执行院长，宁波大学体育学一级学科博士点负责人，宁波大学人体运动科学中央财政重点实验室主任，宁波大学学术委员会委员。受聘为新西兰奥克兰大学、俄罗斯远东联邦大学、匈牙利罗兰大学博士生导师。兼任中国—中东欧体育教育与研究联盟秘书长，亚洲运动生物力学学会秘书长，英国皇家医学会会士，中国残疾人体育发展专业委员会副主任委员，中国残疾人冬季项目科学化人才宁波大学培训基地负责人。入选浙江省高校领军人才，浙江省之江青年拔尖人才。研究方向为运动与健康促进、竞技运动表现提升。

吴燕丹 博士，福建师范大学体育科学学院教授，博士生导师。研究方向为体育教育训练学适应体育（残疾人体育）、体育社会学（志愿服务、体育公共服务）。现为亚洲适应体育学会副主席，中国残疾人事业发展研究会常务理事兼体育专委会副主任，福建省残疾人体育研究指导中心主任。在国内外核心期刊发表数十篇较有影响力的论文，主持两项国家社科基金项目，负责一项国家社科重大招标项目子课题，主持并结题 9 项省部级研究课题，帮助省市残联制定残疾人体育事业发展规划。

文 安 教育学博士，西安工业大学基础学院教授，硕士研究生导师。从事运动人体科学、残疾人体育、运动损伤康复治疗课程教学与研究。多次担任残疾人体育国家级比赛田径、羽毛球项目分级组长，还从事过轮椅篮球、轮椅击剑、轮椅网球、射击、射箭、皮划艇等项目的竞赛分级工作。完成省部级课题 2 项，参与完成多项国家及省部级课题；参与多部专著、译著及教材编写工作；发表学术论文 30 余篇。现为科技部重点项目评审专家，中国残疾人研究会体育分会专委会成员，中残联体育部特殊教育专家，中国康复医学协会体育保健康复专业委员会委员。

侯晓晖 医学博士，三级教授，博士生导师。广东省普通高校残疾人运动与健康促进国际协同创新中心负责人、广东省运动与健康重点实验室副主任，广州体育学院运动医学康复中心主任。现任中国健康促进与教育协会运动与康复分会副主委，中国康复医学体育保健康复专委会常委，中国康复医学会物理治疗专委会委员，广东省康复医学会体育与运动康复分会会长。研究方向为适应体育与运动康复。主持国家、省部级课题 4 项，参加国家级及省部级课题 5 项，发表论文 30 余篇，主编教材 1 部，参编教材 6 部。2016年获教育部、中残联"交通银行特教园丁奖"，2019 年获广东省"三八红旗手"、广东省教学成果一等奖。

摘　要

本书主要内容分为总报告、专题报告和地方报告三个部分。

总报告全面回顾了中国残疾人事业的百年发展史。在中国共产党的领导下，我国残疾人事业经历了从无到有、从单一保障到全面发展的过程，探索出一条具有中国特色的残疾人事业发展道路。总报告还分析了 2020 年残疾人事业进展。面对新冠肺炎疫情的持续流行，在党中央、国务院的坚强领导下，在广大残疾人和社会各个方面的共同努力下，实现了残疾人的全面小康，残疾人事业迈上新的台阶。"十四五"时期，残疾人事业以高质量发展为主题，进一步巩固脱贫攻坚成果，提升就业质量，促进残疾人基本公共服务均等化，改善无障碍环境，实现残疾人共同富裕。

专题报告介绍了北京 2022 年冬残奥会备战参赛进展情况。目前，北京冬残奥会已全部准备就绪。举办冬残奥会带动了更多残疾人参与冰雪运动。专题报告以残疾人群众性体育活动、竞技体育、康复体育和残疾人体育教育为主题，分析了残疾人体育发展现状。在残疾人群众性体育方面，残疾人健身示范点、残疾人社会体育指导员、康复体育进家庭、群众体育品牌化项目等方面取得了长足发展；在竞技体育方面，我国举办了 11 届全国性残疾人运动会和 8 届特殊奥林匹克运动会，连续 5 届残奥会金牌、奖牌数双第一；在残疾人康复体育方面，残疾人康复体育活动形式丰富多样，接受康复体育家庭关爱服务的残疾人数量稳步增加，残疾人康复体育示范点逐年增多，康复体育专业人才队伍逐步壮大；在残疾人体育教育方面，残疾人体育课程标准、学校体育师资培养、学校体育基础设施服务等均获得快速发展。专题报

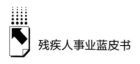

告对"十四五"时期残疾人体育发展进行了展望。

　　地方报告介绍了内蒙古、新疆、宁夏、西藏4个少数民族自治区地区残疾人事业的发展状况。"十三五"时期,上述4个地区的脱贫攻坚取得显著成效,残疾人组织体系不断健全,残疾人教育事业快速发展,就业权利得到有效保障,法规制度不断健全。"十四五"时期,上述4个地区将以残疾人事业高质量发展为主题,以巩固拓展残疾人脱贫攻坚成果、促进残疾人全面发展和共同富裕为主线,从多个方面着手进一步推动残疾人事业发展。

　　关键词: 残疾人事业　残疾人体育　冬残奥会

Abstract

This report is divided into three parts, including general report, special reports and local reports.

The general report comprehensively reviews centennial development history of the cause of persons with disabilities in China. Under the leadership of the Communist Party of China, the cause of persons with disabilities in China has experienced from scratch, from single security to all-round development, and has explored a development path with Chinese characteristics. It also analyzes the progress of the cause of persons with disabilities in 2020. Even with persistent epidemic of the Covid – 19, under the powerful leadership of the CPC Central Committee and the State Council, with the common efforts of persons with disabilities and all sectors of society, persons with disabilities have become members of a well-off society in all round way and the cause of persons with disabilities has stepped to a new stage. During the 14th Five-Year Plan period, with the theme of high-quality development, cause of persons with disabilities will further consolidate the achievements in poverty alleviation, improve the quality of employment, promote the equalization of basic public services for persons with disabilities, improve the barrier free environment, and realize the common prosperity of persons with disabilities.

The special s introduce the progress of preparation for the 2022 Winter Paralympic Games in Beijing and comprehensively analyzes the development status of mass sports, competitive sports, rehabilitation sports and physical education for persons with disabilities in China. In terms of mass sports for persons with disabilities, great progress has been made in fitness demonstration sites for persons with disabilities, social sports instructors, rehabilitation sports into the family and

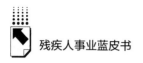

mass sports branding projects. In terms of competitive sports, China has hosted 11 sessions National Games for persons with disabilities and 8 sessions Special Olympic Games, ranking first in gold medals and total medals in five consecutive Paralympic Games. In terms of rehabilitation sports for persons with disabilities, the number of persons with disabilities receiving family care services of rehabilitation sports has increased steadily, the number of demonstration sites of rehabilitation sports for persons with disabilities has increased year by year, and the team of rehabilitation sports professionals has gradually expanded. In terms of physical education for persons with disabilities, the curriculum standards of physical education for persons with disabilities, the training of school physical education teachers and school physical education infrastructure services have developed rapidly.

The local report introduces the development status quo of the cause of persons with disabilities in Inner Mongolia, Xinjiang, Ningxia and Tibet. Remarkable results have been achieved in poverty alleviation, the organizational system of persons with disabilities has been continuously improved, the education of persons with disabilities has developed rapidly, the right to employment has been effectively guaranteed, and the laws and regulations have been continuously improved above four regions during the 13th Five-Year Plan period. During the 14th Five-Year Plan period, the above four regions will take the high-quality development of the cause of persons with disabilities as the theme, consolidate and expand the achievements of poverty alleviation, and promote the all-round development and common prosperity of persons with disabilities as the main line, so as to promote the comprehensive development of the cause of the persons with disabilities, and developing towards common prosperity for persons with disabilities.

Keywords: Cause of Persons with Disabilities; Sport of Persons with Disabilities; Winter Paralympic Games

目 录 ↖

Ⅰ 总报告

Ⅱ 专题报告

Ⅲ 地方报告

Ⅳ　附录

皮书数据库阅读**使用指南**

总 报 告

General Reports

B.1

中国共产党与残疾人事业百年发展

杨立雄　张豫南*

摘　要： 本报告回顾了在中国共产党的领导下，我国残疾人事业百年间经历的探索时期、兴起时期、快速发展时期以及全面发展时期四个阶段，从前两个时期的单一基本生活保障发展到包括就业、康复、教育以及精神文化等在内的全方位支持，探索出一条具有中国特色的残疾人事业发展道路。党的十八大以来，以习近平同志为核心的党中央坚持"以人民为中心"的发展思想，立足于残疾人的切实需求，不断完善残疾人的社会保障和社会服务体系，显著改善残疾人的生存发展情况，残疾人事业整体发展迈向全面体系化。

关键词： 中国共产党　残疾人事业　社会保障

---

* 杨立雄，博士，中国人民大学教授、博士生导师，研究方向为残疾人事业理论与政策；张豫南，中国人民大学博士研究生，研究方向为残疾人事业理论与政策。

中国共产党自成立以来始终将全心全意为人民服务作为党的宗旨，在带领人民从站起来到富起来再到强起来的 100 年历史中，中国共产党始终坚持保障残疾人的基本生存权利。随着党在不同时期的中心任务的变化，残疾人事业发展的思想理念不断转变，残疾人事业发展的内容不断丰富，保障对象范围不断扩大，体系不断健全。党的十八大以来，以习近平同志为核心的党中央坚持"以人民为中心"的发展思想，格外关心包括残疾人在内的社会困难群体，通过精准扶贫、最低生活保障以及残疾人"两项补贴"等针对性政策和措施，残疾人生存发展状况显著改善，相关社会保障和社会服务体系不断健全，我国已经逐渐探索出一条具有中国特色的残疾人事业发展道路。

一 残疾人事业探索时期

自 1921 年 7 月中国共产党成立以来，中国共产党是在马克思主义思想指导下的工人政党，在战争年代明确提出了"以民为本"的民生主张。[①] 这一时期，中国共产党的主要目标和任务就是实现民族的独立和解放，[②] 其将改善和保障民生作为夺取革命胜利的重要抓手。这一时期以伤残军人为主要保障对象，以保障残疾人基本生活为主要内容[③]，初步建立起残疾人基本生活保障和伤残军人优待政策。

新民主主义革命时期，中国共产党高度重视伤残军人的权益，为之制定了一系列保障政策，包括《优待红军家属及抚恤伤亡实施条例》《关于组织抚恤委员会的训令》《关于红军各军建立抚恤委员会分会》《红军抚恤条例》《中国工农红军优待条例》等政策，[④] 基本形成了以抚恤金发

---

① 席恒、余澍、李东方：《光荣与梦想：中国共产党社会保障 100 年回顾》，《管理世界》2021 年第 4 期。
② 丁建定：《中国共产党百年社会保障政策：时代目标与实践取向》，《社会保障评论》2021 年第 2 期。
③ 曲相霏：《中国共产党残疾人权益保障的百年历程及意义》，《人权》2021 年第 2 期。
④ 罗平飞：《建国前中国共产党军人抚恤优待及退役安置政策研究》，《中共党史研究》2005 年第 6 期。

放、疗养安置、福利优待和家属保障为主要内容的伤残军人优抚工作。

在抚恤金发放方面，1932 年 2 月通过的《红军抚恤条例》是第一个军人抚恤条例，该条例在法律层面上规定必须给予因战争而受伤残废的军人抚恤金。① 1939 年 1 月，林伯渠在《两年来陕甘宁边区政府在保卫边区和全中国的抗战中所做的工作》中提及 "残废者则按其轻、重、久、暂不等的程度，分别发给残废优待证，每年发给十元至三十元的抚恤金，并派人代耕土地"。② 1946 年 4 月 28 日，中共中央印发《中共中央关于复员工作的指示》，规定 "荣誉军人回到任何一个解放区时，可按其所带残废证，按各该区规定领取残废金，各该区承办机关应予发给。"③

在疗养安置方面，《中国工农红军优待条例》第十四条规定 "国家设立残废院，凡因战争或在红军服务中而残废者入院休养，一切生活费用由国家供给。"④ 1932 年 4 月，王稼祥在《扩大红军工作必须注意的几个问题》中提出拥护红军委员会必须协同政府帮助残废的同志，设法送他们到医院及红军后方机关中去。⑤ 1933 年，中央红军于江西兴国固龙江开办第一残废医院，下辖四所分别收治全残伤员、精神残疾人和一、二等残废伤员以及临时伤员。⑥ 1937 年 4 月，中共中央书记处印发《中共中央书记处关于同蒋介石谈判经过和我党策略方针给共产国际的报告》，要求原苏区地方部队改编后残

① 其中第 6 条规定 "红军在服务期间，因伤残废不能服务者，则送到红军残废院休养，其生活费应较红军生活费增多二分之一。其愿意回家者，则给予终身抚恤金，其数目以当时当地之生活程度而定。但全残废每年不得少至五十元以下，半残废不得少至三十元以下"。
② 中共中央文献研究室：《建党以来重要文献选编（1921—1949）》（第十六册），中央文献出版社，2011，第 55 页。
③ 中共中央文献研究室：《建党以来重要文献选编（1921—1949）》（第二十三册），中央文献出版社，2011，第 230 ~ 231 页。
④ 中共中央文献研究室：《建党以来重要文献选编（1921—1949）》（第八册），中央文献出版社，2011，第 725 页。
⑤ 中共中央文献研究室：《建党以来重要文献选编（1921—1949）》（第九册），中央文献出版社，2011，第 276 页。
⑥ 王安：《民国时期残疾军人社会保障研究》，博士学位论文，苏州大学，2015，第 166 页。

废军人应由中央出资安置。① 抗日战争期间，中共中央高度重视残废军人安置，1941 年 10 月中央军委、总政治部下发《关于妥善安置残废军人和年老军人的指示》，要求根据不同残障情况、残障军人个人意愿给予不同的安置措施。②

在福利优待方面，1938 年 10 月，毛泽东在中共六届六中全会上代表中央政治局作了《论新阶段》的报告，提出优待残废抗日军人的建议。③ 1945 年 4 月 24 日，毛泽东在《论联合政府》的报告中再次提出"优待残废军人，帮助退伍军人解决生活和就业问题"。④ 同年 4 月 25 日，朱德在《论解放区战场》的报告中也强调优待抗属，安置残废军人。⑤ 1948 年 2 月 15 日，中共中央印发《关于土地改革中各社会阶级的划分及其待遇的规定（草案）》，规定革命军人因受伤残废而退伍者，要依其退伍后的生活情况确定身份成分，保持终身革命军人称号。⑥

在家属保障方面，1929 年鄂西苏区政府出台了《优待红军家属及抚恤伤亡实施条例》，1932 年 2 月中华苏维埃共和国中央革命军事委员会通过的《红军抚恤条例》明确规定予以因劳致病、致损失去部分工作能力者、残废者家属抚恤，"家属无生活能力者，则给予实际上的帮助，如优恤金，帮助耕田耕种、迁移等，以能维持其生活为度"，"一切职业介绍皆有优先权"。⑦ 1946 年 1 月 16 日，中国共产党提出《和平建国纲领草案》，规定"妥善照

---

① 中共中央文献研究室：《建党以来重要文献选编（1921—1949）》（第十四册），中央文献出版社，2011，第 138 页。
② 中共中央文献研究室：《建党以来重要文献选编（1921—1949）》（第十八册），中央文献出版社，2011，第 634 页。
③ 中共中央文献研究室：《建党以来重要文献选编（1921—1949）》（第十五册），中央文献出版社，2011，第 617 页。
④ 中共中央文献研究室：《建党以来重要文献选编（1921—1949）》（第二十二册），中央文献出版社，2011，第 161 页。
⑤ 中共中央文献研究室：《建党以来重要文献选编（1921—1949）》（第二十二册），中央文献出版社，2011，第 267 页。
⑥ 中共中央文献研究室：《建党以来重要文献选编（1921—1949）》（第二十五册），中央文献出版社，2011，第 142 页。
⑦ 中共中央文献研究室：《建党以来重要文献选编（1921—1949）》（第九册），中央文献出版社，2011，第 172～173 页。

顾残废军人及抗战军人家属与遗族之生活"为政府之责。① 1949 年 9 月 29 日，中国人民政治协商会议第一届全体会议通过《中国人民政治协商会议共同纲领》，规定革命军人的家属"生活困难者应受国家和社会的优待。参加革命战争的残废军人和退伍军人，应由人民政府给以适当安置，使能谋生立业"。②

除了伤残军人，残疾工人的权益在这一时期得到重视。1925 年 5 月，邓中夏在《劳动运动复兴期中的几个重要问题》中提出，建立"健康保险、残废保险、失业保险、老年恤金、死亡恤金及遗族恤金等种种"，③ 这是中国共产党在重要文件中首次提及残疾人保障。1926 年 11 月，共产国际执行委员会第七次扩大全会提出的《共产国际执行委员会第七次扩大全体会议关于中国问题决议案》，再一次提出建立残疾保险问题。④ 1930 年 5 月，第一次全国苏维埃区域代表会议通过的《劳动保护法》规定，工人因工作原因造成残废者，应该照相关规定给以抚恤金。⑤ 1931 年 11 月，中共中央决定成立中华苏维埃共和国临时中央政府，并随之召开中华苏维埃第一次全国代表大会，会议通过了《中华苏维埃共和国劳动法》。该法对残疾保险的具体优恤政策进行了说明，指出凡工人因一般的原因或遇险或职业病而造成一部分或全部残废，残废程度与性质及其家庭状况经过特别专门委员会的检查而确定后，须得现金优恤。⑥

① 中共中央文献研究室：《建党以来重要文献选编（1921—1949）》（第二十三册），中央文献出版社，2011，第 54 页。
② 中共中央文献研究室：《建党以来重要文献选编（1921—1949）》（第二十六册），中央文献出版社，2011，第 763 页。
③ 中共中央文献研究室：《建党以来重要文献选编（1921—1949）》（第二册），中央文献出版社，2011，第 340 页。
④ 中共中央文献研究室：《建党以来重要文献选编（1921—1949）》（第四册），中央文献出版社，2011，第 36 页。
⑤ 韩延龙、常兆儒：《中国新民主主义革命时期根据地法制文献选编》（第四卷），中国社会科学出版社，1984，第 549 页。
⑥ 中共中央文献研究室：《建党以来重要文献选编（1921—1949）》（第八册），中央文献出版社，2011，第 713 页。

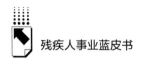

二 残疾人事业兴起时期

新中国成立以后，百废待兴，中国共产党的工作中心转变为巩固政权和维护社会稳定。发展人民福祉是社会主义优越性的体现，① 如何保障好包括残疾人在内的弱势群体的基本生活，成为中国共产党执政的重要议题。毛泽东在 1953 年中国盲人福利会成立时的讲话中指出，盲人是世界上最痛苦的人，中国共产党发动革命的初衷是为被压迫的人谋解放，所以应该去解放这些最苦的人。② 在毛主席的关怀下，残疾人事业获得进一步发展。这一阶段残疾人保障的主要对象从伤残军人拓展到全体残疾人，以政府为一元保障主体，以"隔离式居养"为主要保障形式，以保障基本生活为主要内容，支持残疾人参与生产发展的工作正处于起步阶段。在中国共产党的领导下，这一时期残疾人事业主要内容包括残障军人安置和优待、残疾工人保险、困难残疾人保障以及供养四个方面。

第一，完善残障军人安置和优待工作。1952 年 6 月 27 日，中央人民政府政务院印发《关于全国各级人民政府、党派、团体及所属事业单位的国家工作人员实行公费医疗预防的指示》，要求将革命残废军人纳入公费医疗。③ 1955 年 7 月 30 日，《中华人民共和国兵役法》出台，规定因公残废的现役军人应当受到国家的抚恤和优待。④ 1958 年 6 月，第十届全国人大常委会第十九次会议上出台了《中华人民共和国农业税条例》，同期国务院出台《关于改进税收管理体制的规定》，这两个文件分别对农业税和商业税征收问题进行了说明，提出对包括残障军人等在内的无劳动能力者减征或免征农

---

① 宋学勤、肖平：《中国共产党社会保障思想的百年演进》，《河北学刊》2021 年第 4 期。
② 参见葛忠明、臧渝梨主编《中国残疾人研究》（第一辑），山东大学出版社，2008，第 6 页。
③ 中共中央文献研究室：《建国以来重要文献选编》（第三册），中央文献出版社，1993，第 241 页。
④ 中共中央文献研究室：《建国以来重要文献选编》（第七册），中央文献出版社，1993，第 43 页。

业税，并对其所从事的生产自给活动在税收上也应予以照顾。①

第二，优化残疾工人保险。1949 年 7 月，中华全国总工会公示实施的《关于劳资关系暂行处理办法》规定，"凡职工因工受伤而致残废或死亡者，资方应给以一定之恤金"。② 1951 年 2 月 26 日，中共中央政务院公布《中华人民共和国劳动保险条例》，对因公残废待遇进行了详细的论述，规定由劳动保险基金根据残疾工人的劳动能力按月给付因公残废抚恤费或者补助费。③

第三，加强困难残疾人保障，建立"五保"制度。1950 年 6 月 30 日，中央人民政府出台了《中华人民共和国土地改革法》，规定"如该项土地系鳏、寡、孤、独、残疾人等依靠该项土地为生者，其每人平均所有土地数量虽超过百分之二百，亦得酌情予以照顾"④，以减轻土地改革对残疾人基本生活的影响。1956 年 1 月 23 日，中共中央在《一九五六年到一九六七年全国农业发展纲要（草案）》中提出"农业生产合作社对于社内缺乏劳动力，生活无依靠的鳏寡孤独的农户和残废军人，应当做到保吃、保穿、保烧（燃料）、保教、保葬"⑤。1965 年 2 月 25 日，农垦部党组扩大会议通过《关于改革国营农场经营管理制度的规定（草案）》，决定将相当于工资总额的百分之十的资金作为福利基金，用以保障因公残废者和五保户等的生活。⑥

第四，改造教养机构，安置供养残疾人，回应残疾人的就业和教育需

---

① 中共中央文献研究室：《建国以来重要文献选编》（第十一册），中央文献出版社，1993，第 269、358 页。
② 中共中央文献研究室：《建国以来重要文献选编》（第一册），中央文献出版社，1993，第 45 页。
③ 中共中央文献研究室：《建国以来重要文献选编》（第二册），中央文献出版社，1993，第 58 页。
④ 中共中央文献研究室：《建国以来重要文献选编》（第一册），中央文献出版社，1993，第 337 页。
⑤ 中共中央文献研究室：《建国以来重要文献选编》（第八册），中央文献出版社，1993，第 47 页。
⑥ 中共中央文献研究室：《建国以来重要文献选编》（第二十册），中央文献出版社，1993，第 137 页。

要。新中国成立之后，政府改造了一大批旧的教养机构，政府将儿童和老人分离出来，分别设置了残老院和儿童教养院，残疾人生存危机得以缓解，同时开始兴建福利工厂，继续发展残疾人特殊教育，解决残疾人就业和教育问题。在安置供养方面，1951 年《中华人民共和国劳动保险条例》颁布，规定中华全国总工会应统筹举办残废院，1956 年收养安置残疾人和老年人共53000 余人；同时精神病院也得到了一定程度的发展，1963 年全国共有精神病院 202 所。① 新中国成立后，国家推动特殊教育发展。1953 年 7 月教育部发布《关于聋哑学校方针、课程、学制、编制等问题给西安市文教局的复函》，阐述了特殊教育的基本原则、任务和方针，对聋哑学校办学的课程、学制以及编制等问题进行了说明，后续一系列文件对特殊教育经费管理、招生制度、师资培养等进行了规范。② 在残疾人就业方面，1952 年起，部分地区开始组织伤残军人和有劳动能力的残疾人参加生产，建立了以安置残疾劳动力为主的福利企业。截至 1978 年，全国共建立福利企业 920 家。③

三 残疾人事业全面发展时期

改革开放以来，残疾人事业发展得到高度重视，残疾人生产生活受到切实关心。邓小平曾表示："中国需要改进对残疾人的服务。"随着改革开放的深入，残疾人事业逐步被纳入经济社会发展大局。党的十六大之后，胡锦涛指出，切实尊重残疾人的公民权利和人格尊严，让他们共享社会物质文化发展的成果，是我国社会主义制度的本质要求。④ 这一阶段残疾人事业发生了阶段性转型，从发展阶段、发展理念、保障主体、保障内容再到保障形式

---

① 杨立雄：《中国残疾人社会政策范式变迁》，《湖北社会科学》2014 年第 11 期。
② 赵斌、秦铭欢：《新中国 70 年特殊教育发展：成就与趋势》，《现代特殊教育》2019 年第 18 期，第 3~11 页。
③ 董才生、接家东：《残疾人就业政策的转型历程与创新路径——以诉求变迁为视角》，《残疾人研究》2017 年第 3 期。
④ 李亚杰、李菲、顾瑞珍：《永远与春天同行——中央领导集体关心残疾人事业发展纪实》，《党建》2008 年第 10 期。

都发生了较大的转变，可以总结为以下特征。

第一，残疾人事业发展进入全面发展阶段。1978～1987年是残疾人事业逐渐恢复和初步探索的阶段，1978年8月13日，邓小平、叶剑英、李先念、余秋里等中央领导同志批阅同意了《关于恢复中国盲人聋哑人协会组织和工作的报告》，在"文革"期间停止活动的中国盲人聋哑人协会重新恢复工作，与盲人和聋哑人相关的社会救济、社会宣传、职业培训等工作得以开始组织和开展。1982年12月出台的《中华人民共和国宪法》第四十五条规定："国家和社会帮助安排盲、聋、哑和其他有残疾的公民的劳动、生活和教育。"宪法在国家最高法律层面赋予残疾人获得享有国家和社会支持的权利。1984年，中国残疾人福利基金会成立，这对残疾人事业发展具有重大意义，是残疾人工作从社会救济转向事业化发展的重要标志。1988～2012年，残疾人事业以中国残疾人联合会的正式成立为标志，进入快速发展阶段，走上组织化发展道路。1987年4月1日，第一次全国残疾人抽样调查的开始为残疾人事业的后续发展奠定了基础，有利于在全局上把握残疾人事业的基本情况以及对残疾人事业下一步发展进行整体规划布局。1988年，国务院批准实施了《中国残疾人事业五年工作纲要（1988年—1992年)》（简称《工作纲要》），这是残疾人事业发展的第一个宏观规划性文件，对从整体上统筹残疾人事业具有重要意义。①《工作纲要》实施三年已经取得较大成绩，为使残疾人事业与社会经济发展相协调，国家依据《国民经济和社会发展十年规划和第八个五年计划纲要》，制定了《中国残疾人事业"八五"计划纲要（1991年—1995年)》，为保证《工作纲要》所做工作的连续性，《工作纲要》的后两年任务被纳入其中。此后，残疾人事业发展计划纲要与国家五年规划同步，残疾人事业发展被纳入国民经济与社会发展整体统筹规划，残疾人事业进入快速发展阶段。

第二，高举人道主义旗帜。新中国成立之后，残疾人获得了应有的公民

---

① 邱观建、于娣：《理念、实践、道路：中国残疾人事业发展的四十年》，《残疾人研究》2018年第3期。

权利和义务，同时，对残疾人实施居养政策，[1] 建立了残疾人庇护性救济制度，保障了残疾人的基本生活，但残疾人融入社会缺乏有效渠道。1988年3月11日，中国残疾人联合会第一次全国代表大会召开，邓朴方在所作的报告中指出，应该"高举社会主义人道主义的旗帜，理解、尊重、关心、帮助残疾人，维护他们的合法权益和尊严"。[2] 自此，人道主义逐渐成为指导残疾人事业发展的重要理念。

第三，支持主体由政府一元统揽到政社多元合作。1990年，《中华人民共和国残疾人保障法》颁布，明确规定集中安置就业、按比例就业和个体就业是残疾人就业的三种主要形式，残疾人就业开始突破政府庇护就业的一元格局。随着市场经济体制的确立，社会治理格局逐渐转变。1996年4月，《国务院批转中国残疾人事业"九五"计划纲要的通知》指出："残疾人的特殊性、需求的多样性、参与社会生活的全面性，决定了残疾人事业具有很强的社会性。必须调动全社会的力量，鼓励和吸引社会各界广泛支持、参与。"政府开始注重引导社会力量支持残疾人事业，为"政社多元"协同助力残疾人事业发展奠定了政策基础。2008年3月，中共中央、国务院下发了《关于促进残疾人事业发展的意见》，强调了残疾人事业发展应"政府主导、社会参与，国家扶持、市场推动"。[3]

第四，保障内容从单一基本生活兜底转向全方位支持。1978～1988年，残疾人保障从生产自救转向政府有限救济。但是政府仅通过非制度化的保障为残疾人提供基本的生活兜底支持，具有"慈善"理念下的补缺性特质。《中国残疾人事业五年工作纲要（1988年—1992年）》和《中国残疾人事业"八五"计划纲要（1991年—1995年）》对残疾人康复、教育、就业、文化生活以及无障碍等诸多方面进行了系统规划。截至2012年，在康复方面，

[1] 杨立雄：《从"居养"到"参与"：中国残疾人社会保护政策的演变》，《社会保障研究》2009年第4期。
[2] 《邓朴方同志在中国残疾人联合会第二次全国代表大会上的报告》，中国政府网，http://www.gov.cn/test/2008-11/14/content_1148847.htm，最后访问日期：2021年10月27日。
[3] 《中共中央、国务院关于促进残疾人事业发展的意见》，中国政府网，http://www.gov.cn/jrzg/2008-04/23/content_952483.htm，最后访问日期：2021年10月24日。

形成了社区康复与机构康复相结合的主要康复形式，建立了大量社区康复站和残疾人康复服务机构；在教育方面，初步形成了"特普结合"的格局，已开办特殊教育普通高中班（部）186 个；在就业方面，福利企业逐渐式微，城镇就业残疾人新增了 32.9 万人，以个体就业、集中就业和按比例就业为主，以公益性岗位和辅助性就业为补充的多渠道就业形式初步形成；[①]在社会保障方面，残疾人社会保险覆盖率稳步提升，纳入最低生活保障范围的城乡残疾人共有 1070.5 万人，残疾人托养服务逐渐发展起来；在残疾人文化生活方面，开展残疾人文化周活动，进一步推进"残疾人文化进社区"项目，举办各种残疾人相关的文化活动。[②]

第五，残疾人的保障形式从临时救济转变为制度化保障。历史上，我国社会救助主要源于"仁政"和慈善、道义观，以应急性救助为主导，救助活动具有很强的随意性和临时性特征。改革开放之后，我国第一部针对残疾人的专门立法《中华人民共和国残疾人保障法》颁布实施，标志着中国残疾人事业开始步入法制轨道。[③] 之后，1994 年 8 月国务院颁布了《中华人民共和国残疾人教育条例》，2007 年 2 月国务院常务会议通过了《残疾人就业条例》，2012 年 6 月国务院通过了《无障碍环境建设条例》，这些法律法规的颁布促进残疾人事业迈向制度化、规范化发展，为残疾人作为国民，享有就业、教育以及康复等权利提供了法律支持。

四　残疾人事业发展进入新时代

党的十八大以来，以习近平同志为核心的党中央坚持"以人民为中心"的发展思想，切实关心残疾人的需要。2014 年 5 月，在会见全国自强模范、

---

① 杨立雄、郝玉玲：《城镇残疾人就业："问题"的转移与政策隐喻》，《西北大学学报》（哲学社会科学版）2019 年第 4 期。
② 《2012 年中国残疾人事业发展统计公报》，中国政府网，http://www.gov.cn/jrzg/2013 - 03/28/content_ 2364263.htm，最后访问日期：2021 年 10 月 24 日。
③ 杨立雄：《从"居养"到"参与"：中国残疾人社会保护政策的演变》，《社会保障研究》2009 年第 4 期。

助残先进集体和个人代表时，习近平表示："各级党委和政府要高度重视残疾人事业，把推进残疾人事业当作份内的责任，各项建设事业都要把残疾人事业纳入其中。"① 2016 年 7 月 28 日在河北省唐山市考察时，习近平指出："中国有几千万残疾人，2020 年全面建成小康社会，残疾人一个也不能少。"② 2020 年 3 月，习近平总书记在湖北省考察疫情防控工作时强调，要加强对包括残疾人在内的特殊群体走访探视，即时提供帮助。新时代残疾人事业进入全面发展阶段，残疾人事业发展更应该强调其公平性、可持续性和系统性，③ 实现整体性布局与部分推进相结合。这一阶段主要表现为以下四个特征。

首先，高度重视残疾人兜底保障。2013 年在湖南湘西考察时，习近平首次提出"实事求是、因地制宜、分类指导、精准扶贫"。④ 为了实现残疾人精准脱贫的目标，党中央高度重视残疾人的基本生活保障，只有做好兜底保障，才能确保所有残疾人都如期脱贫。2016 年 12 月，中残联、中组部、中宣部等 26 个部门和单位联合印发《贫困残疾人脱贫攻坚行动计划（2016—2020 年）》，提出"到 2020 年，确保现行标准下建档立卡贫困残疾人如期实现脱贫"的总体目标，主要任务中放在首位的便是"通过全面落实农村低保等社会救助政策和困难残疾人生活补贴、重度残疾人护理补贴等保障制度兜底脱贫一批"，"生活困难、靠家庭供养且无法单独立户的成年无业重度残疾人，经个人申请，可按照单人户纳入最低生活保障范围"。⑤ 2021 年 8 月，在残疾人"两项补贴"政策的基础上，民政部、财政部以及

---

① 《这个特殊群体，习近平格外关心》，央广网，http：//news. cnr. cn/native/gd/20190519/t20190519_ 524617877. shtml，最后访问日期：2022 年 1 月 23 日。

② 《这个特殊群体，习近平格外关心》，央广网，http：//news. cnr. cn/native/gd/20190519/t20190519_ 524617877. shtml，最后访问日期：2022 年 1 月 23 日。

③ 转引自庞文、张蜀缘《中国残疾人社会保障制度的演进：1978—2017》，《残疾人研究》2018 年第 2 期。

④ 《十八大以来，习近平对脱贫攻坚作出超强部署》，新华网，http：//www. xinhuanet. com/politics/2017 - 06/28/c_1121223629. htm，最后访问日期：2022 年 1 月 23 日。

⑤ 《中残联等联合印发〈贫困残疾人脱贫攻坚行动计划（2016 - 2020 年）〉》，中国政府网，http：//www. gov. cn/xinwen/2017 - 02/22/content_5169975. htm，最后访问日期：2021 年 10 月 27 日。

中国残联印发《关于进一步完善困难残疾人生活补贴和重度残疾人护理补贴制度的意见》，将补贴对象的覆盖范围进一步扩大，鼓励有条件的地方合理扩大残疾人两项补贴对象范围，"生活补贴覆盖范围可向低保边缘家庭残疾人及其他困难残疾人延伸，护理补贴覆盖范围可向三、四级智力、精神残疾人或其他残疾人延伸"。①

其次，进一步加强残疾人权利本位意识。"残疾人是社会大家庭的平等成员。"习近平在 2014 年 5 月 16 日会见第五次全国自强模范暨助残先进集体和个人表彰大会受表彰代表时强调："中国梦，是民族梦、国家梦，是每一个中国人的梦，也是每一个残疾人朋友的梦。"② 党和政府将促进残疾人融合发展作为"份内之事"，这与中国共产党为人民服务的宗旨紧密联系。2015 年 1 月，国务院印发《国务院关于加快推进残疾人小康进程的意见》，指出要"健全残疾人权益保障制度"，让残疾人"生活得更加殷实、更加幸福、更有尊严"，强调对残疾人权益的保障。③ 2019 年 7 月，国务院印发了《平等、参与、共享：新中国残疾人权益保障 70 年》白皮书，总结了中国共产党和中国政府尊重和保障残疾人权利的成就，认为党的十八大以来残疾人权益保障机制不断完善，残疾人获得感、幸福感、安全感持续提升。④ 2021 年 9 月 9 日，国务院发布《国家人权行动计划（2021—2025 年）》，并单独设置一节论述了残疾人的权益保障，要求促进残疾人的平等参与和社会融入。⑤ 残疾人不是国家和社会同情和怜悯的帮助对象，而是社会的参与者、建设者和社会成果的共享者。残疾人从被动帮扶的角色，转变为积极主

---

① 《民政部　财政部　中国残联关于进一步完善困难残疾人生活补贴和重度残疾人护理补贴制度的意见》，中国政府网，http://www.gov.cn/zhengce/zhengceku/2021-09/15/content_5637554.htm，最后访问日期：2021 年 10 月 27 日。

② 《中国梦也是每一个残疾人朋友的梦》，《四川日报》2014 年 5 月 17 日。

③ 《国务院关于加快推进残疾人小康进程的意见》，中国政府网，http://www.gov.cn/zhengce/content/2015-02/05/content_9461.htm，最后访问日期：2021 年 10 月 25 日。

④ 《平等、参与、共享：新中国残疾人权益保障 70 年》，中国政府网，http://www.gov.cn/zhengce/2019-07/25/content_5414945.htm，最后访问日期：2021 年 10 月 25 日。

⑤ 《〈国家人权行动计划（2021—2025 年）〉发布全文》，中央统战部网站，http://www.zytzb.gov.cn/szyw/360034.jhtml，最后访问日期：2021 年 10 月 25 日。

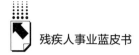

动参与中国建设的主体，作为国家的公民享有接受教育、参与就业和社会事务等的权利。党的十八大以来，残疾人作为社会主义大家庭中的一员和全面建成小康社会的参与者，其作为公民的主体地位空前突出。

再次，残疾人事业发展法制体系进一步健全。2014年10月，十八届四中全会通过《中共中央关于全面推进依法治国若干重大问题的决定》，提出"全面推进依法治国，总目标是建设中国特色社会主义法治体系，建设社会主义法治国家"，并指出实现这个总目标必须"坚持人民的主体地位，以保障人民根本权益为出发点和落脚点"。党的十八大以来，残疾人事业发展法制体系更加健全，国家制定出台了一系列法律规章，包括《关于支持助残社会组织发展的指导意见》《国务院关于加快推进残疾人小康进程的意见》《关于发展残疾人辅助性就业的意见》《关于全面建立困难残疾人生活补贴和重度残疾人护理补贴制度的意见》《残疾预防和残疾人康复条例》《中华人民共和国社会救助法（草案征求意见稿）》，这些法律规章立足于公民权利，进一步加强了对残障人士的保障，对残疾人就业、教育、康复、最低生活保障以及助残组织发展等进行了详细的规定，将残疾人享有的社会权利以法律的形式固定下来。除了以上法律规章之外，国务院印发了一系列有关残疾人事业发展的规划，《"十三五"加快残疾人小康进程规划纲要》《国家残疾预防行动计划（2016—2020年）》《贫困残疾人脱贫攻坚行动计划（2016—2020年）》《国家人权行动计划（2021—2025年）》等规划文件也为残疾人事业发展指明了方向和目标。

最后，残疾人支持内容更加全面精准。党的十八大以来，残疾人事业发展致力于精准。在就业方面，加强了不同残疾类型和残疾程度残疾人的精准就业。如为解决精神、智力以及重度肢体残疾这三类就业最困难的群体的就业问题，推进发展辅助性就业服务，为残疾人增权赋能，提高残疾人家庭的发展能力。① 在康复方面，2016年10月，中国残联、国家卫生计生委、民

---

① 周沛：《社会投资：残疾人辅助性就业服务的逻辑与效用》，《社会科学辑刊》2020年第2期。

政部等五部门联合印发的《残疾人康复服务"十三五"实施方案》指出，提供残疾人精准康复服务，以改善功能、提高生活自理能力和参与社会为目标，进行康复评估，制定个性化服务方案。① 随后各省份都下发了本省的残疾人精准康复行动方案，制定残疾人康复服务的精准行动方案。如浙江省将目标进行分解，提出 2017 年底、2018 年底、2019 年底、2020 年接受基本康复服务的残疾儿童和持证成年残疾人数分别应达到 75%、80%、85% 及 90%。② 在教育方面，2017 年 7 月，教育部等七部门联合印发了《第二期特殊教育提升计划（2017—2020 年）》，要求残疾人教育坚持统筹推进，特普融合，"以普通学校随班就读为主体、以特殊教育学校为骨干、以送教上门和远程教育为补充，全面推进融合教育"。2017 年开始，在四川大学、南京特殊教育师范学院等七所学校开展高等融合教育试点工作，2020 年全国有 13551 名残疾人被普通高等院校录取。③

五　结语

回顾党的百年峥嵘岁月，中国共产党团结带领全国人民实现了从站起来到富起来再到强起来的伟大飞跃。作为中国特色社会主义事业的重要组成部分，残疾人事业不断发展是党坚持"以人民为中心"的发展思想的重要体现。中国共产党的百年奋斗史也是残疾人事业的百年发展史，从改革开放前的慈善救济到 20 世纪 80 年代残疾人事业发展确立，再到党的十八大以来的全面快速发展，发展理念、保障内容、支持主体、保障形式皆发生了巨大变化。这是中国共产党发展理念在时代进步中自我革新的重要体现；残疾人保

① 《〈残疾人康复服务"十三五"实施方案〉印发》，中国政府网，http://www.gov.cn/fuwu/cjr/2016-10/21/content_5124046.htm，最后访问日期：2021 年 10 月 26 日。
② 《关于贯彻落实全国〈残疾人精准康复服务行动实施方案〉的通知》，浙江省残联网站，http://www.zjdpf.org.cn/art/2016/9/16/art_1229440478_2210077.html，最后访问日期：2021 年 10 月 26 日。
③ 《2020 年残疾人事业发展统计公报》，中国残联网站，https://www.cdpf.org.cn/zwgk/zccx/tjgb/d4baf2be2102461e96259fdf13852841.htm，最后访问日期：2020 年 10 月 26 日。

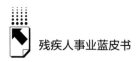

障内容从单一的基本生活保障发展到包括就业、康复、教育以及精神文化等在内的全面支持，这是残疾人事业发展随着我国经济发展阶段和水平动态调整的机制优势的体现；残疾人支持主体从政府一元兜底到多元主体协同参与，这是党的十八大以来治理体系和治理能力现代化在残疾人事业发展领域的集中表现；残疾人保障形式从临时随意救济到法律先行的制度保障，让残疾人事业发展和残疾人的基本权利有法可依，这是党对于"江山就是人民，人民就是江山"论述的践行。

中国特色社会主义进入新时代，残疾人美好生活需要不仅包含物质文化等显性需要，还包括以权利、尊严、平等、安全等为主要内容的获得感、幸福感、安全感等隐性需要。2020年我国全面建成小康社会，残疾人一个也不少地按期脱贫，我国残疾人事业发展取得了伟大成就。与此同时，也应该认识到残疾人事业发展中仍然存在残疾人返贫致贫风险高、残疾人保障水平相对较低、就业质量不高以及残疾人平等权利仍未充分实现等诸多亟待解决的问题，这些问题同时涉及残疾人的显性需要和隐性需要。下一阶段，残疾人事业要立足新发展阶段、贯彻新发展理念、构建新发展格局，以残疾人事业高质量发展为主题，在巩固拓展残疾人脱贫攻坚成果，继续满足残疾人对于物质文化的显性需要的同时，关注新时代残疾人的隐性需要，充分保障残疾人的平等权利，为残疾人增权赋能，促进残疾人的全面发展，不断满足残疾人对美好生活的需要，从而实现残疾人的共同富裕。

B.2
中国残疾人事业进展与"十四五"开篇（2021）

杨立雄*

摘　要： 2020 年，我国残疾人事业获得长足发展，残疾人和全国人民一道迈入了小康社会，残疾人社会保障进一步完善，残疾人就业比例进一步上升，无障碍环境持续改善，合法权益得到有力保障，但是残疾人事业发展不充分、不均衡问题仍然较为突出。"十四五"时期，残疾人事业应以高质量发展为主线，进一步巩固脱贫攻坚成果，提升就业质量，促进残疾人基本公共服务均等化，加强无障碍环境建设，实现残疾人共同富裕。

关键词： 残疾人事业　残疾人公共服务　"十四五"

一　2020年残疾人事业进展

2020 年是"十三五"收官之年，在党中央、国务院的坚强领导下，在广大残疾人和社会各个方面共同努力下，残疾人实现了全面小康，残疾人事业取得了新的进展。

（一）残疾人脱贫攻坚

农村建档立卡贫困残疾人全部脱贫。2020 年是打赢脱贫攻坚战的决胜

---

* 杨立雄，博士，中国人民大学教授，研究方向为残疾人理论与政策。

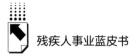

之年，中国残联、国务院扶贫办、民政部等印发一系列通知，就做好脱贫攻坚决胜阶段残疾人脱贫工作进行了系列部署。2020年1月15日，中国残联印发《关于做好2020年贫困残疾人脱贫攻坚工作的通知》，明确贫困残疾人"两不愁三保障"等硬指标，考虑残疾人脱贫过程中的特殊需求。2020年3月12日，中国残联印发《关于积极应对新冠肺炎疫情有序推进贫困残疾人脱贫攻坚工作的通知》，就疫情防控背景下积极有序推进贫困残疾人脱贫攻坚工作提出明确要求。2020年8月31日，中国残联印发《关于持续抓好贫困残疾人脱贫攻坚工作的通知》等文件，加强对各地残联推动贫困残疾人脱贫工作的指导督导。2020年6月，民政部等部门印发《关于进一步做好困难群众基本生活保障工作的通知》，将家庭生活困难的重度残疾人单独纳入低保的条件明确为低收入家庭，进一步扩大了单独纳入低保的残疾人群对象。截至2020年底，710多万建档立卡贫困残疾人如期脱贫，如期实现预定目标。《2020年残疾人事业发展统计公报》显示，全国农村残疾人中共有45.7万人次接受实用技术培训，获得康复扶贫贴息贷款扶持的贫困残疾人有4158人，45.6万名残疾人在581个残疾人扶贫基地实现就业。全国4.8万户农村贫困残疾人家庭进行了危房改造。① 《国家脱贫攻坚普查公报》显示，338.3万户建档立卡户有家庭成员享受过残疾人帮扶政策，占1482.2万被普查建档立卡户的22.8%，其中得到手术、康复训练和辅具器具适配等基本康复服务的有210.5万户，实施了家庭无障碍改造的有32.1万户。②

巩固拓展残疾人脱贫攻坚成果。2020年12月16日，中共中央、国务院印发《关于实现巩固拓展脱贫攻坚成果同乡村振兴有效衔接的意见》，对巩固拓展脱贫攻坚成果，接续推动脱贫地区发展和乡村全面振兴进行了部署，提出"织密兜牢丧失劳动能力人口基本生活保障底线""加强残疾人托养照护、康复服务"等要求。2021年4月21日，中国残联、国家乡村振兴

---

① 《2020年残疾人事业发展统计公报》，中国残疾人联合会网站，2021年4月9日，https：//www.cdpf.org.cn/zwgk/zccx/tjgb/d4baf2be2102461e96259fdf13852841.htm。
② 国家统计局、国家脱贫攻坚普查领导小组办公室：《国家脱贫攻坚普查公报（第三号）——国家贫困县建档立卡户享受帮扶政策情况》，《人民日报》2021年2月26日，第5版。

局共同印发了《关于做好巩固拓展残疾人脱贫攻坚成果有关工作的意见》，提出及时将易返贫致贫残疾人纳入防止返贫致贫监测范围和帮扶机制，加大残疾人就业、产业扶持力度，加强和改善农村残疾人服务等措施。

（二）残疾人社会保障

残疾人社会救助制度得到完善。2020年8月，中共中央办公厅、国务院办公厅印发《关于改革完善社会救助制度的意见》，进一步完善低收入家庭中的重残人员参照"单人户"纳入低保政策，提出建立重度残疾人护理补贴动态调整机制、加强残疾儿童康复救助工作等。得到特困救助供养的残疾人有107.5万人，纳入城乡最低生活保障的残疾人达1076.8万人。

残疾人社会保险参保率进一步提高。各地落实残疾人养老保险和医疗保险缴费资助政策，截至2020年底，残疾居民参加城乡社会养老保险2699.2万人，比2019年增加了68.5万人；680.1万60岁以下参保重度残疾人中，657.9万人享受参保个人缴费资助政策，占96.7%。享受个人缴费资助政策的非重度残疾人有303.7万人。领取养老金的残疾人达到1140.5万人，比2019年增加69.7万人。

残疾人福利项目得到拓展。残疾人两项补贴制度进一步完善，山西、黑龙江、辽宁、江西等省出台了关于建立两项补贴动态调整机制意见。截至2020年底，1212.6万困难残疾人领取生活补贴，1473.8万重度残疾人领取护理补贴。

残疾人托养服务稳步推进。2020年，残疾人寄宿制、日间照料、综合托养服务机构总计达到8370个，为11.7万残疾人提供了托养服务。还有42万残疾人接受居家上门服务。培训托养服务管理和服务人员3.6万人。[①]

（三）残疾人教育和就业

强化残疾人教育督导。2020年，中国残联正式成为国务院教育督导委

---

① 《2020年残疾人事业发展统计公报》，中国残疾人联合会网站，2021年4月9日，https：//www.cdpf.org.cn/zwgk/zccx/tjgb/d4baf2be2102461e96259fdf13852841.htm。

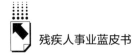

员会成员，残疾人教育督导工作得到加强。残疾儿童义务教育入学率达到95%，实现"十三五"规划确定的目标。

残疾人融合教育得到加强。2020年6月17日，教育部印发《关于加强残疾儿童少年义务教育阶段随班就读工作的指导意见》，对进一步完善随班就读工作机制，提升随班就读工作水平做出部署，提出要健全科学评估认定机制、健全就近就便安置制度、完善随班就读资源支持体系、落实教育教学特殊关爱等，同时明确非义务教育阶段的普通教育学校开展随班就读可参照执行。

2020年，全国特殊教育学校比上年增长2.37%，达到2244所；特殊教育学校专任教师比上年增长6.11%，达到6.62万人。招收各种形式的特殊教育学生14.90万人，在校生达到88.08万人。其中，随班就读、送教上门和附设特教班在校生分别为43.58万人、20.26万人和4211人，占特殊教育在校生的比重分别为49.47%、23.00%和0.48%。[1] 2020年，全国共有特殊教育普通高中（部、班）104个，残疾人中等职业学校（班）147个，在校生分别为10173人和17877人。全国被普通高等院校录取的残疾人有13551人，进入高等特殊教育学院学习的残疾人有2253人。[2]

完善残疾人就业政策。2020年3月，中国残联办公厅印发《关于贯彻落实〈关于完善残疾人就业保障金制度 更好促进残疾人就业的总体方案〉的实施意见》，指导各地推动当地政府制定出台实施方案，明确相关部门责任，加大残疾人就业促进力度。国务院残工委成员单位等党政机关带头安置残疾人就业，2020年，司法部、住建部、国家统计局、中国残联等四部门通过国家统一考试，带头招录了6名残疾人公务员；北京市推出20个岗位定向招录残疾人，河北省各市均出台推动残疾人公务员招录文件。

做好疫情防控常态化背景下残疾人就业工作。2020年5月22日，中国残联、民政部、财政部、人力资源和社会保障部、国务院扶贫办等五部门联

---

① 《2020年全国教育事业发展统计公报》，教育部网站，2021年8月27日，http://www.moe.gov.cn/jyb_ sjzl/sjzl_ fztjgb/202108/t20210827_ 555004.html。

② 《2020年残疾人事业发展统计公报》，中国残疾人联合会网站，2021年4月9日，https://www.cdpf.org.cn/zwgk/zccx/tjgb/d4baf2be2102461e96259fdf13852841.htm。

合印发《关于扎实做好疫情防控常态化背景下残疾人基本民生保障工作的指导意见》，明确提出各地要加强残疾人生活保障和救助，稳定残疾人就业，落实好残疾人就业企业、残疾人个体工商户、盲人按摩机构、辅助性就业机构及灵活就业残疾人税收优惠减免、就业补贴、社会保险费补贴等帮扶政策，加大对农村贫困残疾人的帮扶力度等具体政策措施。印发《关于贯彻落实〈国务院办公厅关于应对新冠肺炎疫情影响强化稳就业举措的实施意见〉的通知》，要求各地加强就业服务，帮助残疾人切实享受文件提出的申领失业救济等扶持政策。

重点做好高校残疾人毕业生就业服务。中国残联印发《关于做好 2020 年高校残疾人毕业生就业服务工作的通知》，分解残疾人大学应届毕业生实名数据，要求各地加强合作，信息共享，强化服务，精准施策，保证就业率。

2020 年，全国 861.7 万城乡持证残疾人就业，其中 78.4 万人按比例就业，27.8 万人实现集中就业，14.7 万人公益性岗位就业，14.3 万人辅助性就业，另外还有从事个体就业和灵活就业的人数分别为 63.4 万人和 238.8 万人，从事农业种养加的残疾人达到 424.3 万人。城乡新增持证残疾人就业 38.1 万人，其中，城镇为 13.2 万人，农村为 24.9 万人。新增城乡残疾人实名培训 38.2 万人。621 人获得盲人医疗按摩人员初级职务任职资格，138 人获得中级职务任职资格。[①]

（四）残疾人健康

完善残疾儿童康复救助制度。2020 年 11 月，中国残联、民政部等部门共同印发《关于开展残疾儿童康复救助定点服务机构管理试点工作的通知》，在山东、广东、青海、宁夏开展试点工作。全国普遍建立起残疾儿童康复救助工作体系和服务网络，2020 年有 23.7 万名 0～6 岁残疾儿童接受康复救助。

---

① 《2020 年残疾人事业发展统计公报》，中国残疾人联合会网站，2021 年 4 月 9 日，https：//www.cdpf.org.cn/zwgk/zccx/tjgb/d4baf2be2102461e96259fdf13852841.htm。

持续实施残疾人精准康复服务行动。2020 年 12 月，中国残联与民政部、国家卫生健康委制定出台《精神障碍社区康复服务工作规范》。2020年，1077.7 万持证残疾人及残疾儿童得到基本康复服务。①

积极维护残疾人健康。中国残联、国家卫生健康委联合印发《关于进一步做好建档立卡贫困残疾人家庭医生签约服务工作的通知》，做好贫困残疾人家庭医生签约服务，着力保障贫困残疾人基本医疗服务需求。2021 年 5月，中国残联康复部印发《关于确定残疾人家庭医生签约服务重点联系点名单的通知》，确定上海市浦东新区等 32 个市（县、区）为残疾人家庭医生签约重点联系点。

提升康复服务标准化水平。2020 年，中国残疾人康复协会制定发布《孤独症儿童康复服务》《脑性瘫痪儿童康复服务》《智力残疾康复服务》《康复辅助器具适配服务规范第 1 部分：总则》《视力残疾康复服务规范》《0~6 岁听力残疾儿童康复服务规范》等康复服务规范。

加强残疾预防。2020 年 7 月，中国残联等 16 个部门联合下发《关于组织开展第四次全国残疾预防日宣传教育活动的通知》，组织举办主题活动。2021 年 8 月，中国残联等 16 个部门联合印发了《关于组织开展第五次全国残疾预防日宣传教育活动的通知》，部署全国各地广泛开展"残疾预防日"宣传教育活动。联合卫生健康委相关部门共同制作专题访谈节目。

（五）残疾人权益保障和无障碍

残疾人法律保障体系进一步完善。2020 年 5 月通过的《中华人民共和国民法典》中直接涉及残疾人权益保障的内容达 30 多条。2020 年全国人大代表、政协委员提交全国"两会"有关残疾人的建议提案 16 件，办理交办建议提案 92 件，推动有关问题得到解决。

残疾人合法权益得到有力保障。加快推进残疾人法律救助服务规范化建

---

① 《2020 年残疾人事业发展统计公报》，中国残疾人联合会网站，2021 年 4 月 9 日，https：// www. cdpf. org. cn/zwgk/zccx/tjgb/d4baf2be2102461e96259fdf13852841. htm。

设，累计建成 2540 个残疾人法律救助机构，2278 个残疾人法律救助工作站。开展残疾人学法用法专项行动，协调中央电视台连播 4 期维护精神、智力残疾人合法权益专题片，受到社会广泛关注。

城镇社区无障碍建设进一步加强。2020 年 7 月，国务院办公厅印发的《关于全面推进城镇老旧小区改造工作的指导意见》，提出改造或建设小区及周边适老设施、无障碍设施等配套设施，推动无障碍设施建设在城镇老旧小区改造工作中同步改造。

信息无障碍加快推进。2020 年 9 月，工业和信息化部、中国残联共同印发《关于推进信息无障碍的指导意见》，提出加强信息无障碍法规制度建设，推广便利普惠的电信服务，加快推动互联网无障碍化普及，提升信息技术无障碍服务水平，完善信息无障碍规范与标准体系建设，实施互联网、移动终端等信息无障碍国家标准，规范促进信息无障碍建设等措施。工业和信息化部、中国残联制定实施互联网、移动终端等信息无障碍国家标准，规范促进信息无障碍建设。

残疾人家庭无障碍改造规范开展。2020 年 3 月，中国残联召开工作视频调度会，督导部分省区加快推进建档立卡重度残疾人家庭无障碍改造，印发《关于切实做好建档立卡重度残疾人家庭无障碍改造工作助力残疾人脱贫攻坚的通知》。2020 年 7 月，民政部、中国残联等 8 部门联合印发《关于加快实施老年人居家适老化改造工程的指导意见》。中国残联组织编写了《残疾人家庭无障碍改造技术手册》。截至 2020 年底，累计为 65.3 万个贫困重度残疾人家庭实施无障碍改造，为残疾人脱贫攻坚、独立生活提供了有力支撑。

加强残疾人辅助器具适配服务。2020 年全国残疾人基本服务状况与需求调查数据显示，全国残疾人基本辅助器具适配率超过 80%。各地试点开展残疾人辅助器具适配补贴制度建设工作，全国已有 12 个省（区、市）、14 个地（市）、11 个区（县）出台本地残疾人基本型辅助器具适配补贴制度。

残疾人出行更加便利。公安部出台上肢残疾人与家庭成员及服务出行人

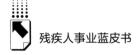

员互驾共用车辆的措施，方便残疾人家庭用车出行。中国残联与国铁集团等共同做好残疾人网上购买铁路专座专票工作，便利残疾人出行。《中华人民共和国国歌》国家通用手语方案作为国家语言文字规范正式发布。

（六）残疾人文化体育

残疾人文化活动丰富多彩。中国残联等深入推进文化进残疾人家庭"五个一"项目，累计确定近 200 个残疾人文创基地。成立全国残疾人文创就业联盟，联合相关企业促进残疾人在文化产业领域就业创业。组织"共享芬芳·共铸小康"网络公益演出，累计 300 多万人次观看。推进"盲人数字阅读推广工程"，2020 年向 404 家公共图书馆配发 20 万台智能听书机，帮助盲人读者听读图书。

残疾人体育健身丰富活跃。东京残奥会上中国队创造 29 项世界纪录，获得 96 枚金牌 207 枚奖牌，实现连续 5 届残奥会金牌、奖牌数第一名。北京冬残奥会备战工作有序推进，中国队将参加北京冬残奥会全部六个大项的比赛。我国成功举办了 2020 年单板滑雪、越野滑雪亚洲杯。冬奥组委举办了北京冬残奥会倒计时一周年系列活动。开展以"云交流""云指导"等为主要形式的"健身周""特奥日"活动，累计建设残疾人社区健身示范点 10675 个，培养残疾人社会体育指导员 12.5 万名，为 43.4 万户重度残疾人提供了康复体育进家庭服务。2020 年全国残疾人社区文体活动参与率达到 17.8%，比 2019 年提高 3.2 个百分点。

（七）残疾人基层组织建设

2020 年 5 月，民政部、中国残联印发《关于加强和改进村（社区）残疾人协会工作的意见》，以健全村（社区）残疾人协会组织、活跃残疾人工作为着力点，打通联系和服务残疾人的"最后一公里"。2020 年，全国省地县乡（除新疆生产建设兵团外）共有残联 4 万个，各省（区、市）、市（地、州、盟）、县（市、区、旗）全部成立残联，96.4% 的乡镇（街道）已建立残联；95.5% 的社区（村）建立残协，共 53.9 万个。地方各级残联工作人员 10.8 万人，乡镇（街道）残联、村（社区）残协专职委员总计 55.3 万人。全部省级残联、65.8% 的地级残联配备了残疾人领导干部，48.7% 的县级残联配备了残疾人干部。地方各级残疾人专门协会 1.5 万个，其中省、地、县级各类专门协会已建比例分别为 98.8%、97.1% 和 91.3%。全国助残社会组织 3004 个。①

（八）残疾人事业基础保障

信息化和标准化建设稳步推进。2020 年，获取了 3610 万名持证残疾人实名制数据，比 2019 年增加 130 万人；移动终端采集率达 86.2%，比 2019 年增加 7 个百分点。残疾人服务标准化纳入国家标准化战略规划。2021 年 4 月，国家发展改革委、中央宣传部等 20 多个部门联合印发《国家基本公共服务标准（2021 年版）》，80 条标准中扶残助残专项标准 8 项，与残疾人直接相关的标准近 10 项，构筑了残疾人民生保障的安全网。

残疾人服务设施建设全面加强。建成国家残疾人冰上运动比赛训练馆，为备战北京冬残奥会提供场地支持。截至 2020 年底，全国已竣工的各级残疾人综合服务设施 2318 个，总建设规模 612.3 万平方米，总投资 196.2 亿元；已竣工各级残疾人康复设施 1063 个，总建设规模 462.7 万平方米，总投资 146.4 亿元；已竣工的各级残疾人托养服务设施 1024 个，总建设规模 285.4 万平方米，总投资 77.3 亿元。②

社会组织助残活动广泛开展。扩大政府购买助残服务范围进一步扩大，19 个省（区、市）残联会同财政部门出台了进一步推动政府购买助残服务的办法。中国残疾人福利基金会、中国狮子联会等社会组织广泛开展扶残助残等公益慈善项目。

残疾人服务"跨省通办"。2020 年 9 月，国务院办公厅印发《关于加快

---

① 《2020 年残疾人事业发展统计公报》，中国残疾人联合会网站，2021 年 4 月 9 日，https：// www.cdpf.org.cn/zwgk/zccx/tjgb/d4baf2be2102461e96259fdf13852841.htm。

② 《2020 年残疾人事业发展统计公报》，中国残疾人联合会网站，2021 年 4 月 9 日，https：// www.cdpf.org.cn/zwgk/zccx/tjgb/d4baf2be2102461e96259fdf13852841.htm。

推进政务服务"跨省通办"的指导意见》，困难残疾人生活补贴和重度残疾人护理补贴资格认定、残疾人证办理、全国残疾人按比例就业情况联网认证等服务列入全国高频政务服务 2021 年底前实现"跨省通办"的事项清单。残疾人按比例就业情况实现联网认证。2021 年 3 月，中国残联印发了《关于推进全国残疾人按比例就业情况联网认证跨省通办工作的通知》，并在全国残联教就部就业中心主任工作会议上进行了部署。残疾人两项补贴资格认定实现"跨省通办"。2021 年 4 月 1 日，民政部办公厅、中国残联办公厅共同印发《关于全面开展残疾人两项补贴资格认定申请"跨省通办"的通知》，明确残疾人两项补贴"跨省通办"于 2021 年 4 月 22 日在全国范围内正式实施。残疾人证办理实现"跨省通办"。自 2021 年 6 月 28 日起，残疾人证新办、换领、迁移、挂失补办、注销、残疾类别/等级变更等 6 项事项全面实现"跨省通办"，残疾人可到当地县级残联或政务服务大厅残疾人事务服务窗口提出办理申请，也可在网上申请办理。

（九）新冠肺炎疫情下残疾人保护

保障残疾人疫情防控中的特殊需求。2020 年 2 月 17 日，国务院联防联控机制综合组专门印发《关于加强新冠肺炎疫情期间严重精神障碍患者治疗管理工作的通知》，并首次将远程诊疗和送药上门纳入对居家隔离严重精神障碍患者的管护服务范围。[1]

强化对残疾人和残疾人服务机构疫情防控指导。2020 年初，中国残联印发了《关于进一步做好残疾人托养、就业等机构新型冠状病毒感染的肺炎疫情防控工作的通知》等文件，对残疾人康复、就业、托养和盲人按摩等机构疫情防控做出部署，动员基层残联组织和残疾人工作者参与做好新冠肺炎疫情防控工作。

加强疫情防控中残疾人群体保护。2020 年 2 月，中国残联办公厅印发《关于做好隔离的残疾人和亲属隔离的残疾人照护服务工作的通知》，要求

---

① 厉才茂等：《疫情之下对残疾人保护的实践与思考》，《残疾人研究》2020 年第 1 期。

及时为受疫情影响的残疾人提供临时救助、送药上门、辅具适配、心理援助等服务。畅通"12385"残疾人服务热线，着力解决残疾人诉求。

强化残疾人生活救助和照护服务。中国残联印发《关于在疫情防控期间做好残疾人就业和基本生活保障工作的通知》，对疫情防控期间做好稳定残疾人就业岗位、帮扶残疾人就业、提供基本生活救助、协调临时照护服务做出工作部署，切实保障残疾人基本生活。

做好常态化防控下的民生保障。中国残联会同民政部、财政部、人力资源和社会保障部、国务院扶贫办印发《关于扎实做好疫情防控常态化背景下残疾人基本民生保障工作的指导意见》，对保障残疾人基本生活、稳定残疾人就业和推进残疾人脱贫攻坚等工作提出明确要求。中国残联办公厅印发《关于做好残疾人服务机构疫情防控和困难残疾人走访慰问的通知》，做好2021 年春节期间困难残疾人群众生活照顾，妥善解决他们面临的生产生活困难。

制定残疾人疫情防护专项指南。2020 年 9 月，中国残联制定印发《重大传染病疫情残疾人防护指南（试行）》。2020 年 11 月，中央宣传部、民政部、中国残联等印发《重大传染病疫情残疾人防护社会支持服务指南（试行）》，巩固防控成果，最大限度保护残疾人生命安全和身体健康。

二 残疾人事业面临的新形势、新要求

（一）残疾人事业取得的成就与面临的挑战

残疾人经济状况明显改善，但巩固脱贫成果任务艰巨。截至 2020 年底，农村建档立卡户全部脱贫，但是残疾人巩固脱贫成果任务艰巨。2020 年非农业户口的残疾人低保/低收入人口占比有所下降，但是仍然达 23%；而农业户口的残疾人除建档立卡之外的贫困比例达到 28% 以上。这些残疾人及其家庭具有很强的脆弱性，家庭发展较为艰难，"脱贫未脱困"的现象较为突出，面临较高的返贫风险。无论是非农业户口残疾人家庭还是农业户口残

疾人家庭，拥有自有产权住房的比例都有所增加，而借住或无固定住所的比例稳步下降，农村户口的残疾人家庭经鉴定或未经鉴定的危房数量逐年下降。但是残疾人家庭住房问题仍需得到关注。

残疾人受教育状况持续改善，但仍有较大改进空间。2020年，15周岁及以上残疾人识字率接近79%。分年龄段看，60岁以下各年龄段的不识字人数居高不下，尤其是15~19岁、20~24岁和25~29岁的残疾人的不识字人数占比均超过20%。2015~2020年，登记残疾人口中未上过学的人数占比下降近10个百分点，具有初中文化程度的残疾人数占比提升近7个百分点。但是受教育呈现较大的城乡和地区差距。分户口性质看，非农业户口残疾人的受教育状况显著好于农业户口，其中农业户口未上过学的占比高出非农业户口14个百分点，高中及以上受教育程度比非农业户口低25个百分点。分地区看，上海、北京、天津、东中部地区小学及未受过教育的占比均低于贵州、青海、西藏等西部地区。

残疾人就业比例上升，就业质量有所改善。2020年，残疾就业人数较2019年有所增加，就业质量也有所改善，个体、创业和灵活就业占比呈现下降趋势，按比例就业和公益、辅助就业占比逐年提高。2020年，未就业残疾人数较2019年下降近10万人。未就业残疾人的主要生活来源以家庭成员供养和社会救助为主。从各受教育水平的残疾人就业帮扶需求占比来看，其他帮扶需求占比最高，其次是技能培训。从就业帮扶需求的满足情况看，初中和高中（含中专）的残疾人帮扶需求得到满足的占比最高，其次为小学、大学及以上和未上过学的残疾人；接受过大学及以上教育的残疾人其他帮扶需求的满足占比远超其他残疾人，但其职业介绍需求的满足占比远低于其他残疾人。分残疾类别看，各类残疾人对其他帮扶的需求占比同样最高，而且智力、精神和多重残疾人对其需求的占比皆超过50%。

社会保障逐步改善，但是存在较大的地区差距。2020年，残疾人参加养老保险和医疗保险获得缴费补贴的占比和人数均有所增长，获得缴费补贴的占比均超过60%。残疾人参加社会保险的人数持续上升，参保比例有所提升，其中养老保险参保比例超过90%，医疗保险参保比例超过97%。

在全国最低生活保障人数持续减少的情况下，残疾人享受最低生活保障的人数反而有所增加，享受医疗救助的人数也在逐年增长。从受助比例看，残疾人医疗救助受助比例超过90%；享受最低生活保障的占比超过40%。困难残疾人生活补贴、重度残疾人护理补贴和托养服务的覆盖面均比上年有所扩大。但是，残疾人社会保障发展不均衡的现象仍然较为突出。不同区域残疾人社会保障结构差异较大，东部和东北、西南、西北地区分处两个极端，东部地区养老保险参保比例、社会保险缴费补贴和两项补贴发放占比较高，东北地区、西南地区与西北地区则较低。从保障对象来看，北京、天津、辽宁、上海、江苏、浙江、安徽、福建、西藏、陕西、青海、宁夏等已将生活补贴对象扩大到无固定收入残疾人、建档立卡贫困户、低保边缘户、低收入家庭、重残无业、一户多残、老残一体、依老养残等困难群体，但是仍有很多地区尚未扩大两项补贴涵盖群体的范围，导致受助人数少；从两项补贴的保障标准来看，两项补贴的保障待遇存在显著的区域与城乡差距，困难残疾人生活补贴标准最高的省份达到每月400元，而最低的省份只有每月50元。

社区无障碍持续改善，但残疾人服务仍然有待加强。银行、信用社、社区文体活动中心、商店、小卖部等出入口平整或有坡度的占比稳定增加，且城乡差距逐步缩小，无障碍建设项目和资源得到有效整合。有无障碍体育器材的文体活动中心占比明显增加，对减少残疾人体育参与的障碍、推进残疾人体育融入具有积极意义。分城乡来看，主城区的综合服务中心无障碍建设要好于其他区域，而特殊区域、乡中心区的无障碍建设总体较差。校园无障碍环境建设与地区经济发展水平间存在正相关。从区域发展来看，东部地区校园无障碍环境建设较好，能够基本保障学生的校园安全。但无论是东部地区还是西部地区，设置无障碍厕所或厕位的学校占比均较低，校园无障碍设施建设不能充分满足残障学生的需求。从城乡建设来看，城乡拥有无障碍设施的学校、幼儿园社区存在较大差异，镇中心区、主城区和乡中心区的学校拥有无障碍设施的占比较高，村庄、特殊区域及城乡接合部占比明显较低。从总体上看，社区为残服务发展不充分的问题仍然较为明显。2020年，社区建有康复站的比例不到 1/5，特殊区域和村庄不到 1/7，康复服务供给薄弱导致残疾人康复供需矛盾加剧。为残服务的区域差距也在拉大。在经济发达地区，社区为残服务开展较早，相关制度和规范较为完善，其服务机构也相对完善。村（社区）建有康复服务站的占比呈现较大差距，经济发达地区各村（社区）建有康复服务站的占比较高，而西藏、海南、云南、河北、黑龙江、山西等中西部地区建有康复服务站的占比较低。同时，残疾人体育资源主要集中在发达地区和城市，场地设施、公共服务、健身指导等公共服务集中于东部地区与城市中心区，乡镇、农村以及偏远地区的文体基础设施相对较少。

（二）残疾人事业面临的新要求

党的十八大以来特别是"十三五"时期，党中央、国务院对残疾人格外关心、格外关注，残疾人事业发展取得了显著成果。农村建档立卡贫困残疾人全部脱贫，残疾人摆脱了绝对贫困问题；残疾人社会保障制度逐步完善，基本民生得到稳定保障；残疾人就业和社会参与水平明显提升，收入水平逐步提高；残疾人公共服务体系基本建立，残疾人康复、教育、无障碍、文化体育等服务水平明显提升，残疾人和全国人民共同迈入了全面小康社会。全面建成小康社会为残疾人事业发展奠定了良好基础，但是发展不平衡不充分的问题在残疾人事业中的表现更为突出：一方面，与社会成员的普遍生活水平相比，残疾人返贫致贫风险比较高，残疾人持续增收的难度相当大，残疾人的生活仍然比较困难，与我国经济社会发展的总体状况相比，残疾人事业发展相对滞后；另一方面，残疾人事业发展的城乡、区域差距仍然存在，欠发达地区、农村和基层为残疾人服务的能力尤其薄弱。提升残疾人生活品质，推动残疾人事业高质量发展，是"十四五"时期经济社会发展面临的一项重要任务。

"十四五"是我国开启全面建设社会主义现代化国家新征程的第一个五年，也是推动残疾人事业高质量发展、为残疾人全面发展和共同富裕打下更好基础的五年。2020 年 11 月，党的十九届五中全会通过《中共中央关于制定国民经济和社会发展第十四个五年规划和二〇三五年远景目标的建议》，对残疾人就业、残疾人社会福利制度、残疾人关爱服务体系、特殊教育保障机制、筹办好北京冬残奥会等方面提出明确要求。

2021 年 3 月，十三届全国人大四次会议通过《中华人民共和国国民经济和社会发展第十四个五年规划和 2035 年远景目标纲要》，对残疾人保障和发展提出了明确要求，包括健全残疾人帮扶制度、完善残疾人就业支持体系、提升特殊教育质量、提升康复服务质量、加快信息无障碍建设、办好北京冬残奥会、完善病残照料政策、健全基本公共服务标准体系等。

2021 年 7 月，国务院印发《"十四五"残疾人保障和发展规划》，提出巩固拓展残疾人脱贫攻坚成果、促进残疾人全面发展和共同富裕等目标，提出完善残疾人社会保障制度、帮扶城乡残疾人就业创业、健全残疾人关爱服务体系和保障残疾人平等权利等重点任务和具体措施。[①]

"十四五"时期，高质量发展和共同富裕成为时代主题。对于残疾人事业而言，是推动残疾人事业高质量发展、为残疾人全面发展和共同富裕打好基础的关键时期。要进一步巩固拓展残疾人脱贫攻坚成果，提高残疾人民生保障水平，为残疾人全面发展、融合发展创造更加有利的基础条件和社会环境，促进残疾人全面融入社会、实现共同富裕。

三　残疾人事业"十四五"开篇

（一）巩固拓展残疾人脱贫攻坚成果

"十四五"时期，要把巩固拓展贫困残疾人脱贫攻坚成果摆在重要位置，对返贫和新致贫的残疾人家庭及时给予帮扶，防止发生规模性返贫，兜牢残疾人民生保障底线。按照《中共中央　国务院关于实现巩固拓展脱贫攻坚成果同乡村振兴有效衔接的意见》和《中国残联　国家乡村振兴局关

---

① 中国残疾人联合会：《"十四五"残疾人保障和发展规划专题解读》，华夏出版社，第 59 页。

于做好巩固拓展残疾人脱贫攻坚成果有关工作的意见》的要求，将符合防止返贫监测和帮扶机制条件的残疾人全部纳入监测范围，对易返贫致贫残疾人及时给予帮扶。做好农村低收入残疾人家庭帮扶，促进残疾人家庭持续增收。深化农村集体产权制度改革，帮助残疾人共享集体经济发展成果。扶持农村残疾人参与乡村富民产业，分享产业链增值收益。做好易地搬迁残疾人后续帮扶工作，继续把帮扶残疾人特别是脱贫残疾人作为东西部协作的重要内容。充分发挥基层党组织在扶残助残中的作用，动员社会力量广泛参与农村残疾人帮扶服务。

（二）提高残疾人社会保障水平

一是扩大残疾人保险覆盖范围。按规定帮助符合条件的残疾人参加基本养老和基本医疗保险，为残疾人提供基本养老、医疗保障。地方政府要落实为重度残疾人代缴城乡居民基本养老保险费政策，资助符合条件的残疾人参加城乡居民基本医疗保险，到 2025 年残疾人基本养老保险参保率大于 90%，基本医疗保险参保率大于 95%。对残疾人个体工商户和安置残疾人就业单位社会保险进行补贴等政策，实现应保尽保。落实好残疾人医疗康复项目纳入基本医保支付范围的政策，按规定做好重性精神病药物维持治疗参保患者门诊保障工作。积极推进用人单位依法参加工伤保险，按规定支付工伤保险待遇，加强工伤预防和工伤职工康复工作。支持就业残疾人依法参加失业保险，享受失业保险待遇。开展长期护理保险试点的地区，按规定将符合条件的残疾人纳入保障范围。

二是不断完善残疾人社会救助制度。残疾人家庭收入水平低，相当数量的困难残疾人依靠社会救助保障基本生活。"十四五"时期，要完善残疾人社会救助，及时将符合条件的残疾人纳入社会救助范围，确保其获得稳定民生保障。完善残疾人基本生活救助制度，给予困难重度残疾人基本兜底保障。对于无劳动能力、无生活来源、无法定赡养抚养扶养义务人或者其法定义务人无履行义务能力的残疾人，要及时纳入特困人员救助供养。对于家庭成员人均收入低于当地最低生活保障标准且符合财产状况规定的残疾人家庭，要及时纳入最低生活保障范围。对低收入家庭中的重度无业残疾人，参照单人户纳入最低生活保障范围。健全残疾人专项社会救助，减轻残疾人医疗、教育、住房等生活负担。做好对符合条件残疾人的医疗救助，强化医疗救助与基本医疗保险、大病保险的互补衔接，减轻困难残疾人实际医疗费用负担。对在学前教育到普通高等教育各学段就学的低保、特困等家庭残疾学生，采取费用减免、发放助学金、安排勤工助学、送教上门等方式，给予相应的教育救助。对住房困难的低保家庭、分散供养的特困残疾人等实施住房救助，优先安排公租房保障和实施农村危房改造。加强临时救助，做好重大突发公共事件中困难残疾人的急难救助。

三是逐步提高残疾人福利保障水平。完善困难残疾人生活补贴和重度残疾人护理补贴制度，到2025年补贴覆盖率保持100%。进一步完善残疾人两项补贴标准动态调整机制，建立与当地经济社会发展水平、残疾人实际需要相适应的补贴标准调整机制，发挥残疾人两项补贴的实际作用。有条件的地方可逐步扩大重度残疾人护理补贴对象范围，将补贴对象延伸至三、四级有照护需求的残疾人。建立残疾人基本型辅助器具适配补贴、家庭无障碍改造补贴、残疾评定补贴等福利制度。辅助器具、家庭无障碍改造和残疾评定是残疾人的特殊需求，也是残疾人有别于健全人的额外支持。目前，全国已有十余个省（区、市）建立了残疾人基本型辅助器具适配补贴制度，部分地区建立了残疾人家庭无障碍改造补贴和残疾评定补贴。"十四五"时期，要针对残疾人的特殊需求，鼓励有条件的地区建立相应的福利补贴制度，增加对残疾人的额外支持。

四是加快发展重度残疾人托养和照护服务。重度残疾人生活身心功能受限严重，自理能力有限，其中有些甚至需要长期照护，给家庭带来沉重的照护负担和经济压力。为进一步解决重度残疾人照护问题，"十四五"时期，要按照中共中央办公厅、国务院办公厅印发的《关于改革完善社会救助制度的意见》，积极发展服务类社会救助，继续实施"阳光家园计划"，为就业年龄段智力、精神和重度肢体残疾人等提供托养服务。做好残疾人和老年人照护服务政策衔接，关注特殊困难精神残疾人监护、照护服务。

（三）积极促进残疾人就业创业

就业是残疾人独立生活、融入社会、实现自我的重要途径，也是残疾人实现共同富裕的重要途径。"十四五"时期，要把促进残疾人就业创业作为重要任务，完善残疾人就业创业法规政策，努力消除残疾人就业壁垒，为残疾人创造更多的就业机会，提升残疾人的就业质量和水平。

党政机关、事业单位、国有企业要进一步发挥安置残疾人就业的带头作用。2021年10月，中共中央组织部、中央编办、人力资源和社会保障部、国务院国资委、中国残联等部门联合印发《机关、事业单位、国有企业带头安排残疾人就业办法》，为推动机关、事业单位、国有企业安排残疾人就业、促进残疾人实现更加充分更高质量就业提供了有力支持。

"十四五"时期，残疾人就业工作需要进一步落实招录残疾人用人单位就业补贴奖励政策，大力推进按比例就业，鼓励用人单位超比例安排残疾人就业。继续扶持和规范盲人保健按摩行业发展，继续扶持辅助性就业机构建设和发展，组织智力残疾人、精神残疾人和重度残疾人就近就便参加生产劳动。

加大残疾人自主创业、灵活就业扶持力度。落实扶持残疾人就业创业的制度措施，在经营场地、社会保险补贴、金融信贷等方面扶持残疾人自主创业、灵活就业，为残疾人通过直播带货等实现网络就业提供支持。各地公益性岗位优先安排残疾人就业。

提高残疾人就业服务水平。发挥公共就业服务平台和残疾人就业服务机构作用，为残疾人和用人单位提供精准化服务。加强残疾人服务机构规范化建设，加快推进残疾人就业服务标准化、专业化。通过政府购买服务等方式，鼓励人力资源服务机构、社会组织开展残疾人就业服务，拓宽服务渠道，提高服务质量。

（四）推动残疾人公共服务普惠均等

"十四五"时期，重点关注残疾人康复、教育、文体需求，让残疾人享有普惠均等的公共服务。

提升残疾人健康水平和康复服务水平。继续实施精准康复服务行动，合理确定残疾儿童康复救助标准，扩大康复服务供给，确保残疾儿童得到及时有效康复。加强康复医疗服务体系建设，提升康复机构服务能力。持续推进社区康复规范化建设，促进康复服务市场化发展。加强辅助器具研发和适配服务，提升辅助器具适配服务能力和水平。加快辅助器具创新产品研发生产，推广安全适用的辅助器具。实施残疾预防行动计划，深入推进残疾预防知识宣传教育，形成全人群、全生命周期的残疾预防体系。

提高残疾人受教育水平。制订实施特殊教育提升计划，加快推广学前融合教育，提高残疾儿童少年义务教育水平，重视发展残疾人职业教育，提升残疾人高等教育入学数量。健全随班就读支持保障体系，加快推进融合教育。继续改善特殊教育学校办学条件，建设国家和省级特殊教育资源中心，加强特殊教育师资队伍建设和待遇保障。完善从学前到研究生教育全覆盖的学生资助政策，对家庭经济困难的残疾学生予以资助。

提升残疾人文化体育服务水平。鼓励支持残疾人参加群众性文化体育活动，满足残疾人对精神文化的需求。推进残疾人文化体育进社区、进家庭，加强中西部和农村地区残疾人文化服务，为盲人、聋人提供无障碍文化服务。扶持特殊艺术发展，推广残疾人喜闻乐见的群众性文化项目。举办全国残疾人艺术汇演，推进国际特殊艺术交流。办好北京 2022 年冬残奥会、杭州亚残运会、全国残运会，推动残疾人体育全面发展。

（五）更加充分地保障残疾人权益

"十四五"时期，要进一步完善残疾人权益保障法律法规体系，研究制定残疾人就业、社会保障、无障碍环境建设法律法规。加强对《中华人民共和国宪法》、《中华人民共和国民法典》和《中华人民共和国残疾人保障法》等相关法律法规普法宣传，加强对相关法律执行的监督，切实保障残疾人合法权利。将残疾人作为公共法律服务的重点对象，扩大法律援助受益面，提升法律服务质量。推进"12385"残疾人服务热线和网络信访平台切

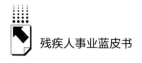

实发挥作用，坚决打击侵害残疾人权益的违法犯罪行为。

"十四五"时期，要提升无障碍设施建设、改造和管理水平，加快发展信息无障碍，让残疾人工作生活、互动交流更加便利。加快城市道路、公共交通、公共服务设施无障碍建设，推进已有无障碍设施设备数字化、智能化升级改造。加快发展信息无障碍，将信息无障碍纳入文明城市创建。推动互联网、政务服务、电子商务信息无障碍。推广应用信息无障碍国家标准，开展互联网和移动互联网无障碍化评级评价。

（六）进一步改善残疾人事业基础条件

加强残疾人事业信息化建设，健全残疾人口调查大数据。加大各级财政对残疾人事业的支持力度，同时吸引、鼓励社会资本、慈善捐赠等资金支持残疾人事业发展。加强残疾人基础设施建设，在基层建设一批康复、托养等服务设施，提高管理、运营水平，切实发挥服务残疾人的作用。加快培养残疾人康复、教育、就业、托养照护等专业人才队伍。推动残疾人事业融入乡村振兴战略，加强和提升农村残疾人服务，推动中西部地区残疾人事业加快发展，促进残疾人事业城乡、区域协同发展。

四　结语

"十三五"已经完美收官，全面建成小康社会为残疾人事业发展奠定了良好基础。"十四五"是我国开启全面建设社会主义现代化国家新征程的第一个五年，是推动残疾人事业高质量发展、为残疾人全面发展和共同富裕打好基础的关键时期，既要着眼未来，也要立足当下，要锚定2035年发展远景目标，也要谋篇布局"十四五"发展。残疾人特性比较突出，针对残疾人返贫致贫风险高、社会保障水平和就业质量低、公共服务供需不平衡、平等权益保障未得到充分体现等问题，《"十四五"残疾人保障和发展规划》为未来五年残疾人事业发展的主要任务进行了强有力的部署，通过健全防止返贫监测和帮扶机制，巩固和拓展脱贫攻坚成果；完善社会救助制度，扩大残疾人社会保障覆盖范围，提升保障水平；加强残疾人就业创业服务、完善帮扶机制，提升残疾人实现较为充分、较高质量就业；推动残疾人公共服务普惠均等和便利可及，提升残疾人康复、教育、文化、体育等基本公共服务质量和水平；通过完善残疾人就业、社会保障、成人监护相关制度，加强法制运行监管，保障残疾人基本权益等措施，将有效巩固和拓展残疾人事业发展成果，推动残疾人事业高质量发展，在保障和发展中实现 2025 年发展目标，为 2035 年发展远景目标打下坚实基础。

专题报告
Special Topics

B.3
北京2022年冬残奥会备战参赛进展报告

顾耀东 *

摘　要： 2015 年 7 月，中国成功获得 2022 年第十三届冬季残疾人奥林匹克运动会的举办权。当下，北京携手张家口已做好全面准备迎接冬残奥会的召开。举办北京 2022 年冬残奥会，促进了政府部门职能优化升级，完善了残疾人体育法律法规，优化了残疾人冬季项目科学化训练体系，提升了城市无障碍环境建设水平，更好地推动了残疾人冰雪运动的发展。

关键词： 北京冬残奥会　残疾人冬季运动　科学化训练

---

* 顾耀东，博士，宁波大学体育学院教授、博士生导师，研究方向为运动与健康促进、竞技运动表现提升。

一 我国冬残奥项目发展现状

（一）索契与平昌冬残奥会备战参赛情况

冬季残疾人奥林匹克运动会（以下简称"冬残奥会"）是世界上规模最大的残疾人冬季运动盛会，每四年举办一次，参赛运动员具有不同程度的身体障碍，包括运动障碍、截肢、脊髓损伤、视觉障碍等。截至 2018 年，冬残奥会已举办 12 届。第二次世界大战结束后，许多战争中因伤致残的士兵尝试参与冰雪运动，残疾人冬季体育运动因此逐渐发展起来。历史上首届冬残奥会于 1976 年在瑞典恩舍尔兹维克举办，有来自全球各地的 198 名残疾人运动员同台竞技。最近一届的冬残奥会于 2018 年在韩国平昌举办，共有来自全球 49 个国家和地区的 567 名残疾人运动员同台竞技六大冬残奥项目（见图 1）。每个项目均是由对应的冬奥会项目根据残疾人运动员障碍情况进行调整而成，并且制定了相应的医学分级和竞赛规则。例如，在 2014 年索契冬残奥会首次亮相的单板滑雪项目就是从冬奥会单板滑雪借鉴而来。该项

图 1　历届冬残奥会参赛国家和地区及运动员数量

资料来源：*WINTER PARALYMPIC GAMES OVERVIEW*，国际残疾人奥林匹克委员会官网，https：//www. paralympic. org/paralympic - games/winter - overview，最后访问日期：2022 年 1 月 22 日。

目由 4 名运动员同时出发调整为 1 名运动员出发，从而更好地保障残疾人运动员安全。此外，该年冬残奥会还通过为视力障碍运动员设立引导员、允许截肢运动员使用单个滑雪板等举措，促进残疾人运动员有效参与竞赛。

我国冬残奥会与优势国家相比起步晚、基础薄弱。北京 2022 年冬残奥会成功申办之前，我国仅开展了越野滑雪和轮椅冰壶 2 个大项。2002 年美国盐湖城第八届冬残奥会是我国首次参赛的冬残奥会，我国仅派出 4 名运动员。党的十八大以来，我国冬残奥竞技水平快速提升。2014 年，我国共派出 10 名运动员参加索契冬残奥会，实现了 2 个大项 5 个小项参赛突破。值得注意的是，我国轮椅冰壶队披荆斩棘，取得了第四名的优异成绩。2018 年的韩国平昌冬残奥会是我国第五次参赛的冬残奥会，26 名运动员在 5 个大项，共计 30 个小项的比赛中与其他国家运动员角逐。其中，我国越野滑雪男子运动员郑鹏在坐姿 15 公里比赛中突出重围，获得第四名的好成绩，这也进一步刷新了我国冬残奥会个人项目最佳成绩。与此同时，中国代表队在轮椅冰壶项目决赛中险胜挪威代表队，摘得我国在冬残奥会上的首枚金牌。但是，值得注意的是，我国从冬残奥会运动员选材、队伍历史积淀以及团队保障机制等方面与挪威、芬兰等冬残奥竞技强国之间还存在较大差距。

（二）冬残奥会申办成功后冬残奥项目发展现状

2015 年 7 月，北京携手张家口赢得 2022 年第二十四届冬季奥林匹克运动会和第十三届冬季残疾人奥林匹克运动会的举办权，至此我国冬残奥项目迎来了发展的巨大转机。以下为我国针对冬残奥项目的重要发展举措与主要成就。

2015 年，残疾人冬季体育工作按照"夯实基础管理、创新提升服务、提早谋篇布局"的工作思路，在切实践行"三严三实"要求的行动过程中，积极推进残疾人冬季竞技体育协调发展。推进"冬季残奥项目振兴计划"，初步完成冬季项目发展布局；举办越野滑雪训练营，我国在芬兰轮椅冰壶世锦赛上获得亚军，取得历史最好成绩；在上海举办了第九届全国残运会轮椅冰壶比赛，全国 10 个省（区、市）派队参加，南方省（市）参与踊跃，进步明显；黑龙江、吉林、辽宁、河北、北京、上海等省（市）制定实施本地冬季项目发展计划；启动国家冬季项目训练基地项目选址调研等工作。

2016年，残疾人冬季体育工作按照"开好头、保重点、谋长远、促共享"的工作思路，积极推动冬季项目发展，助力残疾人冬季体育再上新台阶。冰雪运动项目开展数量由2个增加到6个，实现了冬残奥会项目全覆盖；举办了5期冬残奥训练营，组织6个大项的冬训和夏训，运动员由不足50名发展到近400名，技术官员从零发展到近百名；组队参加了6项国际赛事，共派出110名运动员参赛，全部获得了国际分级，与IPC及冬季单项体育组织建立了良好的关系，与俄罗斯等国达成了合作意向；与北京冬奥组委举办了首届"中国残疾人冰雪运动季"活动，14省市开展本地区有特色的冰雪活动；中国残联主席张海迪出席了国际残奥委员会包容性全球峰会并发表演讲，国际残奥委员会首席执行官冈萨雷斯先生专门致信北京冬奥组委，对张海迪表示感谢和祝贺；编制和印发了《中国残联工作任务分解方案》，建立健全常态化工作机制，建立了专家库，在全国范围内选聘68名专家在7个方面为北京冬奥组委提供专业支撑。

2017年，残疾人冬季体育工作按照"提高站位、超常施策、久久为功、统筹兼顾"的工作思路，以党建全面统领业务工作，全力推进残疾人冬季竞技体育协调发展。加快运动员选拔培养，举办了5期冬残奥训练营，组织6个大项的冬训和夏训，运动员发展到近400名。各省共推荐837名运动员，选拔78名进入国家队试训。274名运动员全年不间断训练，高山、单板、越野滑雪队伍分别到奥地利、新西兰和芬兰进行夏训，聘任了5名外籍教练执教。与青岛市政府共建国家残奥冰球队，以赛代练提高水平。2017年冬残奥全部6个项目设立全国锦标赛。参加21项国际赛事，单板滑雪历史性获得1枚世界杯金牌、高山滑雪获得1个洲际杯第一名，有64人次获得前八名，轮椅冰壶队获得世锦赛第四名；我国体育代表队成功实现了第十二届平昌冬残奥会参赛规模翻番的阶段性目标，共计取得26个参赛资格。同时，平昌冬残奥会参赛准备积极有序，密切与国际残奥委、平昌组委会联络，全面做好准备工作。

2018 年，残疾人冬季体育工作以习近平新时代中国特色社会主义思想为指引，深入学习贯彻党的十九大精神，认真落实中国残联全体会议年度安排和中国残联"七代会"总体部署，按照"狠抓重点，撬动难点，平衡多点"的思路，推动残疾人冬季体育发展进入新阶段。在平昌冬残奥会上，我国 26 名运动员参加 5 个大项 30 个小项的比赛，比 2014 年索契冬残奥会 10 名运动员参加 2 个大项 5 个小项的情况有了较大改善，是我国冬残奥会参赛史上运动员人数和参赛项目最多的一次。轮椅冰壶队勇夺金牌，实现我国冬残奥会金牌和奖牌零的突破。雪上项目夺得 1 个第四名、1 个第六名和 4 个第八名，远远超过索契冬残奥会 1 个第四名、1 个第七名的成绩。单板滑雪、高山滑雪和冬季两项队 66% 的运动成绩由过去偏后前移到中间偏前位次，为备战 2022 年冬残奥会增添信心。

平昌冬残奥会结束后，全国 2022 年北京冬残奥会备战工作研讨会制定了冬残奥会全部 6 个大项备战工作方案，全面部署备战。组织 236 名雪上运动员夏训，遴选高水平运动员赴新西兰开展反季节训练，选聘高山与单板滑雪高水平外教。轮椅冰壶队加强教练组力量，强化保障，进行 20 人大集训队对抗性训练。残奥冰球队聘请俄罗斯籍主教练执教，赴俄罗斯训练和比赛。举办选材训练营，遴选出 59 人进入国家队试训。另外，举办了首届全国残疾人单板滑雪、高山滑雪、越野滑雪锦标赛，举办了轮椅冰壶和残奥冰球全国锦标赛，共有 16 个省（区、市）328 名运动员参赛，检验了训练成果、积累了比赛经验。

2019 年，残疾人冬季体育工作以习近平新时代中国特色社会主义思想和党的十九大精神为根本遵循，努力落实中国残联"七代会"和第三十三次全国残联工作会议的部署安排，在"不忘初心、牢记使命"主题教育和践行"使命在肩、责任有我"要求的行动中，以聚焦重点项目、提升运动水平为着力点，全力开展 2022 年北京冬残奥会备战工作，推动新时代残疾人冬季体育事业实现新发展。

中国残联成立备战 2022 年冬残奥会工作领导小组，研究制定《备战 2022 年冬残奥会实施方案》，深入分析参赛的 6 个项目，并对参赛计划进行细致安排,确保备战工作科学有效。2019年备战任务以稳定训练规模,确保提升项目覆盖率为目标,抓好运动员选拔及集训工作。采取夏训与冬训、国内与国外训练相结合的方式,组织运动员长年不间断训练。夏季择优选派雪上运动员赴新西兰、芬兰、奥地利等地进行反季节训练,境外训练累计433天,运动员165人次。轮椅冰壶队组织异地拉练、开展训练营、举办对抗性比赛,提升竞技水平。残奥冰球队赴俄罗斯进行训练和比赛,积累比赛经验。"科技冬奥"专项"冬残奥运动员运动表现提升的关键技术"课题组助力国家队训练。同时,在全球选聘了5名加拿大、意大利、俄罗斯籍教练执教残奥冰球、越野滑雪、冬季两项、高山滑雪、单板滑雪等5支队伍,为外教配备中方助理教练,加快教练员队伍的培养。2018~2019年雪季,为了争取2022年参赛资格和积分,我国共参加国际冬残奥系列赛事10场,派出参赛运动员65人次。在2019年国际赛事中,轮椅冰壶队首次获得世锦赛冠军,在单板世锦赛中夺得2枚金牌,与芬兰等冰雪强国开展冬残奥合作,签订了合作备忘录。积极配合北京冬奥组委会做好2022年冬残奥会相关筹办工作,并与其合作培训培养裁判员、分级员等技术官员,充实保障队伍。同时,配合北京冬奥组委积极推进筹办工作,先后完成了国际残奥委员会成立30周年纪念视频拍摄人选推荐,医疗卫生、教育培训、志愿者、国际交流遗产4个专项工作组联络员推荐和北京2022年冬残奥会对外接待展示窗口单位推荐等相关工作。

2020年,残疾人冬季体育工作继续深入学习贯彻习近平总书记对残疾人事业和体育工作的重要指示,在中国残联主席张海迪的带领下、在新冠肺炎疫情对残疾人体育领域产生严重影响的情况下,实现了冬季残疾人运动队及赛事活动零感染,持续推动冬季残疾人体育工作进一步发展。

中国残联备战2022年冬残奥会工作领导小组召开了两次会议,学习贯彻了习近平总书记对北京2022年冬奥会和冬残奥会重要指示精神,及时传达了中央冬奥会领导小组会议精神,部署、安排备战工作。领导小组成员单位分工负责,参与支持备战和筹办工作。

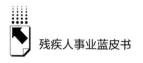

二 北京2022年冬残奥会基本情况

（一）北京2022年冬残奥会申办与筹办情况

2015年7月31日，北京申办冬奥和冬残奥代表团在马来西亚吉隆坡向国际奥委会做最后一次陈述。中国残联主席张海迪在陈述中表示："北京2008年夏季残奥会的成功举办为残疾人留下宝贵遗产，我们热切期待2022年冬残奥会来到北京"。① 同日，国际奥委会主席托马斯·巴赫宣布北京为第二十四届冬季奥林匹克运动会和第十三届冬季残疾人奥林匹克运动会的举办城市。这也意味着，北京将成为奥运历史上的第一个"双奥之城"。

国际残疾人奥林匹克委员会规定北京2022年冬残奥会的运动员参赛规模为736名，包括514名男性运动员和222名女性运动员。此次冬残奥会共设6个大项78个小项。北京将承办所有冰上项目，延庆和张家口将承办所有的雪上项目。中国残联高度重视北京冬奥会和冬残奥会筹办工作，中国残联主席张海迪担任北京2022年冬奥会和冬残奥会组织委员会（以下简称"冬奥组委"）执行主席，中国残联副主席、理事长周长奎担任冬奥组委副主席，直接参与筹办领导工作。在技术保障、无障碍设施建设、人才支持、专家支撑、国际联络、社会宣传、志愿者培训、大型活动组织等方面全面参与筹办工作，先后向冬奥组委派出了15名专职人员支持筹办工作。另外，成立了7个专家组，为筹办工作提供专业支撑，大力支持北京冬残奥会测试赛。受新冠肺炎疫情影响，国外队伍无法参加测试赛，国家冬残奥运动队承担起测试任务。各运动队认真负责、积极主动，测试中不放过任何一个细节，测试活动结束后，向冬奥组委提出各项改进意见建议共50条。

---

① 《张海迪：热切地期待2022年冬残奥会来到北京》，中国新闻网，2015年7月31日，https：//www.chinanews.com.cn/ty/shipin/2015/07-31/news588238.shtml。

（二）北京2022年冬残奥会大项与小项设置

北京 2022 年冬残奥会共设置 6 个大项，包括残奥越野滑雪、残奥单板滑雪、残奥高山滑雪、残奥冬季两项、残奥冰球、轮椅冰壶，共计 14 个分项以及 78 个小项。

具体项目设置如下[①]：

1. 轮椅冰壶、残奥冰球为集体项目，各设 1 个小项；

2. 残奥越野滑雪设立竞速、中距离、长距离和接力等 4 个分项 20 个小项；

3. 残奥冬季两项设短距离、中距离和长距离等 3 个分项 18 个小项；

4. 残奥高山滑雪设立滑降、超级大回转、全能（速度型项目）和大回转、回转（技巧型项目）等 5 个分项 30 个小项；

5. 残奥单板滑雪设立坡面回转、障碍追逐等 2 个分项 8 个小项。

（三）北京2022年冬残奥会赛场设置与场馆条件

北京 2022 年冬奥会、冬残奥会共有各类场馆项目 39 个，其中由北京市负责组织协调建设的北京赛区、延庆赛区的项目有 30 个。此外，提供无障碍的赛事环境也是北京冬奥会和冬残奥会申办承诺和筹办工作的一项重要内容。截至 2021 年 10 月，北京核心区域共整治了 28.9 万个无障碍设施点位，构建了 100 个无障碍示范街区、100 个 "一刻钟无障碍便民服务圈" 以及近千个无障碍示范项目，[②] 基本实现了首都核心圈无障碍化全覆盖。张家口作为北京冬奥会和冬残奥会三个赛区之一，届时将承担大部分雪上项目的比赛，将产生 51 块冬奥会金牌，46 块冬残奥会金牌。张家口赛区为此建设了

---

① 《北京 2022 年冬奥会和冬残奥会比赛项目名称的情况介绍》，北京 2022 年冬奥会和冬残奥会组织委员会官网，https：//www. beijing2022. cn/spt/sportprogramme. htm，最后访问日期：2022 年 1 月 22 日。

② 何亮：《服务北京冬奥会，北京市整治整改无障碍设施的点位 28.9 万个》，光明网，2021 年 10 月 27 日，https：//m. gmw. cn/2021－10/27content_ 1302654607. htm。

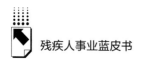

4个竞赛场馆和5个非竞赛场馆，4个竞赛场馆包括国家跳台滑雪中心、国家越野滑雪中心、国家冬季两项中心和云顶滑雪公园。5个非竞赛场馆，包括冬奥村、山地新闻中心、山地转播中心、颁奖广场，还有制服和注册分中心。

国家体育场，位于北京奥林匹克公园中心区南部，届时将举办北京冬残奥会的开幕式和闭幕式。

国家游泳中心，位于北京奥林匹克公园内，届时将举办轮椅冰壶比赛，最终产生1枚混合项目金牌。

国家体育馆，位于北京奥林匹克公园中心区的南部，届时将举办残奥冰球项目比赛，最终产生1枚混合项目金牌。

国家冬季两项中心，位于河北省张家口市崇礼山区，届时将举办残奥越野滑雪及冬季两项的比赛，最终产生38枚金牌。

云顶滑雪公园，位于河北省张家口市崇礼区，届时A场地将举办残奥单板滑雪比赛，最终产生8枚金牌。

国家高山滑雪中心，位于北京延庆区西北部，届时将举办残奥高山滑雪项目比赛，最终产生30枚金牌。

三　北京2022年冬残奥会六大项目概况

（一）雪上项目

残奥越野滑雪。越野滑雪起源于北欧的斯堪的纳维亚半岛，又称北欧滑雪。1976年，作为传统的冬季项目，越野滑雪是第一届冬残奥会的两个比赛项目之一，并保留至今。根据残疾类型的差异，运动员可以分为肢体残疾和视障运动员，运动类型主要包括站姿滑雪和坐姿滑雪。

残奥冬季两项。随着冬季两项运动的不断发展，残疾人冬季两项运动也逐步地发展起来。残疾人冬季两项运动是在冬季两项运动的基础上，针对残疾人的自身身体状况将残疾人越野滑雪与射击相结合起来的比赛项目。项目总比赛距离在 6 ~ 15km，每圈 2.0 ~ 2.5km，采用自由式技术滑雪 3 圈或 5 圈。其间，运动员必须击中 10m 远的射击靶，每次脱靶将被惩罚增加总的路线时间。残疾人冬季两项自 1994 年挪威利勒哈默尔冬季残奥运会开始成为正式比赛项目。

残奥高山滑雪。比赛过程中，残奥高山滑雪运动员需要掌握速度和敏捷来完成比赛，下坡时速度可达 100km/h。残奥高山滑雪主要包括 5 个项目，分别为回转、大回转、超级大回转、滑降以及全能。

残奥单板滑雪。残奥单板滑雪项目是在一个人造的雪道上进行比赛，比赛过程中运动员通过一个雪板，在雪道上完成跳跃、翻转等动作。相对于其他冬季项目而言，单板滑雪形成和发展的时间较短。1994 年，单板滑雪成为冬季奥运会的项目之一。残疾人单板滑雪始于 2006 年，当时加拿大滑雪板协会为残疾竞技滑雪板选手设立了该项目。在 2014 年的俄罗斯索契冬残奥会上，残奥单板滑雪正式被列为冬残奥会的一项竞赛项目。

（二）冰上项目

残奥冰球。冬残奥会的残奥冰球，又称"雪橇曲棍球"，相当于奥运会中的冰球项目。参加这项运动的都是下肢残疾的运动员。比赛时，双方上场队员各 6 名，比赛分三局进行，每局 15 分钟，中间休息 15 分钟，进一球得 1 分，得分多者为胜。残奥冰球起源于瑞典的斯德哥尔摩，截至 2021 年已有 60 多年的历史。它是在传统冰球项目的基础上，将冰橇代替冰鞋，利用球杆分别进行移动和击球。1994 年挪威利勒哈默尔冬残奥会将其列为正式比赛项目，至此该项比赛正在迅速成为冬残奥会上最吸引观众的一个项目。

轮椅冰壶。轮椅冰壶是冬残奥会的正式比赛项目并具有很高的技巧性。同时，它也是最经济的轮椅运动之一，类似于国际象棋，需要战术的配合、注意力的高度集中和一定的计算能力。轮椅冰壶是冬残奥会中发展最快的体育运动之一，首次出现在 2006 年都灵冬残奥会上，到 2018 年韩国平昌冬残奥会，一共产生了 4 枚金牌。

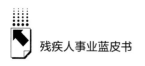

四 北京2022年冬残奥会保障举措与未来发展

（一）国际交流与高水平合作平台保障

2018 年，中国残疾人体育运动管理中心联合宁波大学、国家体育总局运动医学研究所承担了国家重点研发计划"科技冬奥"重点专项课题"冬残奥运动项目国际化训练平台关键技术研究与应用"。该课题以提升我国冬残奥运动项目竞技水平为导向，以高水平国际化训练人才引进和专业团队构建为抓手，打造"训、科、医"一体化的智能化大数据科学训练平台以及分级选材与运动训练体系，重点开展运动康复、假肢护具、运动轮椅、分级选材、专项体能训练等方面的合作研究，探索具有中国特色的科学化训练、人才培训与认证体系。目前，已构建两个高水平国际合作平台。

一是与匈牙利厄特沃什·罗兰大学共建的残疾人单板滑雪国际联合工作站。工作站于 2019 年 3 月正式挂牌成立，研究基地常设办公点分别位于宁波大学体育学院（中国·宁波）与匈牙利厄特沃什·罗兰大学信息学院（匈牙利·松博特海伊），工作站定点服务残奥单板滑雪国家队。残奥单板滑雪是一项技术性要求较高、冲击性较大并具有较高危险性的冬季运动项目。此外，每个运动项目的技术特点均有所不同，单一的训练方法无法适用于各个运动项目。基于此，课题组依托与匈牙利厄特沃什·罗兰大学在残奥单板滑雪项目的国际合作项目以及残疾人单板滑雪国际联合工作站，探究渐进式非稳定性训练方案对我国残疾人单板滑雪运动员专项运动能力的影响，为残疾人单板滑雪运动员专项竞技能力的提升提供科技保障。

二是与德国巴特洪内夫国际应用技术大学共建残疾人越野滑雪国际联合工作站。工作站于 2020 年 11 月正式挂牌成立，研究基地常设办公点分别位于宁波大学体育学院（中国·宁波）与德国巴特洪内夫国际应用技术大学工程学院（德国·巴特洪内夫），工作站定点服务残奥越野滑雪国家队。按照项群分类来看，越野滑雪属于周期性体能竞速类项目，但由于残疾人运动员在身体形态上存在的差异性，常规的体能计划并不能有效适用于其日常专项训练。因此，依托与德国巴特洪内夫国际应用技术大学在残奥越野滑雪项目的国际合作项目以及残疾人越野滑雪国际联合工作站，课题组目前聚焦于残疾人坐姿越野滑雪项目的运动员的身体形态、生理机能、身体素质等相关指标分析探究，通过专业数据分析处理软件进行残疾人坐姿越野滑雪重点运动员与其他类型的残疾人运动员专项体能特征之间的量化对比，进而提升残疾人坐姿越野滑雪运动员的专项体能以及竞技实力。

（二）科学化训练备战保障

随着各国竞技水平的不断提高，冬残奥会的竞争激烈程度不断上升，运动员所承受的训练负荷也随之不断增加，而与之相随的是不断攀高的运动损伤风险。国际奥委会曾公布：对运动员进行长期的、系统的伤病监测对于运动员健康的维持至关重要。根据不同奥运场馆运动医学诊所的数据，奥运会期间至少有7%～11%的运动员有过受伤或者患病的经历。由于残疾人运动员在训练和比赛中往往伴随很高的受伤风险，而伤病又会对运动员训练的系统性、运动员的生理和心理等多方面产生影响，所以需要对运动员伤病进行全方位的医疗监控。众所周知，取得优异的比赛成绩是竞技体育最主要目的之一，但是比赛成绩除了依靠科技助力之外，科学化的训练也是获取优异成绩的基础。当今的运动训练已经不再是传统的单一训练，而是在科、医、训三个方面密切配合的前提下，依靠科技的助力，为运动员训练的科学化和精细化提供有力支撑和保障，目前主要开展的科学化训练备战保障项目如下。

一是残疾人单板滑雪运动员运动机能评价与核心力量训练实践。残疾人单板滑雪运动员运动机能评价与核心力量训练实践由宁波大学体育学院与匈牙利厄特沃什·罗兰大学信息学院联合开展，项目研究团队包括16名中方研究人员以及8名匈方研究人员，重点内容围绕基于健康大数据的训练干预及智能监测在残疾人单板滑雪运动员运动机能评价及核心力量素质提高等方面的研究应用，我国残奥单板滑雪国家队运动员作为主要受试者，进行运动机能评价系统的实践、应用、验证，依据我国残疾人单板滑雪队伍的现实情

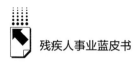

况和运动员身体的综合水平等，进一步强化运动机能评价体系指标，促进残奥单板滑雪运动员运动机能评价的科学化、客观化，可以为其他残疾人雪上运动员的运动机能评价的优化提供参考依据。

二是残疾人坐姿越野滑雪运动员动作技术和损伤特征的生物力学评估与训练干预。残疾人坐姿越野滑雪运动员动作技术和损伤特征的生物力学评估与训练干预由宁波大学体育学院和塞尔维亚贝尔格莱德大学体育学院联合开展，项目研究团队包括 8 名中方研究人员以及 6 名塞方研究人员，重点内容围绕残疾人越野滑雪项目科学化训练及监控研究应用展开，依托生物力学、生理学等相关的理论方法，运用三维红外动作捕捉系统记录残疾人坐姿越野滑雪运动员在双杖推撑这一专业技术动作的运动学参数，聚焦分析其在撑杖动作各阶段的运动学变化，对运动员身体各环节的角度、角速度等特征参数进行对比分析，全面总结其双杖推撑技术动作特征，提出相应的科学优化建议。

三是冬残奥运动项目国际化医疗方法的引进与应用。冬残奥运动项目国际化医疗方法的引进与应用由国家体育总局运动医学研究所和英国西苏格兰大学生命健康科学学院联合开展，项目研究团队包括 5 名中方研究人员以及 3 名英方研究人员，重点内容是基于健康大数据的残疾人运动员运动康复手法及肌效贴使用方面的研究应用。近年来，运动康复手法和肌效贴在运动损伤的防治中运用广泛，研究指出，两者在缓解疼痛、消肿、改善关节活动度、改善疲劳等方面具有较大优势。因此，该项目对我国残疾人运动员的运动康复手法及肌效贴使用进行了相关研究，形成以保障训练为主体、以教练为主导、以科学研究为先导、以医务监督为督导的科学化训练保障控制系统新格局，为残疾人运动员的损伤防治提供科学建议。

（三）训练器材与装备辅具科技保障

1. 全维度伺服驱动智能训练系统的研发与应用

随着竞技体育发展，训练负荷不断加强，比赛密度不断加大，竞争日趋"白热化"，科学训练与高效训练管理已经成为体育界的共识。然而，由于冬残奥运动以及残疾人运动员的特殊性、体能训练、专项动作训练等方法都具有显著的个体差异性。例如从专项动作训练方面来看，相较健全运动员，残疾人运动员面临着更大的风险和挑战。由于冬季运动项目固有的特点，运动员需要掌握很多较为复杂的专项技术。例如，单板滑雪运动项目中的换边技术（上升阶段利用雪板的一边和下降阶段利用另一边）、搓雪转弯（在冰上或者雪上）以及跳跃旋转（在空中）等，以及高山滑雪、越野滑雪运动项目的滑降技术、转弯技术等。这些专项动作均需要运动员具备较高的平衡控制能力，这就需要在日常训练中注意双侧肌肉力量的协调性和对称性训练，从而避免运动员因单侧负荷承受能力较弱导致平衡力的下降。然而，对于残疾人运动员来说，身体上的缺陷、专项训练方法的单一以及器材的老旧可能会导致他们并不能完美地实现双侧肌肉力量、耐力等方面的平衡，进而加大运动损伤的风险。

在匈牙利厄特沃什·罗兰大学"残疾人单板滑雪项目动作技术优化及运动装备研发"国际合作框架下，中国残疾人体育运动管理中心、宁波大学以及匈牙利厄特沃什·罗兰大学联合宁波易力加运动科技有限公司合作开发了数字化全维度伺服驱动智能训练系统。

整体上，全维度伺服驱动智能训练系统较大程度地弥补了传统器械以及KEISER气阻训练器械带来的缺陷，融合了创新性的专利技术和现代化的互联网技术选项，能够提供卓越的用户体验。该训练系统拥有七大训练模式（恒力等张、向心等张、离心等张、向心等速、无惯性、弹性力、流体力学），与传统训练相比，能够全方位的满足肌肉在各种收缩形式下的训练需求。此外，其无轨迹训练的特点，能够更好地适应不同专项运动的项目特点，更加真实地模拟不同项目的专项动作，从而更加符合"专项化"训练的理念。除了满足个性化、专项化的训练需求之外，训练系统还配备了感应式面板、互联网数据处理分析系统的二次开发全维度伺服驱动智能训练系统，还可以实时监测和反馈运动员的训练数据和运动状态。其所测得的运动参数种类也较多，包括峰值功率、平均功率、峰值速度、平均速度、峰值RFD、动作位移、动作耗时等，可以较大程度地满足教练员与运动员的数据

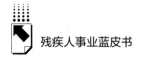
需求，为制定运动员的短期、长期训练目标提供参考。

全维度伺服驱动智能训练系统能够很好地适应冬残奥各大项目的日常体能训练和专项训练，聚焦教练以及运动员的训练需求，通过创新研发的实时运动检测系统以及"云数据存储平台"能够实现各个冬季项目运动员的训练数据及运动表现的收集，运动员数据库，教练员工作数据库，运动员生物学、训练、分级、参赛和环境数据库的建立，构建起一个综合性、大数据、智能化科学训练平台，并通过科学化数据分析，为各个项目的运动员训练和选材提供有力的科研保障。

全维度伺服驱动智能训练系统可以有针对性地为冬残奥各大项目运动员的核心基础稳定性力量训练、核心基础动力性力量训练等提供个性化训练平台。此外，该系统通过专项训练综合模块可进一步综合性地提高运动员的专项运动能力，如，通过配备传感式滑雪杖、交互式物理触摸屏等，能够实现运动项目的全天候模拟训练，针对一些特定的高难度专项动作（换边技术、搓雪转弯、滑降、转弯等）进行强化训练，并实时反馈训练效果，真正实现为运动员提供全面且个性化的专项训练。

前期测试研究发现，基于全维度伺服驱动智能训练系统制订为期一个月的专项力量训练计划，对改善我国残奥单板滑雪队主力运动员"拉出发门"动作过程所需的专项力量指标具有积极影响。对上肢残疾的运动员而言，其出发阶段"拉门"动作中的最大功率、平均功率、最大速度等参数均得到显著提升。相较于专项力量训练前，运动员的1RM也显著提升，这意味着上述训练方案对于提升残疾人单板滑雪运动员上肢最大力量以及速度力量等专项素质均具有较好成效。与此同时，全维度伺服驱动智能训练系统符合残疾人运动员不同残疾级别的个性化训练需求和数字化负荷监控要求，并能够较大程度降低训练损伤风险概率。

全维度伺服驱动智能训练系统应用到国家残奥单板滑雪队以来反馈较好。国家残疾人单板滑雪队教练员能够通过该训练系统为残疾人运动员制定个性化训练方案，提高运动员的专项水平，也可设计核心、力量等训练动作提高运动员整体身体素质。全维度伺服驱动智能训练系统操作简单，运动员可以自主操作和训练，大大节省了人力。

2. Athlete Monitoring 训练负荷监控系统研发与应用

目前，运动员管理平台在国外已经广泛使用，上至国家队，下至学校运动队，以欧美国家为典型代表。我国针对运动员研发的软件却甚少，目前的训练仍采用依赖经验的传统训练方案。而运动员管理平台能够在较大程度上弥补传统训练模式带来的不足，教练员能够为运动员制定个性化训练方案，以便快速地评估比赛和训练情况，并相应地调整策略，从而拥有制定获胜策略所需的洞察力。

在塞尔维亚贝尔格莱德大学基于"残疾人雪上项目科学化训练及分级的研究应用"国际合作框架下，中国残疾人体育运动管理中心和宁波大学联合贝尔格莱德大学引进并二次创新德国 Athlete Monitoring （以下简称"AM"）训练负荷监控系统。

由于冬残奥运动的特殊性，残疾人运动员根据伤残类型、残疾程度的不同分为不同的级别，因此训练方法、专项动作都具有显著的个体差异性。AM 运动员数据管理系统可对运动员在生活和训赛等不同状态中提供实时监控，从而使运动员保持最佳的状态投入训练和比赛，有效地提升运动成绩和避免二次损伤及残疾程度加重等风险的发生。

引进 AM 训练负荷监控系统可以针对运动员个性化特征设计出最适用的训练计划，同时也可以有效避免残疾人运动员的二次损伤及残疾程度加重等风险的发生。例如，由于单板滑雪运动员需要掌握很多较为复杂的专项技术，运动员需要具备较高的平衡控制能力，这就需要在日常训练中注意双侧肌肉力量的协调性和对称性训练。AM 训练负荷监控系统的引入可以对残疾人单板滑雪运动员双侧肢体的训练负荷数据进行全面监控和管理，从而避免单侧负荷承受较弱导致平衡力的降低。同时，单板滑雪运动员要具备较强的心理承受能力，AM 训练负荷监控系统的引入可以帮助教练员掌握运动员的日常及训练比赛的压力程度，并及时做出相应措施，最大化地减少心理因素引起的比赛失误。

AM 训练负荷监控系统及其辅助设备已经投入使用到国家残疾人单板滑

雪队和高山滑雪队的日常训练以及重点队员保障。该系统可以针对每位运动员制订不同的训练计划，包括训练时间、训练频率、训练强度都可以在训练库中进行设置更改，并同步到每位队员的账号中。结合国家残疾人高山滑雪队和单板滑雪队实际情况，目前已对移动终端 App 和网页版的界面进行汉化改进，使用 Polar 无线运动轨迹监测系统对该系统的线下测试进行补充和集成，包含报表、计划、日志统计、评分、运动员图表、问卷、运动员、运动队设置等板块。在每次训练课结束以后，运动员都会将自己训练课的内容同步到自己的账号中，随后教练会对其信息进行整理，并将数据导入到 AM 训练负荷监控系统中，最终会在主界面生成分析报告，方便观察每个人的训练情况。

（四）北京2022年冬残奥会促进我国残疾人体育事业发展的展望

1. 北京2022年冬残奥会对我国社会观念影响的展望

尽管北京 2022 年冬残奥会的日程仅为数十天，但它所带来的文化效应将对我国社会观念的改变产生深远的影响。从赛事开幕式和闭幕式的匠心打造，到对会徽、奖牌以及吉祥物等的精心设计，都有力地凸显了我国传统文化的深厚底蕴。弘扬了残疾人奥林匹克运动精神和理念，并传播了奥林匹克运动会"重在参与而不是取胜"的宣言。这些深厚的文化遗产将通过各种方式传递给人民群众，尤其对残疾人群体而言，能够让他们真真切切地体会到北京 2022 年冬残奥会所带来的文化效应。为了让此次赛事所产生的文化效应能够发挥持久的作用，我国落实了一系列惠民利民的项目。随着残疾人奥林匹克精神的传播，北京 2022 年冬残奥会所承载的价值观念将日益深入人心，这为残疾人体育运动进入社会大众舆论视野奠定坚实的基础，从而有效地提升公众对残疾人竞技体育事业在后奥运时代发展的关注度，以及残疾人群众投身体育运动的热情。与此同时，对广大残疾人群体自身来说，残疾人运动员在奥运舞台上的优秀表现能够极大地鼓舞他们，这种示范作用可以有效激发他们参与体育运动的热情，对实现个人价值具有重要意义，推动我国社会对残疾人观念的改变。

2. 北京2022年冬残奥会对我国政府职能影响的展望

加强法制建设，依法维护残疾人的各项合法权益，既是残疾人工作的主题，也是政府的主要职能工作。北京 2022 年冬残奥会前后，各级政府通过制定一系列的政策，进一步完善我国残疾人事业的法规体系，从而有力提升我国残疾人法律救助以及维权服务水平，依法保障残疾人的合法权益。例如，《"十三五"加快残疾人小康进程规划纲要》中要求完善无障碍环境建设政策和标准，全面推进城市无障碍环境的建设。

《北京 2022 年冬奥会和冬残奥会无障碍指南》《北京市进一步促进无障碍环境建设 2019—2021 年行动方案》《张家口市无障碍设施建设管理条例》等一系列国家和主办城市有关无障碍环境建设的政策法规相继出台，成功营造以尊重、理解、关心为主旨的良好社会氛围。2019 年 12 月初，北京市开展为期三年的"全市无障碍环境建设专项行动"，聚焦冬奥会及冬残奥会场馆周边、四环以内中心城区、城市副中心等 3 个重点区域，进行无障碍设施排查。截至 2019 年 12 月底，北京市已将 11 万个点位、98 万元素纳入"无障碍环境建设大数据管理系统"，后续将对以上点位、元素的闲置和占用等问题进行整治，做到全市一本账，实时上账销账，可核查、可追溯。张家口全市已改造盲道 1047.8 千米，缘石坡道 7207 处，无障碍电梯、升降平台 250 处，无障碍卫生间 471 个，无障碍停车位 847 个，公共场馆无障碍座席 5288 个，接待和服务区域低位设施 130 处，宾馆、酒店无障碍客房 43 个，无障碍公共服务网站 38 个，设置城市无障碍标识 7709 个。[①] 北京市加大无障碍理念和知识宣传力度的同时，大力推进残疾人就业和志愿助残服务培训，普遍开展"无障碍推动日"活动，在全社会努力营造共建、共享无障碍的良好氛围。2018 年，北京市首家"激情冬奥志愿助残服务基地"在朝阳区亚运村街道揭牌。2019 年 5 月，"美好生活工程"残疾人就业项目培训活动启动。张家口市通过广播、电视、网络、报刊等新闻媒体对国家、省、

---

① 《北京冬奥组委发布〈北京 2022 年冬奥会和冬残奥会遗产报告（2020）〉》，北京 2022 年冬奥会和冬残奥会组织委员会网站，2021 年 6 月 23 日，https：//www.beijing2022.cn/wog.htm？cmsid＝EYS2021062300362800。

市关于无障碍环境建设的政策规定进行宣传，引导全社会积极参与，努力营造良好的社会舆论氛围。张家口市残联以"助力冬残奥会，共享健康生活"为主题进社区开展冬残奥会知识宣传，让群众了解冬残奥会及比赛项目。

3. 北京2022年冬残奥会对我国残疾人体育影响的展望

基于国际奥林匹克委员会发布的《奥林匹克2020议程》与《遗产战略方针》，2019年北京冬奥组委编撰了《北京2022年冬奥会和冬残奥会遗产战略计划》，通过提炼亮点遗产，力求以此为突破口助力本次冬残奥会成为提高体育赛事各项能力的新动力、推动健康中国和社会良性发展的新引擎，为促进和推动冬季奥林匹克运动发展做出积极贡献。2020年5月，北京冬奥组委编写了《北京2022年冬奥会和冬残奥会可持续性计划》，强调通过筹办本届冬残奥会进一步加强残疾人竞技体育的可持续发展。然而，由于我国冬季奥林匹克项目起步较晚，对于部分项目训练规律和专项特征的认识尚不能为科学化训练提供支持，尤其对冬残奥项目而言，亟待通过科技力量对奥运备战进行引领，将科学化训练研究纳入冬残奥战略体系，以此为契机加快提升相关训练平台的科学化水平。[1] 基于北京冬残奥会的背景，站在冬残奥科技遗产的能动效能助力国家发展战略框架的视角，构建冬残奥项目国际化训练平台并发挥其科技遗产的能动效能，统筹残疾人冬季体育发展的各项资源要素，对于构建最大限度满足残疾人冬季竞技项目的国际化训练平台体系具有重要理论意义和现实价值。

习近平总书记指出："让残疾人安居乐业、衣食无忧，过上幸福美好的生活，是我们党全心全意为人民服务宗旨的重要体现，是我国社会主义制度的必然要求。"[2] 残疾人群体是一个特性突出、格外需要关注的人群。与此同时，残疾人体育是我国体育事业的有机内核，其对我国体育事业的发展乃至体育强国目标的实现将产生根本性的影响。北京冬残奥会所有场馆将按照国际标准和要求建设无障碍设施。举办北京冬残奥会，赛区城市

---

[1] 陈小平：《奥运训练的科技遗产》，《中国体育科技》2019年第1期。

[2] 《习近平：让广大残疾人过上幸福美好的生活》，中国教育网络电视台，2019年12月3日，http://www.centv.cn/p/343119.html。

无障碍环境建设力度也将持续加大。此外，普及冬残奥知识，参与冬残奥备战、群众性冰雪活动等能够有效带动更多残疾人走出家门，走进冰场、雪场，带动更多残疾人参与冰雪运动，进一步落实"带动三亿人参与冰雪运动"的目标，助力"健康中国"和"体育强国"建设。

五 结语

北京 2022 年冬残奥会的成功申办为我国残疾人冬季运动事业发展带来了前所未有的重大机遇，北京也将成为残奥史上第一个举办过夏季残奥会和冬季残奥会的"双奥之城"。伴随北京 2022 年冬残奥会筹办工作的有序推进，一批有影响、可持续的冬奥科技、文化、社会、经济、环境等遗产正潜在地对国家、城市以及社会的发展发挥着促进作用，其所传递的精神价值观念也将日渐深入人心，从而有效地提升公众对残疾人竞技体育事业在后奥运时代发展的关注度。体育事业的发展作为实现中国梦的主要内容之一，能够为中华民族的伟大复兴提供强大的精神力量，而残疾人体育作为我国体育事业的有机内核，对我国全民体育事业的发展乃至体育强国目标的实现均起着举足轻重的作用。本报告相信，未来精彩、非凡、卓越的北京 2022 年冬残奥会的举办，不仅能够为广大残疾人运动员公平竞技、实现自我价值搭建平台，还能够有效促进国家、区域和城市的可持续发展，从而成为人民追求美好生活最重要的推动力。

B.4
中国残疾人群众性体育活动
发展报告（2021）*

吴燕丹**

摘　要： 本报告梳理了残疾人群众性体育活动的发展脉络，残疾人群众性体育活动在政策完善、健身示范点建设、大众冰雪活动开展、社会体育指导员培养、康复体育进家庭服务、品牌化等方面取得了长足发展，但也存在政策文件缺乏在地化解读、残疾人健身示范点功能定位模糊、康复体育进家庭经费保障不足、残疾人体育参与的可及性与包容性不高等问题。未来应立足于包容性计划与专项计划相结合，推动包容性发展的残疾人群众性体育活动治理体系改革，营造良好外部环境，提高残疾人体育参与的能动性，促进残疾人群众性体育活动的蓬勃发展。

关键词： 残疾人　群众性体育活动　包容性发展

　　改革开放以来，随着经济建设的蓬勃发展、综合国力的持续增强、国家法制建设的不断完善，我国经过艰苦努力奋斗，残疾人体育成绩斐然。残疾人竞技体育尤为突出，如2021年先后举办了第十一届全国残疾人运动会、第八届全国特殊奥林匹克运动会等。相较于竞技体育，残疾人体育事业发展

　　* 本报告是国家社科基金项目（20BTY027）"我国残疾人体育包容性发展研究"的阶段性成果，文中部分材料和观点得到中残联体育运动管理中心群体特奥部的支持，在此表示感谢。
　　** 吴燕丹，博士，福建师范大学体育科学学院教授、博士生导师，研究方向为体育教育训练学适应体育、体育社会学。

面临的更大压力和挑战则是在我国残疾人群众性体育活动发展方面。随着中国特色社会主义进入新时代，人民日益增长的美好生活需要和不平衡不充分的发展之间的矛盾成为社会主要矛盾，这一不平衡、不充分的问题在残疾人群众体育事业上体现得更为集中。在"十四五"开局的关键节点，回顾历史、展望未来，在健康中国战略、全民健身国家战略和体育强国战略的框架下，八千多万名残疾人的体育将逐步实现与全民健身包容性发展，进而推动残疾人事业的包容性发展。

一 残疾人群众性体育活动发展历史回顾

（一）起步探索：二十世纪九十年代残疾人群众性体育活动发展概况

各级各类残疾人体育组织的恢复和建立为残疾人群众性体育活动的起步提供了基础。1983 年 10 月 21 日，中国伤残人体育协会在天津成立，并于 1991 年 7 月 26 日，更名为中国残疾人体育协会，主要组织和帮助脊髓损伤、截肢等残疾人参与体育活动。随后，不同类型的残疾人体育组织相继成立。中国智残人体育协会于 1985 年 6 月 17 日成立；中国聋人体育协会于 1986 年 12 月 10 日成立，1988 年 4 月，加入国际聋人体育组织；中国残联宣文部体育处于 1993 年成立。

1983 年 12 月 20 日，国家体委、民政部、劳动人事部、教育部、卫生部、中国红十字会总会、中国盲人聋哑人协会、全国总工会、共青团中央联合发布《关于积极地、有计划地开展伤残人体育活动的通知》，残疾人群众性体育活动被列入议事日程。1993 年 6 月，中国残联签发《中国残疾人联合会会务会议纪要》，决定在中国残联成立体育处，重点负责残疾人体育相关工作。此后，我国相继发布多项发展残疾人体育事业的政策文件，为我国残疾人体育事业的改革和发展做出了正确导向、指明了前进道路。

（二）发展契机：北京残奥会带动残疾人群众性体育活动迅速发展

2008 年北京残奥会之后，残疾人竞技体育的辉煌成就带动了残疾人群众性体育活动迈上新台阶。中共中央国务院相继出台了一系列关于促进残疾人事业发展的若干政策意见，彰显了中国政府和社会对残疾人的人文关怀，多层面保障了残疾人的体育权，残疾人体育活动场所稳步增多，体育比赛发展迅速（见图1）。政府和社会的残疾人体育公共服务能力和水平明显提升，广大残疾人参加体育活动的热情被激发，参与人次出现稳步增长态势（见图2）。

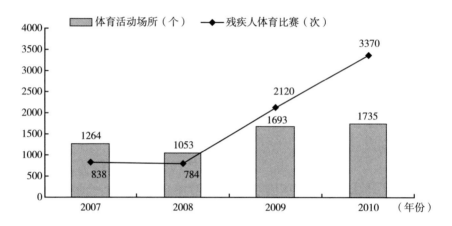

图1　2007～2010年地市级残疾人群众性体育活动发展情况

资料来源：2007～2010年《残疾人事业发展统计公报》。

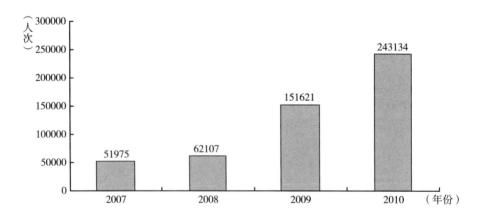

图2　2007～2010年残疾人参加体育健身活动人次

资料来源：2007～2010年《残疾人事业发展统计公报》。

（三）创新推动："十二五"期间残疾人群众性体育活动发展概况

为进一步促进残疾人群众性体育活动的开展，2012 年国家出台了《自强健身示范点命名资助办法》，实施"残疾人健身周"活动。2013 年第三届残疾人健身周，在全国 27 个省（区、市）开展 6000 多场次形式多样的残疾人体育健身培训、比赛及体育进家庭等活动。2014 年 10 月，国务院印发《关于加快发展体育产业促进体育消费的若干意见》，把"全民健身"上升为国家战略。但是，对照《体育事业发展"十二五"规划》提出的目标与《中国残疾人状况及小康进程检测报告》的数据，不难发现，残疾人群众性体育与健全人体育依然存在较大的差距。

（四）稳步推进："十三五"期间残疾人群众性体育活动发展概况

"十三五"时期，为丰富不同类型残疾人群众性体育活动，满足不同类型残疾人康复健身需求，国家组织开展了"全民健身助残工程"，并纳入全民健身发展大局。此外，实施"残疾人自强健身工程"、推出"残疾人康复体育关爱工程"，出台康复体育进家庭服务、社区健身示范点建设等指导性文件，以"由西向东"和"自北向南"的发展为引导，统筹全国资源，"先薄弱后发达"，促进均衡发展；实施《冬季残奥项目振兴计划》，依托东北地区，突破西北地区，重点布局华北地区，拓展南方省（市），积极发展残疾人冰雪运动。充分利用残疾人健身周、全国特奥日、"中国残疾人冰雪运动季"等特殊节日和时间节点，大力开展残疾人喜闻乐见的体育活动等。为进一步加大残疾人群众性体育活动的宣传组织和发动力度，实施全国残运会赛事改革，进一步加大群众性体育活动项目的设项力度，并采取分级办赛的赛事组织机制，积极扩大参与规模。残疾人体育科研也迈上一个新台阶。在国家社科基金立项中，"十三五"期间残疾人群众性体育活动立项比例较"十二五"提升明显。

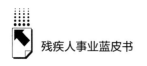

二 残疾人群众性体育活动发展取得的成就

（一）残疾人群众性体育活动政策逐步完善

"十三五"期间，《"健康中国2030"规划纲要》第六章第四节特别指出"制定实施青少年、妇女、老年人、职业群体及残疾人等特殊群体的体质健康干预计划""推动残疾人康复体育和健身体育广泛开展"。在《体育强国建设纲要》的战略任务第一条"落实全民健身国家战略，助力健康中国建设"中，也有同样的表述。《"十三五"推进基本公共服务均等化规划》《残疾人康复体育关爱家庭计划（试行）》《残疾人文化体育工作"十三五"配套实施方案》等政策法规相继出台。着眼"十四五"发展和残疾人实际需要，2019年中国残疾人联合会会商国家体育总局，共同发布《关于进一步加强残疾人康复健身体育工作的指导意见》。

以此为契机，"十三五"期间各级残联系统深化落实"全民健身计划"，加快推进残疾人体育各项重点举措，涵盖城镇和乡村的残疾人体育基础设施及条件不断改善，均等化体育服务水平不断提升，残疾人体育健身指导和服务能力日益提高，各层级经常性的残疾人体育运动赛事和康复健身活动日趋丰富，并积极推动公共体育设施免费向残疾人开放，使越来越多的残疾人走出家门、康复锻炼，残疾人群众性体育活动呈现加速发展的态势。

（二）"残疾人自强健身工程"成就明显

2011年12月，中国残疾人联合会会同国家体育总局、教育部、民政部、人力资源和社会保障部、财政部，联合发布了《残疾人体育工作"十二五"实施方案》，提出了"实施'残疾人自强健身工程'"。经过"十二五"和"十三五"的十年建设发展，"残疾人自强健身工程"成就明显。

首先，残疾人健身示范点建设规模化。作为"残疾人自强健身工程"的一项重要实施内容，"十三五"期间计划在全国范围内建成1万个残疾人体育健身示范点。中国残联自 2016 年起，对经济欠发达地区和乡镇、农村地区给予重点支持，并积极落实建设残疾人冬季健身活动服务站点、创建残疾人健身示范冰场雪场等举措。截至 2020 年，全国残疾人健身示范点累积建设 13313 个，超额完成"十三五"期间的计划任务（见图 3）。残疾人健身示范点的大量建设，为有组织和自发的体育健身康复活动提供了平台，促进了基层残疾人体育健身活动的积极开展。目前，示范点建设分为四类：一是依托乡镇、社区（村）所辖公共服务站点、机构，如社区活动中心、居委会等；二是遴选残疾人康复、托养机构或残疾人特殊教育学校开展建设；三是依托各级残疾人体育运动训练基地开展建设；四是在全民健身公共站点、健身路径、体育俱乐部等开展融合建设。在服务运行方面又可大致分为纳入政府公共服务组织运行、购买"民非机构"服务和社会组织开展服务或面向残疾人专门协会、社团组织开展尤其自发开展服务等。总体来说，残疾人体育健身示范点建设工作，极大改善了基层残疾人体育公共服务的条件，为基层残疾人就近、就便参与日常康复健身锻炼提供了平台，为推动残疾人体育纳入全民健身公共服务大局、促进残疾人共享全面小康成果，提供了基本保障。

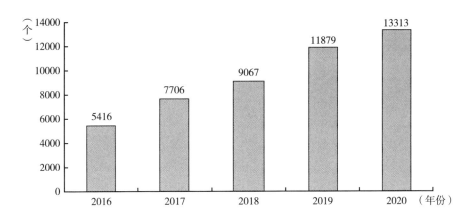

图 3　"十三五"期间全国残疾人健身示范点数量统计

资料来源：2016～2020 年《残疾人事业发展统计公报》。

其次，残疾人社会体育指导员培养实现质与量的提升。作为"残疾人自强健身工程"的另一项举措，《残疾人文化体育工作"十三五"实施方案》提出培养10万名残疾人社会体育指导员的发展目标。截至2020年，各地残联通过自主组织开展培训和联合同级体育部门培养的形式，共培养、发展残疾人社会体育指导员139206名（见图4）。涉及各级残联的体育工作者、社区残疾人体育专干、残疾人特教学校教师和残疾人康养机构的服务人员在日常性残疾人康复健身指导、社会宣传、体育赛事和健身活动组织工作中发挥了重要的支撑作用。

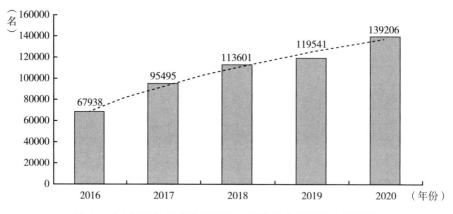

图4 "十三五"期间全国残疾人社会体育指导员人数统计

资料来源：2016～2020年《残疾人事业发展统计公报》。

"十三五"期间，中残联组织开展了关于残疾人社会体育指导员激励保障、服务标准以及培训课程设计等方面的调研和论证，取得很好效果。结合排舞、跳绳、冰雪项目等特色组织残疾人社会体育指导员培训，培训内容和培训方式更具操作性、更贴近需求。国内部分高校为体育专业学生开设体育助残相关课程并培育体育助残志愿服务队伍，如福建师范大学、上海体育学院和广州体育学院等。在历届中国青年志愿服务项目大赛和中残联阳光助残示范项目中，都有优秀的高校体育助残项目获得佳绩。这部分专业志愿者的加入，壮大了残疾人社会体育指导员队伍，有效提升了残疾人群众性体育活动开展质量。

（三）"残疾人康复体育关爱工程"有序推进

2015 年 5 月，中残联印发《残疾人康复体育关爱家庭计划（试行）》，"残疾人康复体育关爱工程"启动。该计划拟在"十三五"期间为 10 万名不易出户或家庭困难的重度残疾人实施康复体育家庭关爱服务，服务内容包括组织人员进家庭指导康复健身、为重度残疾人配发适宜健身康复器材、发放配套健身康复器材使用光盘。上述三项服务被称为"三进提供服务"。各地认真研究、统筹部署，逐级分解任务，压实主体责任，有计划、分步骤地推动"残疾人康复体育关爱家庭计划"在基层深入开展。截至 2020 年，中国残联为 324659 户重度残疾人提供了康复体育进家庭服务，超额完成"十三五"期间 10 万户的服务目标（见图 5），从而提升了基层残疾人健身康复服务的水平和质量，保障了不同类型残疾人平等享有残疾人体育基本公共服务均等化成果。

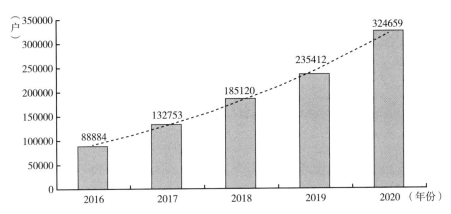

图 5 "十三五"期间"残疾人康复体育关爱家庭计划"服务户数统计

资料来源：2016～2020 年《残疾人事业发展统计公报》。

总体来看，"残疾人康复体育关爱工程"的有序推进，对残疾人体育公共服务体系建设和残疾人群众性体育活动协调发展，均发挥了重要作用：一是项目实施为残疾人体育纳入政府公共服务大局搭建了平台；二是进一步推动体育服务重心下移，促进康复健身体育服务"六个落在身边"；三是为丰

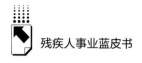

富和完善残疾人体育公共服务内容建立了抓手，并在"十三五"时期加快残疾人小康进程，在"人人享有康复服务"和推动健康中国建设的大背景下，为实现残疾人体育与康复工作有机结合和促进"体医结合"工作的深化发展进行了积极探索；四是积极撬动了社会资源进一步融入残疾人体育事业，残疾人体育产业得到培育。

（四）残疾人大众冰雪活动广泛开展

2016～2017年，中国残联与冬奥组委联合开展了"首届中国残疾人冰雪运动季"，全国14个省（区、市）积极参与；丰富了残疾人大众冰雪运动服务内容，设立了50个残疾人冬季健身示范点，编写了培训手册，举办了6期指导员训练营，制作了冬残奥会6个项目宣传视频。2018年，中国残联与国家体育总局、教育部、全国总工会、共青团中央、全国妇联、北京冬奥组委等六部委联合开展了"第二届中国残疾人冰雪运动季"，全国30个省（区、市）共组织开展残疾人冬季健身活动千余次，直接参与人数达到20万人。在哈尔滨、沈阳举办了高峰活动，在京津冀、黑吉辽举办了主场活动，在上海、浙江、江苏、山东、广东、新疆、重庆、宁夏、内蒙古、福建等地和专门协会都开展了活动。截至2020年，连续举办5届"中国残疾人冰雪运动季"活动，全国31个省（区、市）共组织开展各类基层残疾人冬季健身活动千余次，30余万人直接参与，累计百万名残疾人参与其中，共享冰雪运动的快乐。

（五）群众性体育活动品牌化

残疾人健身周、全国特奥日和"中国残疾人冰雪运动季"是全国性的残疾人群众性体育活动品牌。截至2021年，结合每年8月8日全民健身日前后集中开展的残疾人健身周活动已连续举办11届，每年冬季为残疾人参与冰雪健身活动提供服务的冰雪季活动已连续举办5届，而每年7月20日，专为智力残疾人举办的全国特奥日活动已历经15年。针对新冠肺炎疫情防控，各地依托"智慧残联"帮助残疾人开展居家锻炼、给残疾人普及防疫知识，倡导健康生活，开展"家庭康复健身云交流""康复健身志愿服务云交流""残疾人体育机构康复健身云指导"等线上活动，努力服务残疾人康复健身。基层越来越多的残疾人加入日常健身行列，身心得到了康复，社会参与及适应能力得到了加强，残疾人体育的社会宣传和影响也得到了进一步扩大。

近年经常性组织开展的全国或区域性群众性体育比赛项目有飞镖、象棋等十多项，2019 年天津第十届残运会赛事改革，扩大了比赛立项范围，这十多项成为全运会群众性体育正式比赛项目。此举积极推动了各地相关项目的预选赛、海选赛等赛事活动的分级开展，有些省（市）还积极推动了部分项目纳入本地区健全人综合运动会或残运会比赛立项，积极撬动残疾人群众性体育赛事参与人数较大幅度的增加。

与此同时，一批极具广泛社会影响力和品牌号召力的残疾人群众性体育赛事也得到各地关注。诸如已连续举办 5 届的残疾人民间足球争霸赛，其已成为基层残疾人足球爱好者每年一度展现足球技艺、分享足球运动欢乐的一个重要舞台。再如全国残疾人排舞公开赛，参与队伍已扩展至全国近 20 个省（区、市），通过比赛撬动，一大批残疾人特殊教育学校已将排舞项目纳入学校体育大课间重点开展项目，极大促进了残疾人体育服务进校园和残疾人体育、教育及文化工作的融合发展。以上述赛事为代表，举办不同层级和类别的残疾人群众性体育赛事，积极为基层残疾人参与体育活动，展示体育机能，实现自身价值搭建了平台、创造了机会，激发了广大残疾人参与体育健身的热情。

（六）残疾人体育活动参与率显著提升

在"残疾人自强健身工程"和"残疾人康复体育关爱工程"的持续实施下，全国累计建设残疾人健身示范点 13313 个，培养和发展残疾人社会体育指导员 139206 名，研发推广适合不同残疾类别的残疾人使用的小型体育器材共计 11 种，创编普及残疾人康复健身体育项目和方法 19 项，为 324659 户重度残疾人提供了康复体育进家庭服务。组织开展"全民健身挑战日融合关爱跑""三菱杯残疾人民间足球争霸赛""残健同行乒乓球残奥冠军挑战赛"“中国残疾人冰雪运动季基层残疾人旱地冰壶比赛"“全国盲人板铃球交流赛"“京津冀残疾人飞镖线上挑战赛"“全国听力残疾人柔力球交流赛"“环青海湖智慧星公益骑行活动"“全国残疾人排舞公开赛"等36项丰富多彩的群众性体育赛事及活动；连续举办9届残疾人自强健身周、11次全国特奥日等活动。残疾人康复健身体育活动参与率显著提升（见图6）。

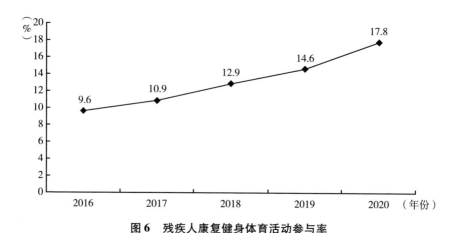

图6　残疾人康复健身体育活动参与率

资料来源：2016～2020年《残疾人事业发展统计公报》。

三　残疾人群众性体育活动存在的主要问题

（一）残疾人群体普遍对体育的认识不足

体育强国建设是社会主义现代化强国的重要战略举措之一，人们对于体育的认识越发科学与深刻，然而残疾人群体对于体育的认识还处于相对滞后的阶段。这一方面源于残疾人群体经济水平的局限性，另一方面也与公共服务保障有直接关系。对体育认识的滞后导致残疾人不了解体育对自身健康的积极影响，从而没有办法准确评估自身的体育需求，甚至呈现无需求的状态。这种大面积的低需求状态导致了残疾人体育政策推进和实施得不到积极的反响，进而影响残疾人体育活动的开展效率。

体育的科学本质决定了参与体育活动需要暂时脱离"舒适区"，并且在短期内很难获得看得见的收益，但其对健康的长效影响是非常可观的。因此，推动残疾人体育科普教育至关重要，引导残疾人深刻认识体育的益处及其获益方式，残疾人体育服务才能够"有的放矢"，实现更加精准、更加高效的服务。

（二）残疾人体育工作思路尚待转变

近几届残奥会上，中国代表团都交出了令人满意的"答卷"，这背后离不开政府工作和配套服务的支持。然而，任何事物都具有矛盾的两面，残疾人竞技体育的"成果斐然"导致多年来我国各级政府在开展残疾人体育工作时重竞技体育发展，轻群众性体育发展。当前我国残疾人体育工作的组织体系建设，人力、经费资源配置和政策保障等方面均优先围绕竞技体育，这是历史和现实利益综合作用的结果。

随着时代的改变，残奥会"摘金夺银"固然鼓舞人心，但普通残疾人的切实利益才是开展残疾人体育工作的重点所在。因此，要想发展残疾人群众体育，首先需要转变工作思路，进而转变组织、人力和资源配置。先进行工作思想上的改变，再将其落实到实际工作中，优先为广大残疾人提供普惠性的群众性体育活动服务，再由其中运动表现优异者从事竞技体育才是符合当下国情的工作思路。

（三）政策文件缺乏在地化解读

"十三五"期间，多个国家层面的政策文件中专门提及应重视残疾人体育，如《"健康中国2030"规划纲要》《体育强国建设纲要》，都有"推动残疾人康复体育健身体育广泛开展""制定实施青少年、妇女、老年人、农民、职业人群、残疾人等特殊群体的体质健康干预计划"的字眼，宏观层面的政策只能起到导向作用，具体落地需要地方政府根据当地的社会、经济发展水平制定实施方案。但是，综观各地残疾人体育政策，在执行层面，依然缺乏对中央政策的在地化思考，无法回应地方残疾人群体的真实痛点和需

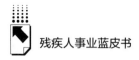

求，对于政策解读和执行普遍缺乏本土视野，地方体育部门没有就《体育强国建设纲要》针对"残疾人"的提法给出具体措施，地方残联也没有就"残疾人实现与健全人体育资源差异共享"提出具体要求。

同理，省级层面的残疾人体育政策提出残疾人体育参与的目标或任务，内容较笼统，如残疾人康复体育进家庭项目，省级残联没有出台指导实施方案，各区市残联开展项目受阻。一些地市直接转发省残联文件，没有结合地区特点出台配套方案，对于基层的残疾人体育活动开展，基本起不到支持和保障的作用。加之相关的问责制度、监督制度、评价制度等不够完善，进一步制约了残疾人体育的健康持续发展。

（四）残疾人健身示范点功能定位模糊，缺乏服务标准

分布在各地区的残疾人健身示范点是现阶段残疾人参与体育活动的主要阵地，具有非常深厚的群众基础。从全国调研发现，各地运行管理各有特色，比较集中的问题在于健身示范点的功能定位、布局、经费来源以及服务标准相对模糊。目前，示范点建设主要依托社区、康养机构、特校以及残疾人协会，大部分示范点在建设之前并未先充分评估空间分布和人口结构再进行类型配置。部分示范点无法满足基本建设条件，对服务标准认识不足，也没有相应的审核评估制度。调研的示范点大部分经费来自政府拨款，经费来源过于单一，且资金主要用于建设，导致后续的管理和运行缺乏基本的资金支持。人员配备普遍不足，制约示范点有效运行和管理。无论专职或兼职人员，其工资待遇与工作强度明显失衡，对其工作积极性造成不利影响。另外，示范点的无障碍环境建设不到位也是较为普遍的问题。

残疾人健身示范点提供的健身康复服务，呈现物力、人力、活动、信息等服务资源配置不足、不够合理，难以满足残疾人体育需求的现实样态。残疾人联合会是服务资源的主要配置主体。在服务资源配置的过程中，对残疾人的体育需求调查不足，残疾人联合会往往无法及时、准确地掌握基层残疾人的体育需求，在进行服务资源配置时出现"漏配""错配"（见表1、表2）。作为服务资源供给主体的非营利组织和市场，由于

引导、培育和扶持不足，二者参与程度较低。各类非营利组织尚未激发自身活力建立有效互助的合作关系。市场未能被有效动员，难以向残疾人健身康复服务持续注入社会资本。非营利组织和市场提供的残疾人健身康复服务资源不足。

表1　部分残疾人健身示范点人力资源统计情况

单位：%

项目	有	无
残疾人社会体育指导员	48.7	51.3
志愿者	41.5	58.5
专业教练	24.1	75.9
医务人员	20.2	79.8
退休教师	31.4	68.6

表2　部分残疾人健身示范点组织管理情况

单位：%

项目	有	无
专职管理人员	32.5	
兼职管理人员	65.4	
无管理人员	2.1	
工作职责	32.6	67.4
工作制度	23.4	76.6
服务流程	11.3	88.7
服务标准	10.1	89.9

（五）康复体育进家庭经费支持与政策保障不容乐观

"残疾人康复体育关爱工程"从2015年开始试点，目标是为10万名不易出户或家庭困难的重度残疾人提供康复体育器材、方法和指导进家庭服务。在残疾人群众性体育活动的几大重点项目中，这是最有挑战性、难度最大的项目。"残疾人康复体育关爱工程"主要以不同层级残联供给为主，供给主体较为单一，供给效率不高。残疾人联合会受制于自身

人员、时间、经费等条件，加之残疾人日益多样化和个性化的体育需求，健身康复服务供给不够精准、不够专业。康复体育进家庭服务的社会化程度不高，非营利组织参与不足。一方面，相关的政策优惠和经费支持未到位，对非营利组织的引导、培育和扶持不足；另一方面，非营利组织自身能力不足、发展滞后，为残疾人提供体育服务处于摸索阶段，相关的筹资机制、激励机制、服务网络等不完善，制约了体育服务供给数量和质量。市场供给方面，相关主体承接政府购买服务是主要供给方式，但残疾人健身康复服务市场尚不成熟，存在信息不对称、竞争机制不完善、评价机制不健全等问题，政府尚未提供充分的保障，市场主体的承接能力和意愿不强。总体来看，政府、非营利组织、市场联动有限，合作内容有待挖掘，合作机制有待完善，政府购买服务、民办公助、公建民营等合作形式有待丰富，协同供给的长效机制亟待建立。

（六）残疾人社会体育指导员：培训管理松散与激励保障不足

残疾人社会体育指导员在培养体系与运行体系上都存在问题，导致资源不足与浪费并存。在国家和省级残疾人社会体育指导员培训班调查发现，培训人员结构不合理，残联工作人员占比近半，操作性明显不强。培训内容及方式不够落地，趋向同质化。培训效果评价机制流于形式。从管理层面看，政策法规保障力度不够，残疾人社会体育指导员的认证没有与国家体育总局社会体育指导员认证制度接轨。评价激励机制缺失，残疾人社会体育指导员年均应当服务多少次？每次服务应当服务多长时间？同层级均没有建立相应的评价激励制度。这将导致无法实时了解残疾人体育健身指导员的服务情况，无法对其服务质量进行评估、问责和奖励，降低了残疾人社会体育指导员的服务效能。

（七）残疾人体育参与：可及性与包容性有待提高

目前，残疾人所参与的活动大部分仍然是由残联组织，社会力量参与度不高，缺少活动经费是制约残疾人自主开展体育健身活动的主要因素之一，体育活动场所和适配器材的缺少也是阻碍残疾人参与活动的重要因素（见图7）。健身示范点建设初期没有根据人口密度进行合理的空间布局，现有的社区活动站点又缺乏包容性友好无障碍设计，进一步限制了残疾人的体育参与。鉴于残疾人群体的身心特殊性和体育需求复杂性，他们希望参与体育的方式，多偏向于在特定活动场所与其他残疾人一起活动，对于场所、器材的易得性、好用性以及组织化程度要求较高，这是大部分地区都需要解决的难题。在疫情防控常态化时期，这个短板暴露得更加明显，本就相对缺乏活动机会的残疾人群体，在疫情发生以来活动空间更受限，体育需求更得不到满足。

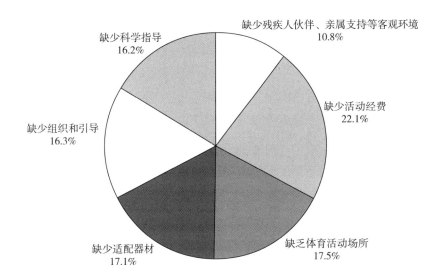

图7　残疾人体育参与的制约因素

四　"十四五"时期残疾人群众性体育活动发展展望

（一）立足包容性计划与专项计划相结合的发展道路

首先，扩大"全民健身计划"及其他体育政策的包容性。"全民健身"上升为国家战略，应从理念到实践倡导残健融合。针对残疾人群体制定更加

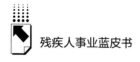

细化和可操作的政策条款。残疾人群众性体育活动应纳入体育局"六个身边工程"以及"全民健身计划",纳入政府、体育局工作规划、计划、经费、考核等方面,由中残联和体育总局联合制定"关于残疾人体育实施'六个身边工程'的具体实施方案",用以指导更好开展残疾人群众性体育活动。另外,需要重视政策的量化标准。

其次,建立相关部门"共建、共治、共享"的工作格局。出台一项残疾人群众性体育活动政策时,应充分考虑相关部门各自原有的工作体系和制度,在此基础上,重新定位各自角色,进一步界定政府、市场、社会以及政府不同部门的职责权限,在政策内容、立法执法、财政投入、组织机构以及舆论宣传等方面进行整合,"共建、共治、共享"的工作格局才能真正实现。协同治理和跨部门合作不能仅停留在理念层面,打破部门"篱笆"是目前的当务之急。

最后,明确残联代表、服务、管理的职能和定位。残联是代表广大残疾人利益的群团组织,它的作用更多在于征集残疾人需求,提出相应的解决方案,协调资源,会同相关部门共同制定政策工具。残疾人群众性体育活动与财政部门、体育部门、医疗部门、民政部门、教育部门甚至住建部门都有直接或间接关系。残联要建立大群体观,充分运用标准制定、部门整合、设计建设、检查监督和考核评价等形式的政策工具,将残疾人群众性体育活动纳入当地国民经济和社会发展规划的大格局。同时,考虑到残疾人群众性体育活动的特殊性,应出台专项发展计划,由残联提供计划及实施方案,进一步完善健身示范点建设、社会体育指导员培养、康复体育进家庭合作机制。残联应成为专项发展计划的主责部门、包容性计划的监督部门。

(二)推动包容性发展的残疾人群众性体育活动治理体系改革

首先,提升残疾人群众性体育活动政策的执行效率。推动形成政府主导、体育行政部门统筹、残联兜底保障、社会积极支持参与的包容性发展的残疾人群众性体育活动治理框架,是"十四五"应该明确的方向。重点应从以下几个方面着力:第一,聚焦残疾人群众性体育活动行政部门代表和服务的功能定位，放宽市场准入、加强服务监管，不断健全完善政府购买残疾人体育服务的体制机制，探索制定《政府购买残疾人体育服务指导性目录》，引导市场资源进一步流向残疾人群众性体育活动，构建多种方式的体育服务供给与保障体系；第二，建立残疾人群众性体育活动监督、评价机制，研究制定残疾人群众性体育活动公共服务状况综合评价体系，综合评价政府开展残疾人群众性体育活动的工作；第三，进一步明确残疾人群众性体育活动的政府主体责任，提高经费投入比例（彩票金），将残疾人群众性体育活动纳入本级政府体育规划一并实施；第四，各部门联动，重视残疾青少年康复健身体育发展，实施残疾青少年校园体育活动计划，加大高校特殊体育专业人才培养力度和教育部门特殊体育资源教师职后培训力度，开展丰富多样的残疾青少年融合体育活动和专项体育培训。

其次，公共服务应兼顾残疾人体育公共服务的合理便利。残疾人群众性体育活动覆盖面、体育活动参与率和平等享有体育权利的获得感，是衡量残疾人群众性体育活动发展的重要指标。因此，应从以下几方面扩大公共服务的包容性。第一，以文件形式规定，对于公园、体育场馆、社区健身路径等公共文化体育设施，需要配备为残疾人提供服务的场地和内容，要免费或优惠向残疾人开放，要提供无障碍服务。第二，以各级政府牵头、各级残联为主责的主管单位应该通过建立"互联网＋残疾人群众性体育活动服务"，加强残疾人群众性体育活动服务的信息化建设，与体育、教育、民生等主管部门实现"云链接、云同步"，通过信息技术消除信息不对称，精确掌握残疾人的体育需求。第三，发挥街道社区作用，与医疗部门、体育部门、民政部门合力打造"老残一体"社区康复健身新模式，组织开展体育健身知识讲座、科学健身知识培训、康复体育进家庭服务、残疾人体育赛事、残健融合体育活动，增强残疾人的体育技能，促进残疾人群众性体育活动发展。第四，将健身站点和示范区建设纳入本地区社区公共服务建设体系，并争取公共经费保障运行。各地应根据地域特点与空间布局规划示范点建设，结合区域特色、风俗传统，运用品牌理念，推行"一地一特色，一点一项目"的残疾人群众性体育活动文化品牌，培育有影响力、有推广价值的残疾人群众

性体育活动项目。示范点建设应以可及性和合理便利为优先考量，并兼顾社区"老残一体"的运行特点。第五，考虑到疫情防控常态化形势及残疾人康复体育需求，应委托有资质的科研机构及高校开发一系列适合残疾人居家健身的活动内容，由残联和体育部门共同出台文件，以政府购买服务形式推进居家康复体育工作开展。

最后，出台各项服务标准和基本规范。第一，尽快出台残疾人健身示范点的建设标准、服务标准和服务规范，无论是在社区的综合性示范点还是托养机构的健身示范点，都必须遵循相应的标准进行建设和服务。第二，借鉴家庭医生签约手册的思路，编制"康复体育进家庭的指导手册"。无论对残疾人社会体育指导员，还是对社会组织承接购买服务，都是必须遵循的服务规范和基本要求。第三，探讨并推进残疾人社会体育指导员的行业标准，作为一种需要较强的专业服务能力，且工作性质属于本职工作延展的特殊岗位，更需要有区别于《社会体育指导员国家职业标准》的一套行业标准和制度来保障队伍的稳定性和专业化。

（三）营造良好的残疾人群众性体育活动外部环境

首先，鼓励社会组织参与，创新管理模式。在当前无法解决残联系统人员不足问题的情况下，培育社会助残组织并购买社会服务，是相对最为有效快捷的解决途径。第一，可鼓励有资质的社会组织和团体参与市场竞争，通过合法渠道参与残疾人群众性体育活动政策制定、计划的执行与反馈过程，以购买服务、投资、志愿者等形式为残疾人群众性体育活动发挥积极作用。第二，基层应通过创新管理参与方式，建立相应的团队决策机制、咨询机制、建议机制，从机制互动中吸收有资质的社会组织、团体及残疾人自身，共同参与管理，形成多元参与的管理场域。第三，还可以联合高校科研机构扶持培育各残疾人协会和助残社会组织，进行项目设计、培训指导，争取政府购买项目，为当地社区残疾人进行体育康复。

其次，优化资源配置，加大环境支持力度。在人力资源保障方面，当务之急应加强残疾人体育专业人才的技术职务和工资福利保障，尤其应加大残疾人社会体育指导员的培训和管理力度，优化培训方案，合理设计培训环节，提升专业能力，建立绩效评估、奖励和问责机制，完善管理体系。在物力方面，加强基础设施建设；设计残疾人体育锻炼器材设备；创编适合残疾人体育参与的练习项目和锻炼形式；积极推广健身示范点，加强无障碍环境建设和改造，有效满足残疾人体育参与的硬件需求。在财力方面，应明确中央和地方政府的主体责任，加大政府经费支持力度；拓宽经费来源渠道，引领社会资本参与残疾人群众性体育活动的建设与发展。在舆论方面，整合传统媒体和新媒体的优势，利用多种宣传途径和方法，全方位、有广度、有深度、有力度地宣传残疾人的体育参与活动，加大环境支持力度。

最后，培育专业体育助残服务队伍，强化品牌建设。助残体育社工和助残体育志愿者是残疾人群众性体育活动非常重要的人才保障，高校应该在这一方面发挥自己的作用。第一，高校社工专业和体育专业在课程设置上可以增设残疾人群众性体育活动相关课程，例如，"大学生体育助残志愿服务""特殊人群体育服务与管理"等。培养专业化的助残体育社工队伍，政府可采取购买岗位和购买服务相结合的方式进行市场运作。第二，充分利用团中央及青年志愿者协会的"阳光行动"。在学校和社会培育优秀体育助残服务项目和组织，挖掘典型，推动基层工作积极有效开展。第三，加大力度培育残疾人协会自组织的健身俱乐部。这种健身团队扎根民间，黏合度高、示范带动效果明显。可以根据地方特色进行培训，残联组织和社区街道可积极加大政策引导和资金扶持力度，整合资源加大培育力度。

（四）提高残疾人体育参与的能动性

残疾人参与体育活动的路径依赖是比较明显的，可从以下几个方面提高残疾人体育参与的能动性。

第一，基层应多途径促进残疾人从思想上认识健康的重要性，举办健康知识讲座及体育权利宣讲活动，开展科学锻炼培训，并使之常态化。

第二，依托残疾人协会组织引导残疾人多参加群众性文体活动，残疾人通过活动体验提高锻炼意识，参与康复健身。由残疾人自组织的活动内容，

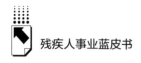

一来比较符合他们的身体情况，二来容易产生共情，黏合度比较高。

第三，建立残疾人体育参与需求反馈路径，建立健全残疾人参与的监督评价机制和考核机制，提高残疾人的体育"话语权"，激发残疾人主动参与体育的热情。

第四，开展残疾人群众性体育活动项目的各级赛事牵引扩大群众基础。各级各类赛事可以有效地提高群众训练基础和参与积极性，项目不在多，而在于群众喜闻乐见、易于接受。可考虑举办多级别的赛事，让更多基层单位有机会参加。例如，吉林省延边州的坐式排球，其因参与面广，各街道社区均有队伍，在 2019 年延边州残疾人运动会上成为比赛项目。

第五，引导和鼓励高等院校、医疗机构、社会组织积极参与残疾人体育活动项目，培训残疾人社会体育指导员，研发适宜推广的健身康复器材，创编适合残疾人的健身康复项目和方法，拓展残疾人健身康复服务产品种类，提高器材设备和活动服务的适配性，提升残疾人参与体育的行动力。

五　结语

残疾人体育是残疾人事业和全民体育的重要组成部分。发展残疾人体育，有助于改善残疾人身心状况，推进残疾人平等参与经济社会发展进程、平等共享经济社会发展成果，提升残疾人获得感、幸福感和安全感，特别是随着"健康中国""全民健身"上升为国家战略，残疾人体育更是不能忽视。现阶段经济发展水平、资源配置能力、政策保障程度以及社会支持力度等，依然制约残疾人参与体育健身康复活动。残疾人群众性体育活动与全民健身事业的包容性发展是今后的发展方略。将去障碍化行动置于健康中国战略、置于老龄化进程加快的社会背景下，从制度建设、管理机制、环境支持等方面着力，提升残疾人的社会包容度，对残疾人赋权增能，从而突破残疾人体育参与瓶颈，破解残疾人体育参与难题，促使改革发展成果更多、更公平、更实在地惠及广大残疾人，这是政府的责任，更是全社会的责任。

参考文献

白晨：《包容性发展视域下新时代中国基本公共服务均等化理论分析》，《教学与研究》2020 年第 3 期。

常飞等：《城市公共服务设施与人口是否匹配？——基于社区生活圈的评估》，《地理科学进展》2021 年第 4 期。

邸玉娜、郭静：《包容性发展的国际经验分析》，《重庆工商大学学报》（社会科学版）2018 年第 3 期。

范围、郭睿霖：《全民健身视角下天津高校体育资源共享研究》，载天津市社会科学界联合会编《天津市社会科学界第十五届学术年会优秀论文集：壮丽七十年　辉煌新天津（下）》，天津出版传媒集团、天津人民出版社，2019。

封铁英、马朵朵：《包容性发展视域下社区居家养老服务资源密度分布与均等化评估》，《西北大学学报》（哲学社会科学版）2020 年第 4 期。

高佳斌：《大数据背景下的城市承载适配性评价研究》，博士学位论文，浙江大学，2019。

桂永锋等：《残疾人参与体育活动状况及其影响因素研究》，《中国康复理论与实践》2018 年第 11 期。

郭丽娜、吴瑞君：《居家养老服务供需适配：一个理论分析框架》，《河北大学学报》（哲学社会科学版）2020 年第 5 期。

李洪波：《城市社区公共体育资源合理配置研究》，山东人民出版社，2015。

李安巧等：《健康中国背景下残疾人社区体育发展研究》，《中国康复理论与实践》2018 年第 11 期。

刘友金、冯晓玲：《制造业成长与地域产业承载系统适配性及空间差异》，《系统工程》2013 年第 10 期。

任海等：《体育资源利用的改革与体育资源配置改革的法规平台——论社会经济条件变革下的中国体育改革（四）》，《天津体育学院学报》2002 年第 2 期。

苏敬勤、崔淼：《基于适配理论的中国特色管理理论的研究框架：创新视角》，《管理学报》2009 年第 7 期。

王家宏：《我国体育资源配置市场化改革中政府职能作用的实现路径》，《体育学研究》2018 年第 3 期。

王广虎、冉学东：《残疾人体育研究的问题意识与问题导向》，《成都体育学院学报》2020 年第 6 期。

吴燕丹、王聪颖：《资源配置视角下残疾人群众体育的现状、问题与对策》，《体育科学》2015 年第 3 期。

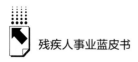

王福：《移动图书馆信息接受情境功能适配性机理模型构建研究》，《情报理论与实践》2017 年第 9 期。

徐蛟：《资源配置视角下四川省残疾人体育健身公共服务体系的构建研究》，载中国体育科学学会编《第十一届全国体育科学大会论文摘要汇编》，中国体育科学学会，2019。

谢英：《区域体育资源研究》，博士学位论文，上海体育学院，2003。

许丽英：《教育资源配置理论研究》，博士学位论文，东北师范大学，2007。

姚小林：《我国冬季体育资源的整合与开发研究》，博士学位论文，武汉体育学院，2016。

杨爽：《中国经济增长中的人力资本适配性研究》，博士学位论文，西北农林科技大学，2009。

杨效勇等：《大型体育场馆空间布局对城市发展的影响》，《体育学刊》2019 年第 4 期。

于娣、邱观建：《包容性发展理念下中国残疾人事业政策建构》，《武汉理工大学学报》（社会科学版）2019 年第 6 期。

朱焱：《中国区域公共体育资源配置水平评价与策略改进研究》，博士学位论文，大连理工大学，2020

张冬：《基于游客感知价值视角下的旅游景区服务适配性研究》，硕士学位论文，湖北大学，2011。

张健等：《甘肃省残疾人体育健身服务影响因素及发展对策》，《体育文化导刊》2018 年第 9 期。

张盼等：《赋权增能理论视角下中国部分残疾人体育参与的困境与破解策略》，《首都体育学院学报》2020 年第 5 期。

张娅薇等：《轨交站点地区出行行为与空间环境适配性评价研究——以武汉市居住型站点为例》，《城市问题》2020 年第 11 期。

周兵等：《REITs 在机场基础设施应用的适配性分析及优化路径探讨》，《区域金融研究》2020 年第 10 期。

周沛：《基于"共建共治共享"的残疾人基本公共服务探析》，《江淮论坛》2019 年第 2 期。

周阳敏、谢俊俏：《印度"甘地式创新"与中国企业的包容性增长研究》，《科技进步与对策》2012 年第 3 期。

中国残疾人事业发展研究中心、道略残疾人事业研究院编《中国残疾人发展与社会进步年度纵览（2018）》，求真出版社，2019。

《中国残联办公厅关于印发〈残疾人自强健身示范点建设办法（暂行）〉的通知》，中国残疾人联合会网站，2016 年 3 月 10 日，https：//www.cdpf.org.cn//zwgk/ggtz1/600c2c32d5504c918718a8f22ea4be66.htm。

Huang C. H. , Howe P. D. , LIN M. C. , "Foucauldian Biopower in Action: The Case of Disability Sport Events in Taiwan 1972 – 1992," *International Journal of the History of Sport* （2018）.

Rashid, Md Rezaur, et al. , A Theoretical Approach of Fall Control System for Disable People Using Double Inverted Pendulum （paper represent at the 2018 4th International Conference on Electrical Engineering and Information & Communication Technology 2018）.

Scheerder J. , Willem A. , Claes E. , *Sport Policy Systems and Sport Federations: a Cross-National Perspective* （London: Palgrave Macmillan, 2017）.

Stratton Catherine, et al. , "Access Denied: the Shortage of Digitized Fitness Resources for People with Disabilities," *Disability and rehabilitation* （2020）.

Van de Ven A. , "Review of Aldrich's （1979） Book-organizations and Environments," *Administrative Science Quarterly* 2 （1979）.

Wilaon N. C. , Khoo S. , "Benefits and Barriers to Sports Participation for Athletes with Disabilities: the Case of Malaysia," *Disability & Society* 8 （2013）.

B.5
中国残疾人竞技体育发展报告（2021）

文 安*

摘　要： 我国举办了 11 届全国残疾人运动会和 8 届特殊奥林匹克运动会，促进了各地方积极发展残疾人体育事业，为我国选拔了参加国际比赛的各类专项人才，至 2021 年我国连续 5 届残奥会金牌、奖牌双第一。但是我国残疾人竞技体育存在与市场经济发展不相适应、发展内生动力不足等问题。"十四五"时期，残疾人竞技体育的主要目标和任务是推动残疾人体育全面发展，我国要做好东道主筹办好北京冬残奥会、杭州亚残运会等国际大赛，不断提高竞技水平。

关键词： 残疾人竞技体育　残奥会　冬残奥会

残疾人竞技体育是残疾人参赛者以竞赛为目的，以训练为基础的体育。当前，在世界范围内有智力障碍、视力障碍、听力障碍、肢体残疾多个国际残疾人竞技体育的组织，其中国际残疾人奥林匹克委员会（IPC）是全球综合性的残疾人体育运动组织，IPC 管理夏季和冬季项目，其中夏季项目有 22 项，冬季项目有 6 项，并举办夏季和冬季残疾人奥林匹克运动会，大部分竞赛项目是从健全人运动项目改造而成，还有部分项目，如硬地滚球、盲人门球等是残疾人特有的比赛项目。从 1992 年巴塞罗那奥运会起，凡是举办健

---

* 文安，博士，西安工业大学基础学院教授、硕士生导师，研究方向为运动人体科学、残疾人体育、运动损伤康复治疗。

全人奥运会的城市都在赛会结束后半个月左右接续举办残疾人奥林匹克运动会，夏季和冬季运动会形式相同。在残奥会赛场上，残疾人运动员所表现出的惊人运动能力和赛会开幕式盛景经常会成为人们长久讨论的话题，成为激励广大残疾人积极参加体育锻炼、激励更多普通人群或专业人士投身此项事业的动因。

在国家层面上，我国残疾人竞技体育由中国残疾人联合会体育部统筹规划，中国残疾人体育运动管理中心落实执行。目前，我国残疾人体育的赛事体系主要分为以肢体残疾、视力障碍、听力障碍人群为主的残疾人运动会体系和以智障人群为主的特殊奥林匹克运动会体系。目前，我国已经举办过11届全国残疾人运动会和8届特殊奥林匹克运动会，2021年10月30日闭幕的陕西残特奥会第一次实现与全运会同城接续举办。全国残疾人运动会的成功举办有效地促进了各地方积极发展残疾人体育事业，为我国选拔了参加国际比赛的各类专项人才。我国残奥健儿在2021年9月5日的第十六届东京残疾人奥林匹克运动会上获得96枚金牌、60枚银牌、51枚铜牌，总计207枚奖牌的优异成绩，连续5届残奥会金牌、奖牌双第一。我国残疾人竞技体育取得的辉煌成就来自集中力量办大事的举国体制的制度优势与合理的规划设计、残疾人体育工作者的辛勤努力工作、教练员和科研人员合理科学的训练和后勤保障以及运动员赛场上的完美表现。

一　残疾人竞技体育发展回顾

（一）残疾人竞技体育发展历程

我国残疾人体育肇始于1949年10月召开的"全国体育工作者代表大会"，会议号召盲校和福利工厂开展体育运动。1951年11月，政务院发布《关于改革学制的决定》，要求各级人民政府设置的聋哑盲人特殊学校开设体育课，残疾人竞技体育开始发展。1983年10月，中国伤残人体育协会在天津成立，其职能之一是组织帮助残疾人参与体育运动，包括竞技体育运动。1984 年 10 月，第一届全国伤残人运动会在安徽省合肥市举行。中国智残人体育协会于 1985 年 6 月成立。中国聋人体育协会于 1986 年 12 月成立，1988 年 4 月加入国际聋人体育组织。中残联体育部的前身，中残联宣文部体育处于 1993 年成立。这些残疾人体育的官方机构和行业协会为国家和地方残疾人体育运动开展提出规划、布置工作任务和执行落实，有效地推动了我国残疾人体育运动的繁荣和发展。①

1994 年 9 月，第六届"远南"运动会（远东及南太平洋地区残疾人运动会）在北京举行，极大地推动了我国残疾人体育事业发展的国际化进程。此后，中国残疾人体育协会和国家体育总局共同下发了多个促进残疾人体育事业健康发展的文件，为我国残疾人体育事业的发展和改革指明了道路。②

2004 年 4 月，中国残疾人联合会、教育部、民政部、国家体育总局四部委联合发布《关于进一步加强和改进特奥工作的意见》，推进特奥工作的开展。此后，我国举办了多项全国特奥运动会，至 2005 年底，我国特奥运动员人数达到 50 万名，并于 2007 年成功举办了第十二届世界夏季特奥运动会。

自 1984 年起，我国相继加入了多个世界残疾人体育组织，并于 2008 年在北京成功举办第十三届残疾人奥运会。从 1984 年第七届纽约残奥会起，我国残奥健儿在随后的汉城（今首尔）、巴塞罗那、亚特兰大和悉尼残奥会获得的金牌、奖牌数量都逐渐增加，奖牌榜排位从第 23 上升至第 6，逐渐跻身世界残疾人竞技体育强国行列。与此同时，我国特殊奥林匹克运动和听障体育运动也得到了长足的发展，1996 年在上海举办首届亚太区特奥运动会，1989 年首次组团派运动员参加世界听障奥运会，1997 年在第十八届哥本哈根听障奥运会上实现金牌突破。③

---

① 郑功成主编《中国残疾人事业发展报告（2017）》，人民出版社，2017。
② 凌亢主编《残疾人蓝皮书：中国残疾人事业发展报告（2018）》，社会科学文献出版社，2018。
③ 凌亢主编《残疾人蓝皮书：中国残疾人事业发展报告（2018）》，社会科学文献出版社，2018。

2004 年 9 月，在希腊雅典举行的第十二届残奥会上，中国代表团获得了 63 枚金牌、46 枚银牌、32 枚铜牌，首次位列金牌榜第一。在 2008 年北京残奥会上，中国代表团获得奖牌总数超过 200 枚，并蝉联金牌榜第一。在随后的第十四届伦敦残奥会、第十五届里约热内卢残奥会和第十六届东京残奥会上，中国代表团金牌榜、奖牌榜均为第一，连续 5 届蝉联这一殊荣。自 1984 年我国首次参加纽约残奥会，至 2021 年共参加过 10 次残奥会，历届代表团人数共 2097 人次，共获得金牌 530 枚、银牌 400 枚、铜牌 301 枚。北京残奥会的成功举办以及中国残奥代表团所取得的骄人成绩，使中国残疾人体育在国际舞台上大放异彩，同时，开启了我国残疾人体育事业的新篇章。[①]

进入 21 世纪，中国残疾人运动员开始进军冬季残奥会。2002 年，中国首次派代表团参加冬季残奥会，当时只有 4 名运动员参加了高山滑雪和越野滑雪项目。2018 年，在平昌举行的第十二届冬残奥会上，中国轮椅冰壶队夺得中国冬残奥会历史首金，实现了奖牌和金牌"零"的突破。目前，我国冬残奥 6 个大项的 5 支队伍，总共 115 名残疾人运动员正在紧锣密鼓地备战 2022 年北京冬残奥会。

（二）2008年北京残奥会

2001 年申奥成功后，为确保两个奥运会"同时筹办""同样精彩"，北京奥组委专门设置了残奥会筹备工作指挥部，指定了近 600 名残奥会专职人员，超过 70 名中国残联干部充实到奥组委的职能部门。在竞赛组织上，北京奥组委举办了 26 期国内技术官员培训班，共有超过 1700 人次参加培训，在北京残奥会比赛期间，国内 637 名技术官员参与完成赛事各项任务。[②] 北京残奥会共使用 20 个竞赛场馆，全部是利用奥运会的比赛场馆和训练场馆，

[①] 凌亢主编《残疾人蓝皮书：中国残疾人事业发展报告（2018）》，社会科学文献出版社，2018。

[②] 邓朴方：《共圆心中的同一个梦想——弘扬人道主义思想　办好北京残奥会》，《求是》2008 年第 17 期。

其中，有 6 个独立的训练场馆。组委会根据残奥会场馆的特殊需求，详细制定了场馆运行设计方案及制订转换期工作计划，有针对性地进行了测试演练比赛，为赛会期间的高效运转打下了坚实基础。北京市政府为给残奥会提供良好的城市环境，以交通无障碍服务提升为重点，全面推进重点景区、宾馆、饭店、银行等公共服务设施无障碍建设。长城、故宫等重要历史人文景点实现了通行无障碍，全市 24 个定点医院、16 个残奥会签约酒店完成了无障碍设施改造。

为更好地筹办残奥会，中国残疾人奥林匹克运动管理中心于 2004 年 4 月成立。此后，我国残疾人竞技体育逐渐趋向可持续发展，训练体制逐渐发生转变。为强化残疾人体育国家集训队的训练，我国在全国各地建立了 24 个残疾人体育训练基地。在运动员的选材、长年训练、场馆设备保障、福利待遇、激励机制及退役安置等问题上，我国制定相关政策，并层层落实，对残疾人运动员取得的成绩高度认可并给予相应的奖励，且残疾人运动员的待遇进一步向健全运动员看齐。国家加大了对残疾人体育科技攻关的支持力度，国家体育总局、体育科学会组织尖端科研攻关小组参与开发残疾人竞技用器具、运动训练指导、营养处方等方面的研究项目增幅较大，其他相关科研专题的数量大量增加，逐步提高了残疾人竞技体育的科技含量。同时，持续重视对运动员的人文关怀和综合素质的培养，制定并逐渐完善了残疾人运动员的退役保障政策，为残疾人运动员退役后的生活与就业保障打下了基础，对部分残奥会冠军进行免试入学，学习专业理论知识，提升文化素养，强化运动训练实践。

在 2008 年北京残奥会上，来自 76 个国家和地区的残奥运动员获得奖牌，打破世界纪录 279 项，改写残奥会纪录 339 项，2008 年北京残奥会成为残奥会历史上奖牌分布最广，刷新世界纪录、残奥会纪录最多的赛会。2008 年北京残奥会的成功举办对我国残疾人的自尊、自信和自强心态起到了极大的提升作用，他们充分发掘体育对自身生命发展的潜能，更积极地与他人一起分享体育的快乐，有益于他们更好地融入日常生活。2008 年北京残奥会成为东西方残疾人体育交流的一个窗口，北京残奥会的成功举办为我国残疾人体育事业的全面发展注入了新的活力，为后续的广州 2010 年亚残运会举办乃至 2022 北京冬残奥会的申办树立了信心、积累了经验，中国残疾人体育事业自此迈进了新的阶段。

2008 年北京残奥会的成功举办，也向世界展现了中国残疾人事业发展的"平等、参与、共享"核心价值，凸显了奥林匹克主义的人权精神。《奥林匹克宪章》明确强调："从事体育运动是一项人权"。奥林匹克精神、中华体育精神和残疾人体育精神相互沟通、相辅相成，都蕴含着平等、公正、和谐、发展的体育哲学和人权价值。而中华优秀传统文化所特有的仁者爱人、大爱无疆、扶危济困、以和为贵、以人为本，为诠释残疾人体育人权提供了中国路径；在新时代，社会主义核心价值观赋予奥林匹克人权精神以全新内涵和中国意蕴。中国体育代表团连续 5 届残奥会位列金牌榜、奖牌榜双第一，是中国积极弘扬和创新体育精神、有效参与全球人权治理、为世界人权发展贡献中国智慧与中国经验的一个缩影。

（三）2018~2021年残疾人竞技体育发展

东京残奥会是日本在我国"两个一百年奋斗目标"历史交汇期的重要节点上举办的一场重大赛事，也是残疾人事业在"十四五"起好步、开好局的关键"战役"。中国残奥代表团深感使命光荣、责任重大，一方面在面对新冠肺炎疫情上，专门成立了疫情防控工作组，全面负责和保障疫情防控工作；另一方面在赛场上，将以出色的表现充分展现新时代中国残疾人体育健儿"使命在肩、奋斗有我"的风采，实现运动成绩和精神文明双丰收的参赛目标。东京残奥会是我国参加境外残奥会以来参赛大项最多的一届。东京残奥会中国代表队共有运动员 251 名，代表团参加了射箭、田径、硬地滚球、羽毛球、皮划艇、自行车、盲人柔道、举重等 20 个大项 341 个小项的角逐，4 个集体项目全项目参赛，其中，羽毛球、跆拳道是首次进入夏季残奥会项目。最终，中国代表团获得 96 枚金牌、60 枚银牌、51 枚铜牌，总计 207 枚奖牌的优异成绩，连续 5 届残奥会金牌、奖牌双第一。值得一提的是，轮椅篮球作为残疾人竞技体

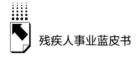
育中群众基础、职业化及观赏性和竞争水平最高的项目，我国女子轮椅篮球首次获得残奥会银牌的好成绩。

2018~2020年，我国在国际残疾人体育单项赛场上取得了丰硕的成果。2019年迪拜世界残奥田径锦标赛，我国派出73名运动员参赛，斩获优异成绩的同时打破8项世界纪录。2019年悉尼残奥射击世锦赛，我国14名运动员参赛，成绩位列奖牌榜和金牌榜第二。2019年韩国轮椅击剑世锦赛，中国轮椅击剑队共17名运动员参赛，位列金牌榜和奖牌榜第一。2019年世界残奥游泳锦标赛，中国残奥委员会派出了41名运动员参加比赛，成绩位列金牌榜第六，直接获得东京残奥会16个参赛资格。2019年意大利轮椅击剑世界杯，我国派出17名运动员参加了全部项目的比赛。2019年残疾人单板滑雪世锦赛，我国派出8名运动员参赛。2019年国际残疾人场地自行车世锦赛，中国残奥自行车队代表团派出16名运动员参赛。2019年轮椅冰壶世锦赛，我国派出了由3名老队员及2名新队员组成的新老结合队伍，斩获冠军。2019年世界残奥射击世界杯，中国残疾人射击队19名运动员参加了比赛。

在国内赛事上也取得了丰硕成果。2019年全国第十届残运会暨第七届特奥会在天津成功举办，首次实现与全国运动会同城举办。31个省（区、市）、新疆生产建设兵团及香港特别行政区、澳门特别行政区的35个代表团共6121名运动员参加比赛。2019年，除天津残特奥会外，共举办全国性残疾人体育赛事38项，超过5000名运动员参加比赛。亚残奥委会主席马吉德·拉什德赞叹道："中国举办的十届残疾人运动会彰显残疾人关怀的'国家温度'。"①

2021年10月22~29日在陕西举办中华人民共和国第十一届残疾人运动会暨第八届特殊奥林匹克会，首次实现全国残运会暨特奥会与全国运动会同城同期先后举办。全国31个省（区、市）、新疆生产建设兵团和香港特

---

① 《亚洲残奥委会主席马吉德·拉什德盛赞天津人民热情、城市魅力、残疾人保障设施完善》，新浪网，2019年8月26日，http://tj.sina.com.cn/news/2019 - 08 - 26/detail - ihytcitn2030860.shtml。

别行政区、澳门特别行政区共35个代表团（陕西省作为东道主派出2个代表团）的4484名运动员参赛。残特奥会共设置47个比赛项目，其中残运会38个，特奥会9个。运动员们奋力拼搏，共创36项世界纪录、179项全国纪录。其中3名运动员达到健全人国际健将水平，99名运动员达到健全人国家一级运动员水平。①

2022年北京冬残奥会申办成功后，我国冬残奥参赛项目由原先的2个大项发展到6个大项。全国共设有45个残疾人体育训练中心，2020年12月建成国家残疾人冰上运动比赛训练馆。② 冬残奥会备战如火如荼。

二 残疾人竞技体育保障制度

（一）残疾人竞技体育的顶层设计与规划

中国残疾人事业发展的"十三五"规划和"十四五"规划中都对中国残疾人竞技体育的发展提出了明确目标和任务。中国残疾人联合会领导要求坚决贯彻习近平总书记"全面建成小康社会，残疾人一个也不能少"及筹办好2022年北京冬奥会、冬残奥会"办赛精彩，参赛也要出彩"的重要指示精神，聚焦政治责任，把准工作方向，立足全局看体育、干体育，在工作中自觉践行政治要求，完成好新时代为国争光，增强残疾人体质的历史新使命。残疾人体育工作，要努力克服疫情影响，在精准施策上下功夫，补上短板弱项，推动创新发展，全面备战北京冬残奥会。

2016年8月，国务院颁发《"十三五"加快残疾人小康进程规划纲要》，提出要促进残奥、特奥、聋奥体育均衡发展，办好全国第十届（天津）残运会暨第七届特奥会，加强残疾人运动员队伍培养、管理、教育和

---

① 高蕾、郑昕：《以梦为名，携手前行——从全国第十一届残运会暨第八届特奥会成功举办看我国残疾人事业发展》，新华网，2021年11月1日，http://www.news.cn/2021-11/01/c_1128019814.htm。

② 吴东：《张海迪：欢迎残奥运动员相约北京》，《北京日报》2021年3月4日。

保障，积极备战北京 2022 年冬季残奥会。① 同年 9 月，中国残联、中宣部等部门联合发布《残疾人文化体育工作"十三五"实施方案》，要求发展残疾人冰雪运动，实施《冬季残奥项目振兴计划》。②

在冬季残奥项目方面，以东北地区为依托，华北地区为重点，西北地区为突破，发展残疾人冰雪运动。在 10 个以上的省（区、市）开展冰上项目，7 个以上的省（区、市）开展雪上项目。

为促进高水平运动员培养和项目发展，在竞赛、训练、活动、培训、科研等方面提供科学系统的保障与服务，设立 40 个国家级残疾人体育训练基地。在运动员队伍建设方面，健全完善四级联动的残疾人运动员业余训练体系——县级发现选送、市级培养提高、省级集训参赛和国家重点培养。在专业人才梯队建设方面，实施领队、教练员运动周期内聘任制，大力培养残疾人体育教练员、裁判员、分级员。为加强国际残疾人体育话语权，培养业务精、外语能力强、沟通能力好的管理人员、裁判员、分级员等。

列出各地每年举办体育活动的最低数量，其中省级单项竞赛不少于 6 项，地市级不少于 4 项，县级不少于 2 项。完善训练、科研、医疗等复合型支撑团队，提高国家残疾人体育训练基地保障服务能力，不断提升残疾人竞技体育水平。全力做好"十三五"期间夏季、冬季残奥会及听障奥运会，在各项国际综合性运动会中，展示我国全面建成小康社会进程中残疾人事业发展与社会文明进步的丰硕成果。2021 年 7 月发布的《"十四五"残疾人保障和发展规划》指出："推动残疾人体育全面发展。筹办好北京冬残奥会，实现'简约、安全、精彩'目标。实施残疾人奥运争光行动，不断提高竞技水平，在北京冬残奥会和东京残奥会等重大国际赛事上力争

---

① 《国务院印发〈"十三五"加快残疾人小康进程规划纲要〉》，中国政府网，2016 年 8 月 17 日，http：//www. gov. cn/xinwen/2016 – 08/17/content_5100176. htm。

② 《残疾人文化体育工作"十三五"实施方案》，湖南省人民政府网，2020 年 7 月 30 日，http：//www. hunan. gov. cn/xxgk/wjk/zcfgk/202007/t20200730_820aab6b – e091 – 43db – a 425 – 122ce299b5b8. html。

好成绩。办好杭州亚残运会和第十一届、第十二届全国残运会暨特奥会等重大赛事。"①

2019 年，中国残联为备战北京 2022 年冬残奥会取得新突破，制定实施《备战北京 2022 年冬残奥会 6 大项工作方案》，调整中国残联备战 2022 年冬残奥会工作领导小组，进一步加强领导。中国残奥委员会与芬兰、俄罗斯、希腊签订了残疾人体育发展战略合作协议。中国残联与北京市、河北省、黑龙江省人民政府签订了残疾人冬季运动发展战略合作协议。自全国第十届残运会暨第七届特奥会起，将冬残奥全部 6 个大项列入赛事，并举办全国锦标赛，首次举办冬残奥亚洲杯系列赛事。

（二）残疾人竞技体育法规与政策保障

2020 年12 月，中国残联办公厅制定并印发《残疾人体育赛事活动管理办法》，该方法旨在加强事中事后监管，优化残疾人体育赛事活动服务，明确中国残联负责全国范围内残疾人体育赛事活动的监管。中国残奥委员会、中国特奥委员会、中国聋人体育协会等全国性残疾人体育组织以及地方残疾人体育组织按照法律法规及各自章程，负责相应层级的残疾人体育比赛、活动的引导、规范、服务。该文件明确了残疾人体育赛事活动举办遵循的原则，残疾人体育赛事活动申办和审批、组织、服务、监管及主办方、承办方的法律责任等，为规范国内残疾人体育活动提供了制度保障。②

2021 年 5 月，中国残联办公厅印发《国家残疾人体育集训队工作规范》，进一步规范了国家残疾人体育集训队管理。该文件明确了残疾人体育集训组织管理程序，对教练员、运动员、工作人员集训期间的职责和任务提出了明确要求。该规范内容包括训练过程、训练纪律与安全、思想政治教

① 《国务院印发〈"十四五"残疾人保障和发展规划〉》，中国残疾人联合会网站，2021 年 7 月 30 日，https：//www.cdpf.org.cn/xwzx/clyw2/927f6671ec5d4f709c2b6dc10f5aba93.htm。
② 《中国残联办公厅关于印发〈残疾人体育赛事活动管理办法〉的通知》，中国残疾人联合会网站，2020 年 12 月 17 日，http：//www.cpc2008.org.cn/zcfg/202105/t20210526_678619.html。

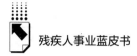

育、文化教育、生活、交通、安全保障服务、医疗与反兴奋剂、媒体宣传、奖励处分等方方面面，为规范、高效严格管理国家残疾人体育集训队提供行政文件保障及提出基本要求，能有效提升国家残疾人运动队管理水平，也为地方各残疾人运动队建设与管理提供参考，能更好地促进竞技体育水平的良性发展。①

上述两份文件颁发时正值北京冬残奥会和东京残奥会紧张备战、全国第十一届残运会暨第八届特奥会提前比赛项目陆续展开之时，有效防范了残疾人体育竞赛训练安全事故发生，确保参与竞训活动的残疾人生命财产安全。2021年5月，为进一步加强和规范全国残疾人体育赛事分级管理工作，参照国际残疾人体育组织分级工作规定，结合《残疾人体育赛事活动管理办法》，中国残奥委员会和中国聋人体育协会联合颁发《全国残疾人体育赛事分级管理办法》。该办法适用于全国性残疾人体育赛事。中国残奥委员会、中国聋人体育协会授权中国残疾人体育运动管理中心负责统筹全国残疾人体育分级业务、技术和信息管理工作，落实注册运动员参加全国赛事分级的组织和相关赛风赛纪等工作。该办法明确了分级资格和信息、赛时分级程序、赛场观察、分级申诉规定、责任和违规处罚等内容，为规范分级组织管理提供了政策保障。②

在"十三五"期间，31个省（区、市）都纷纷提出建设地方性残疾人竞技体育组织管理的专门机构，并进行了相关的规划设计。如广东省召集有关职能部门共同制定了《关于进一步加强残疾人体育工作意见》，对该省残疾人体育工作开展做出全面部署和提供保障，该文件指出，到2035年，全面建成社会主义现代化体育强省，残疾人体育事业整体水平领先全国。将残疾人体育全面融入体育强省战略，统筹规划、重点推进。该文件还要求，完

---

① 《国家残疾人体育集训队工作规范》，中国残疾人联合会网站，2021年5月26日，http：//www.cpc2008.org.cn/zcfg/202105/t20210526_678620.html。
② 《中国残奥委员会 中国聋人体育协会关于印发〈全国残疾人体育赛事分级管理办法〉》，中国残疾人联合会网站，2021年5月10日，http：//www.cpc2008.org.cn/zcfg/202105/t20210526_678618.html。

善各级财政投入机制，按规定将残疾人体育事业发展资金列入本级财政预算；完善落实残疾人体育奖励制度，对成绩优秀有突出贡献的残疾人运动员在就业、就学等方面给予特殊支持。为取得与残特奥会东道主身份相适应的比赛成绩，陕西省残联从 2019 年开始，努力克服残疾人体育工作条件较差等的困难，多措并举巩固优势项目、提升潜在项目、填补空白项目，全力以赴开展备战参赛工作。

三　残疾人竞技体育专业人才队伍建设

（一）教练员、科研及保障人才发展现状

在教练员培养方面，中国残联通过举办各类教练员培训班的方式培养优秀教练员。2018 年，全国残疾人体育教练员培训班完成了业务通识培训。2019 年，全国残疾人体育教练员培训班包含 15 个夏季项目和 4 个冬季项目的教练员，内容主要涉及体能训练计划制订、体能训练理论与方法、力量训练技术，以及残疾人体育项目竞赛规则、分级等方面的前沿信息等 7 个方面。同时，残奥冠军班学生也根据教学要求随班旁听。2021 年的培训聚焦"体能训练"的主题，邀请了科技冬奥科研团队专家以及重点高校教师进行授课，内容涉及体能训练理论与方法、负荷监控、体能测试与评价、体能训练计划制订与实施、残疾人体能训练等。中残联通过理论与实践相结合的方式，开拓残疾人体育教练员业务视野，更新执教理念，丰富训练理论知识，提高创新能力和执教水平。

在科研服务方面，"科技冬奥"专项"冬残奥运动员运动表现提升的关键技术"课题组助力国家队训练。同时全球选聘了 5 名加拿大、意大利、俄罗斯籍教练执教残奥冰球、残奥越野滑雪、残奥冬季两项、残奥高山滑雪、残奥单板滑雪等 5 支队伍，为外教配备中方助理教练，加快教练员队伍的培养。2019 年 11 月，举办"一带一路"框架下残疾人事务主题活动体育分论坛暨第五届全国残疾人体育科学报告会。论坛促进了共建"一带一路"相

关国家和地区残疾人体育的交流，为备战东京残奥会和北京冬残奥会提供科技支持。[1]

（二）残疾人运动员队伍发展现状

从 2015 年起，经教育部批准，中国残联与北京体育大学共同创办北京体育大学残奥冠军班，免试招收 2008 年以来残奥会有关项目国际赛事冠军进入北京体育大学竞技体育学院运动训练专业本科学习。[2] 该项目已经持续 7 年，2022 级招生通知已经呈现在中国残联网站上。经过正规体育类专业训练，学生们的综合素质和专业素质得到了有效的提升，另外，学生通过专项训练理论与实践课的形式，学训结合，提高体育技能，维持高水平竞技状态。残奥冠军班为我国残疾人竞技体育领域在人才选拔、训练方法、队伍管理等方面的成功经验，以科学体系的形式进行传承做出了积极探索。2019 年，首届残奥冠军班学生通过毕业答辩顺利毕业，随后他们立即投入训练，在东京残奥赛场上奋勇拼搏、为祖国争光。

中国残联网站资料显示，为备战 2019 年听障冬奥会、2020 年东京残奥会、2022 年北京冬残奥会，促进我国残奥项目向更高层次发展，提高残疾人运动员的技战水平，同时发掘与储备人才，我国 2019 年、2020 年积极组织开展国家残疾人运动队集训与外训，组织冬残奥 6 个项目 5 支队伍、夏残奥 14 个项目 17 支队伍开展训练，新增设立 13 个国家残疾人体育训练基地，涉及残奥竞赛项目与参训运动员人数：冬奥雪上项目（高山滑雪运动员 60 名、单板滑雪运动员 53 名），其中包含一线队员、二线队员和试训队员；轮椅篮球（运动员 180 名）、盲人门球（运动员 96 名）、盲人足球项目（运动员 80 名）；自行车项目（运动员 34 名）；坐式排球、盲人门球项目冬训，

---

[1] 《2017—2018 年度残疾人体育科研服务与攻关项目立项公告》，中国残疾人联合会研究室、中国残疾人体育运动管理中心网站，2017 年 12 月 22 日，http：//www. zgmx. org. cn/html/default/6/NewsDefault－66876. html。

[2] 《中国残疾人联合会办公厅关于做好 2017 年优秀残疾人运动员免试进入北京体育大学学习相关工作的通知》，中国残疾人联合会办公厅网站，2016 年 11 月 28 日，http：//www. cdpf. org. cn/zcwj/zxwj/201611/t20161128_575520. html。

国家男女队（坐式排球队 49 名，盲人门球队 34 名）；中国残奥冰球队 2020 年在加拿大蒙特利尔进行外训，本次外训团组共有运动员 23 名，通过外训进行查漏补缺，全面提高了运动队的技战术水平。[①]

目前，国家集训队的运动员选拔主要依据国内锦标赛和全国残运会的竞赛成绩。冬残奥运动员实现了跨域式发展，从 50 名发展到 2021 年的超过 100 名。

2011 年以前，我国几乎没有重度残疾人运动员参加竞技项目比赛，近年来，随着社会保障和医疗保障水平的逐步提升，大量重残运动员投入训练和比赛。以田径项目为例，脑瘫 T/F34 级别，轮椅类 F53、T52 以上重残的运动员在以前几乎没有，而第十一届全国残运会（陕西）全运会有大量的 F32、T51、T52、F52、F53 的运动员参加比赛，并获得了较好的运动成绩。他们的加入，不仅体现了所有残疾程度的残疾人都有机会参赛的残疾体育的公平理念，也有效地提升了我国重残类人群的竞技水平，其将成为新的残奥金牌增长点。

（三）残疾人体育分级及竞赛组织人才发展现状

"十三五"期间，中国残联持续重视残疾人竞技体育专业人才队伍的建设，共培养技术官员超过 1100 名，其中冬季项目技术官员超过 100 名。在 1994 年举办北京"远南"运动会时，我国没有竞赛组织分级的专业人才，以丁伯坦为代表的老一辈学者们认真学习、翻译国际分级规则，编制国内专业人才使用的残疾人体育医学分级手册，并成功的为此届运动会各项目进行分级。随着 2008 年北京残奥会及各项国内残疾体育竞赛大规模开展的规范性的要求，我国大力培养国内残疾人体育分级、竞赛裁判等技术官员，并将这一任务列入中残联"十三五"规划。近年来，分级师队伍得到充分的发展，竞赛分级基本实现了老、中、青分级师同时参与竞赛分级的良性局面。[②]

---

① 《2020 年残疾人事业发展统计公报》，中国残疾人联合会网站，2021 年 4 月 9 日，https：//www. cdpf. org. cn/zwgk/zccx/tjgb/d4baf2be2102461e96259fdf13852841. htm。

② 黄莹、常肖雯：《伦敦残奥会与北京残奥会分级管理的比较分析》，《残疾人研究》2015 年第 1 期。

目前，我国有超过 10 名的技术官员获得国际分级师及国际级裁判资格，近百名国家级分级师和裁判等技术官员，实现了田径、游泳大项目至少三个小组同时分级，其他小项目至少两组分级员同时运行的合理规范竞赛分级的组织形式，中国残疾人体育分级师的业务水平得到国际同行的广泛认可，我国残疾人体育分级师多次参加国际大赛时的国内报名级别与国际级别的总偏差率都小于 3%，一般认为低于 10% 即为优秀水平。国内分级师队伍的合理发展能有效地满足规范化组织国内常规赛事任务的要求，公平竞赛能激励更多残疾人投入竞技体育，有效地促进各项目持续性发展。

四　残疾人竞技体育的未来发展

（一）残疾人竞技体育有待改进的方面

"十四五"时期，我国竞技体育将进入改革攻坚期。受以往体育体制机制的影响，我国残疾人竞技体育只能以自上而下的行政命令方式开展，有待改进的方面具体表现在以下几点。

一是区域发展不均衡。我国东西部发展不均衡，各省（区、市）发展存在较大差距，在残疾人竞技体育领域也存在发展不均衡的问题。在我国 9 届残奥会上获得的金牌中，华东地区位列第一，占 32%；其次是中南地区，占 26%；西南和西北地区分别只占 8% 和 3%，严重低于东中部地区。同一省内不同地区的不均衡问题也较为明显。[①]

二是残疾人运动项目发展不均衡。统计 10 届残奥会的金牌分布情况发现，田径、游泳和乒乓球项目占比超过 2/3，其中位列第一的田径项目占金牌总数的 29.4%，位列第二的游泳项目占金牌总数的 23%，位列第三的乒乓球项目占金牌总数的 16%。虽然在一些传统弱势项目和新设置项目上已

---

① 朱晓莉：《中国残疾人竞技体育现实状况与发展路径研究——残奥会成绩数据分析》，《西南师范大学学报》（自然科学版）2020 年第 10 期。

有突破，但是集体项目（如轮椅篮球、轮椅橄榄球等）仍然较为落后。[①] 集体项目发展不足的主要原因是集体项目需要投入过多的人、财、物。另外，因为轮椅篮球、轮椅橄榄球等项目分级规则的特殊要求加大了运动员选材的难度，导致集体项目队伍建设难度较大。

三是运动员呈现老龄化。多个运动项目都呈现运动员老龄化的现象。合格运动员选材困难，随着脊髓灰质炎病例在中国的逐步绝迹，源于脊髓灰质炎后遗症的参赛人员逐步减少，2015 年以后几乎没有此类新运动员参赛，各类国家级比赛参赛的肢残类运动员多为脑瘫、截肢和脊髓损伤，且上述新运动员的数量也在逐步减少。另外，因残疾人体育奖励制度设计而导致教练员、工作人员多为聘用制劳动关系，这些人员往往过度关注当前竞赛成绩，较轻视人才梯队建设，对后备运动员的选材重视程度不够。还有一些集体项目或部分球类项目，运动员长期参加比赛，表现比较稳定，导致大量年轻运动员无法正常参与比赛和训练，从而导致年轻运动员流失。

四是训练与竞赛相关专业人才仍旧欠缺。我国残疾人体育专职教练员人数较少，大部分教练员都是赛前临时抽调或选拔。我国残疾人体育技术官员也多为业余人士，裁判员多为高校体育教师或义务教育学校体育教师。近年来，国际级技术官员人数虽得到长足的发展，但人才数量尤其是层级较高的技术官员人数与竞赛成绩不匹配，长期持续的新冠肺炎疫情使相关国际交流和学习实践培训处于停滞状态，延缓了人才培养的进程。我国残疾人体育科学研究多集中在科技服务领域，而相关的实验性研究领域的科技人员和经费投入明显不足，对残奥运动发展有确切、广泛影响的，基础性、原创性研究成果较少。

（二）解决思路与对策

一是继续加强宣传，让全社会继续重视残疾人体育事业，让更多的残疾

---

① 朱晓莉：《中国残疾人竞技体育现实状况与发展路径研究——残奥会成绩数据分析》，《西南师范大学学报》（自然科学版）2020 年第 10 期。

人走出家门、积极投入残疾人体育活动。持续坚定支持残健融合的发展道路。体育是残疾人融入社会的"一扇窗",也是社会大众了解、关爱残疾人的"一面镜",让更多残疾人通过体育训练和竞赛走出家门、走向社会,实现残健融合。加强残疾人体育专业人才培养,不仅通过现有的训练体系培养专业从事残疾人体育的教练员,还应发挥冠军班培养模式的优势,从优秀的退役残疾人运动员中培养出更多的从事残疾人体育事业的教练员、分级师及其他竞赛组织与体育训练的管理人才。

二是继续发挥制度优势,稳定教练员队伍,强化科学选材过程。目前,运动员的选材任务多为基层教练和残疾人体育工作者通过残疾人普查途径以筛选的方式进行,由于这些工作人员大多对分级规则的内涵、部分级别或合格类型边界要求理解有限,在很多省级比赛中,大量存在不符合竞赛要求的参赛者,以至于每次国内锦标赛甚至是全国残运会上都存在不符合要求或报名级别与赛会分级结果出入较大的现象,造成地方训练资源不必要的损耗。这就需要持续加强基层残疾人体育工作者的业务知识培训,包括竞赛组织与分级知识普及与教育,各地方专项工作人员应相对固定,以期通过实践经验的积累获得更多正确判断。

三是加强后备力量选拔,持续调整积分的形式,鼓励地方加强发展集体项目。为重视集体项目的发展,中国残联从2019年第十届天津残运会时加大集体项目奖励积分力度,各省份纷纷重新重视集体项目的发展,但从残奥会成绩层面来看,此项政策的红利尚未完全显现,从国家层面应继续保持这一政策的延续,鼓励更多省份加大集体项目投入力度,为国家集训队选材提供更多的优异人才。为鼓励发现和培养后备运动员,建立健全残疾人运动员青少年训练体系,提出年龄限制,组织只允许青少年参赛的专项竞赛。

四是制度建设激励更多的专业人才投入残疾人体育事业。由于残疾人竞技体育的特殊规律,培养优秀专业教练员的培养周期较长,各地方管理部门应出台长效机制激励更多体育专业人士长期从事残疾人体育训练指导工作,也可以发掘聘请退居二线身体健康、经验丰富、个人时间充裕的体育专家长期投入此项事业。

五是加强残疾人体育科研工作。残疾人体育科研人员应加强基础性研究，根据残奥运动的基本理念和发展趋势，把握各个运动项目的基本规律，评估残损程度对运行能力的影响，设计制定分级规则和竞赛规则，发明适用于各类残疾人的创新型运动竞赛项目，为国际残奥运动的丰富和发展发出中国声音。

（三）"十四五"时期残疾人竞技体育发展思路

《"十四五"残疾人保障和发展规划》要求，2021～2025年，残疾人竞技体育的主要目标和任务是推动残疾人体育全面发展，做好东道主筹办好北京冬残奥会、杭州亚残运会等国际大赛，实施残疾人奥运争光行动，不断提高竞技水平，在重大国际赛事上力争好成绩。[①]

为继续完成"奥运争光"的目标，残疾人竞技体育的工作者们应当总结过往成功经验，加强顶层设计，用好"举国体制"制度优势带来的红利，加快推进健康中国、体育强国建设宏观政策，将进一步为竞技体育发展赋能。健全中国特色的残疾人竞技体育管理体制，持续完善相关政策法规和各类管理方法，科学合理的设计和组织各类国家级比赛和北京冬残奥会及杭州亚残奥会系列测试赛，加强专业人才队伍建设，加强运动队组织管理，强化科学选材及高科技方法手段在训练过程中的应用。创新和完善冬残奥运会、亚残运会等国际大赛管理机制，提高我国竞技体育的内源性动力和发展潜力。

在制度建设层面，强化举国体制。在竞技体育领域，结构合理、管理有序、效率优先的举国体制能有效地集中国家资源，是迅速提高运动训练水平和运动员的运动成绩的根本保障。[②]

随着《"健康中国2030"规划纲要》《体育强国建设纲要》等纲领性文件的出台，我国鼓励更多的残疾人投入竞技体育，同时充分挖掘竞技体育的

---

① 《国务院印发〈"十四五"残疾人保障和发展规划〉》，中国残疾人联合会网站，2021年7月30日，https://www.cdpf.org.cn//xwzx/clyw2/927f6671ec5d4f709c2b6dc10f5aba93.htm。
② 钟秉枢：《新型举国体制：体育强国建设之保障》，《上海体育学院学报》2021年第3期。

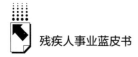
休闲、娱乐、教育等多种功能,促使竞技体育更好地融入地方经济社会发展。竞技体育、"奥运争光"的影响将进一步扩大,它将成为激励人们拼搏奋进的重要素材。①

在运动队组织建设方面,全面加强残疾人竞技体育后备人才队伍建设,激活后备人才的选拔、保障机制。修订和完善运动员注册条例,促进优秀选手的合理流动,以体教融合为契机,制定好优秀运动员升学就业和退役保障体系等相关政策与法规,做好运动员的文化教育和退役保障安排,为优秀运动员解决后顾之忧。②

调整和健全当前的残疾人竞技体育体系,优化完善配套政策。在非竞赛周期内,落实体教融合政策,整合高校资源为国家集训队助力,加大与高等院校通力合作力度,促进国家队与院校一体化进程,确保各项工作系统运行。③

在竞赛组织相关专业人才队伍建设方面,强化人才的综合业务能力,培养出具备全面综合素质、国际化视野、过硬专项技能的竞技体育组织人才。不断拓宽后备力量培养渠道,统筹布局专业院校和行业协会的后备人才培养,根据各运动项目的竞赛规律,激发广大后备人才从事业务培训。积极配合浙江杭州做好杭州2022年亚残运会筹办工作,根据疫情变化情况与亚洲残奥委会等国际组织密切联系,随时调整筹办方案。

强化公平意识,加强思想教育,强化反兴奋剂宣传。认真贯彻落实《反兴奋剂条例》《全国残疾人体育赛事分级管理办法》,营造良好的竞技体育环境。④

在团队建设和运动队组织管理方面,加强体训中心和训练基地建设。推

---

① 彭国强、杨国庆:《"十四五"时期中国竞技体育的发展战略与创新路径》,《首都体育学院学报》2021年第3期。
② 卢文云:《迈向体育强国我国竞技体育发展面临的问题与对策》,《沈阳体育学院学报》2020年第2期。
③ 王三保:《中国竞技体育发展战略的困境及突破路径研究》,《北京体育大学学报》2019年第10期。
④ 魏婷等:《"十四五"时期我国竞技体育发展目标与举措》,《体育文化导刊》2021年第1期。

动残疾人竞技体育内涵式发展，推动参与残疾人体育训练的个体，从规模型向质量型转变。同时做好运动员梯队建设，组建以年轻运动员为主体的备战队伍，为2024年巴黎残奥会选拔培养运动员。统筹国内区域间竞技体育协调发展，为后期实现跨项目选材提供支撑条件。另外，重视羽毛球、跆拳道两个新增项目发展，增加夺金点。促进轮椅篮球、坐式排球等集体项目发展。统筹协调发展夏季运动项目与冬季运动项目，实现运动项目全面均衡发展。

在后勤保障和科技服务方面，强化创新要素对竞赛成绩的影响。推动"科技攻关"与残奥运动项目的紧密结合，提升运动训练智能化水平。[1]

当前，物联网、大数据、新材料、新运动装备等现代科技在竞技体育领域已得到广泛的应用，在高科技应用密集的残疾人体育领域尤其凸显，在许多需要辅具或假肢的运动项目中，人与装备的有机结合是残疾人运动员运动表现构成的基础性要素，而装备技术的发展进步就意味着残疾人竞技体育训练水平、竞赛表现等核心竞争力的提升。

五 结语

党的十八大以来，以为国争光为宗旨的残疾人竞技体育得到了充分的发展，夏季残奥会、冬季残奥会等国际重要赛会的参赛项目不断拓展，参赛名额增加，人才梯队建设完成，重点项目成绩稳定，重残运动员逐届增多，训练基地保障有力，初步建立了"科、训、医、教"一体化的发展模式。

习近平总书记在教育文化卫生体育领域专家代表座谈会上强调，"'十四五'时期，要科学研判体育发展面临的新形势""加快体育强国建设"。[2]党中央、国务院在东京残奥会结束后第一时间向代表团发出贺电，肯定了残

---

[1] 王三保：《中国竞技体育发展战略的困境及突破路径研究》，《北京体育大学学报》2019年第10期。

[2] 《习近平：在教育文化卫生体育领域专家代表座谈会上的讲话》，中国政府网，2020年9月22日，http://www.gov.cn/xinwen/2020-09/22/content_5546157.htm。

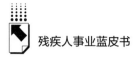

疾人竞技体育为国家做出的贡献，称"残疾人运动员的精彩表现为广大残疾人树立了榜样，为残奥事业增了彩，为祖国争了光。你们的优异成绩进一步激发了海内外中华儿女的爱国热情"。①

"十四五"时期，世界百年未有之大变局进程加速。近年来，美、日、英、俄等体育强国对竞技体育发展的主导性增强，奥运会、残奥会常态化备战已经成为共识，各国的国际竞技体育水平将更加接近，竞争也日趋激烈。② 国内外环境的变化要求残疾人竞技体育决策者们从战略高度统筹规划残疾人体育的发展路径，教练员、运动员、科研后勤保障人员勠力同心、同频共振，将国际体育赛场作为综合国力展现的重要平台，为"十四五"期间残疾人事业和体育事业交上满意的"答卷"。

参考文献

刘江山等：《江苏省残疾人竞技体育管理现状及发展对策》，《体育文化导刊》2017第 4 期。

---

① 《中共中央　国务院致第 16 届残奥会中国体育代表团的贺电》，中国政府网，2021 年 9 月 5日，http://www.gov.cn/xinwen/2021－09/05/content_5635532.htm。
② 关志逊等：《面向 2020 年东京残奥会：日本残障人体育治理》，《中国体育科技》2021 年第 7 期。

B.6

中国残疾人康复体育发展报告（2021）

侯晓晖 章马兰*

摘　要： 本报告回顾了中国残疾人康复体育事业从新中国成立以后的萌芽阶段到如今发展壮大的整个过程，总结了2021年中国残疾人康复体育事业的现状和问题，展望了中国残疾人康复体育的未来发展方向。

关键词： 残疾人康复体育　康复医学　体育健身

我国残疾人群体规模日益庞大，残疾人功能康复问题亟待解决。据统计，截至2015年，我国残疾人口总数占全国总人口的6.4%，已超过8700万人。[①] 预计到2050年，我国残疾人口总数将达到全国总人口的11%，约为1.68亿人。[②] 而随着时代的发展，残疾人康复需求变得更加复杂化和多元化。如何更好地促进残疾人身心健康、帮助其有效融入社会、提高其生存质量，是我国残疾人康复面临的重要问题。

残疾人康复体育是将康复医学和体育运动结合起来的一门新兴学科，是残疾人提升体质、促进功能发展、改善心理状态的有效途径和手段。康复体育以运动医学为基础，以体育运动为手段，帮助残疾人进行适合他们的、科

---

* 侯晓晖，博士，广州体育学院教授、博士生导师，研究方向为适应体育与运动康复；章马兰，广州体育学院副教授，研究方向为康复医学

① 凌亢、白先春、许巧仙等：《中国残疾人事业发展报告》，中国统计出版社，2017。
② 崔斌、陈功、郑晓瑛：《中国残疾预防的转折机会和预期分析》，《人口与发展》2012年第1期。

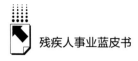

学的体育活动；主要通过医疗体育、娱乐项目对残疾人进行康复训练，具有
主动参与、全身疗法、循证科学和易于接受的特点。

回顾历史，我国残疾人康复体育发展经历了探索萌芽、初步发展及快速
发展等不同阶段，呈现从无到有、从雏形到形成规模的历史演变。在互联
网、人工智能、5G 及大数据的历史背景下，在"全民健身"和"大健康"
的国家战略目标下，我国残疾人康复体育必将步入快速融合发展的新阶段，
具备广阔良好的发展前景。

一　残疾人康复体育发展回顾

（一）早期萌芽阶段

新中国成立以后，我国国民经济逐步恢复，各项社会事业包括残疾人体
育事业逐渐发展起来。1949 年 10 月，"全国体育工作者大会"提出"民族
的、科学的、大众的"体育号召。1952 年，毛泽东发表了"发展体育运动，
增强人民体质"的重要题词。残疾人体育进入萌芽时期。中央人民政府对
体育事业发展高度重视，呼吁人民参与体育运动，提倡发展全民体育运动。
在此基础上，残疾人体育教育和群众体育应运而生，促进了残疾人康复体育
的萌芽和产生。

（二）初步形成阶段

改革开放以来，我国残疾人体育运动呈现良好的发展态势，各项国内外
重大体育赛事陆续在我国举办，国际化进程进一步加快。而康复医学作为新
兴学科也在 20 世纪 80 年代初期由国外引入我国。康复医学的引入和社会对
残疾人体育事业的关注，推动了残疾人康复体育的形成。1988 年中国康复
研究中心成立，成为残疾人康复发展史上的里程碑；同时，残疾人康复被列
入国家发展计划。经过"八五""九五"两个五年计划纲要的推进和实施，
残疾人康复服务体系的雏形初显。1995 年 6 月，国务院颁布的《全民健身
计划纲要》首次在政策文件中提出残疾人体育健身活动，并要求广泛开展

残疾人体育健身活动、丰富残疾人体育健身方法，残疾人康复体育进一步受到关注。2000年12月，《2001—2010年体育改革与发展纲要》提出"关注老年人、残疾人体育"。2008年3月颁布的《中共中央　国务院关于促进残疾人事业发展的意见》，正式提出残疾人康复体育的相关概念，并指出"落实全民健身计划，开展残疾人群众性体育健身活动，增强体质、康复身心"。2009年10月，《全民健身条例》的出台为全民健身计划的制定与实施，为残疾人康复体育提供了发展契机。2011年，《中国残疾人事业"十二五"发展纲要》指出"加强残疾人群众体育工作，促进残疾人康复健身，提高社会参与能力"。同年，中国残联办公厅下发《关于贯彻落实〈全民健身计划〉推进残疾人体育健身工作的意见》，把残疾人体育健身工作纳入全民健身事业大局，促进残疾人康复体育发展成为社会广泛共识和目标。同时，首届全国残疾人健身周暨自强健身工程在天津启动，提出在"十二五"期间设置1200个残疾人群众体育活动示范点，培养3万名残疾人体育健身指导员。

（三）起步发展阶段

2014年，我国首次在北京、天津开展"残疾人健身周"和"全国特奥日活动"示范样板活动，带动地方举办万余场活动，参与人次突破200万人次，残疾人群体项目展示首次列入国家体育总局全民健身系列活动。同时，推出社区残疾人健身体育"健乐驿站"服务模式，加大健身示范点建设推进力度。2015年1月国务院印发《关于加快推进残疾人小康进程的意见》，中国残联为此提出要充分保障残疾人平等享有体育基本公共服务均等化成果，促进广大残疾人身体素质和健康状况普遍提高。同年，中国残疾人联合会颁布《残疾人康复体育关爱家庭计划（试行）》①，明确指出残疾人康复体育是残疾人体育的组成部分，启动"康复体育进家庭"服务模式。

---

① 《残疾人康复体育关爱家庭计划（试行）》，中国残疾人联合会网，2015年5月8日，https：//www.cdpf.org.cn//zwgk/zcwj/wjfb/1c6dae4c0f554135b2d57a2f8b87bb38.htm。

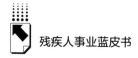
2016年10月，《"健康中国2030"规划纲要》将残疾预防和残疾人康复工作纳入健康中国建设的整体规划，为维护残疾人健康、推动残疾预防和残疾人康复事业提供了有力的指导和保障。同年，《残疾人文化体育工作"十三五"实施方案》将"促进残疾人康复体育、健身体育、竞技体育协调发展，提高残疾人体育锻炼的参与率与覆盖面"列为任务目标。①随后《残疾人文化体育工作"十三五"配套实施方案》出台并实施，进一步推动健身指导员、康复体育进家庭及社区健身示范点等项目的开展，同时政府购买服务工作启动。2017年2月，《残疾预防和残疾人康复条例》出台，残疾人康复体育作为残疾人康复的重要组成部分，由此也得到规范和加强。②2018年，随着"残疾人健身周""残疾人冰雪运动季"等品牌活动进一步深入开展，并被列为国务院全民健身部际联系会示范活动，社会效应逐步扩大。2019年9月，中国残联与国家体育总局共同发布《关于进一步加强残疾人康复健身体育工作的指导意见》，强调残疾人康复健身是体育工作者践行以人民为中心的发展思想的重要举措，是加快推进残疾人全面小康进程的重要内容，是实施全民健身国家战略的组成部分。③残疾人康复体育纳入全民健身国家规划的快车道，迎来快速发展的新契机。

二 残疾人康复体育发展现状

（一）残疾人康复体育政策逐步完善

"十三五"期间，中国残联对残疾人的康复体育工作进行更深层次的调整，把残疾人康复体育工作纳入全民健身和残疾人事业发展全局。尽管我

---

① 《残疾人文化体育工作"十三五"实施方案》，中国残疾人联合会网，2016年9月27日，https：//www.cdpf.org.cn/zwgk/ggtz1/87ee66bdcf6a4e04880f8c28b6751d62.htm。

② 《残疾预防和残疾人康复条例》，中国残疾人联合会网，2017年2月27日，https：//www.cdpf.org.cn//zwgk/ggtz1/a8f935246f0e414aa2caaff8cd43f396.htm。

③ 《关于进一步加强残疾人康复健身体育工作的指导意见》，中华全国体育总会网，2019年9月9日，https：//www.sport.org.cn/search/system/gfxwj/qzty/2020/0221/310892.html。

国残疾人康复体育起步较晚，但随着残疾人康复体育相关法律法规和政策的不断完善，残疾人康复体育的发展成果日益凸显。习近平总书记指出："全面建成小康社会，残疾人一个也不能少。"[①]党的十九大提出了"发展残疾人事业，加强残疾人康复服务"的工作目标。随后，有关我国残疾人康复体育各项系列文件和政策紧密出台。这不仅为残疾人康复体育供了政策保障，同时也明确了残疾人康复体育工作的目标和方向，提供了具体的指导方针和实施措施，推动了我国残疾人康复体育蓬勃发展。2019年9月发布的《关于进一步加强残疾人康复健身体育工作的指导意见》，对残疾人康复体育健身工作进行了全面部署，极大程度上有利于残疾人康复体育服务体系的规范。2021年7月国务院发布《全民健身计划（2021—2025年）》，主要任务强调"完善公共健身设施无障碍环境，开展残疾人康复健身活动"，并指出要提供全民健身智慧化服务，支持开展智能健身、云赛事、虚拟运动等新兴运动，开启了残疾人康复体育的新篇章。2021年7月国务院印发《"十四五"残疾人保障和发展规划》，进一步明确要实施残疾人康复体育行动，要求提高残疾人康复体育的普及程度。

（二）残疾人康复体育活动形式丰富多样

"十三五"期间，"残疾人健身周""中国残疾人冰雪运动季""全国特奥日活动"等全国品牌活动持续开展，进一步活跃基层残疾人康复健身，借助残疾人重大节日和重要时间节点，联合中国聋人协会、中国盲人协会、中国肢残人协会、中国智力残疾人及亲友协会和中国精力残疾人及亲友协会5个残疾人专门协会，打造残疾人康复健身体育精品，直接参与活动的人次超过50万。同时，残疾人康复体育活动呈现形式多样、丰富多彩的局面。例如，组织开展"全民健身挑战日融合关爱跑""三菱杯残疾人民间足球争霸赛""残健同行乒乓球残奥冠军挑战赛""中国残疾人冰雪运动季基层残疾人旱地冰壶

[①] 《全面建成小康社会　残疾人一个也不能少——8500万残疾人"迈步"奔幸福的三个片段》，《河北日报》2019年8月27日，第4版。

比赛""全国盲人板铃球交流赛""京津冀残疾人飞镖线上挑战赛""全国听力残疾人柔力球交流赛""环青海湖智慧星公益骑行活动""全国残疾人排舞公开赛"等36项丰富多彩的群众体育赛事及活动，各地方因地制宜开展各类残疾人喜闻乐见的基层康复健身体育活动，为广大残疾人走出家门、康复健身、融合发展创造了有利条件。此外，以"互联网＋残疾人体育服务平台"为新媒介，残疾人康复健身活动采用线上、线下相融合的形式，吸引了更多的残疾人参与其中，进一步促进了残疾人康复健身体育的普及和推广。根据《中国残疾人体育事业发展报告（2020）》数据，残疾人社区文体活动参与率由2018年的12.9%上升至2019年的14.6%，残疾人康复体育活动参与率呈现不断攀升的发展态势。[①] 面对新冠肺炎疫情，2020年的"残疾人健身周"和"全国特奥日活动"，各地依托"智慧残联"帮助残疾人开展居家锻炼、普及防疫知识、倡导健康生活，开展"家庭康复健身云交流""志愿服务云交流""康复健身云指导"等线上活动，努力服务残疾人康复健身。残疾人康复体育活动呈现了与时俱进和灵活多样的发展模式。

（三）接受康复体育家庭关爱服务的残疾人数稳步增加

2015年颁布的《残疾人康复体育关爱家庭计划（试行）》是我国将康复体育送进重度残疾人家庭的第一个指导性文件。该计划要求在"十三五"期间服务约10万个残疾人家庭，受众群体主要包括不宜出行的残疾人士或者条件困难的重度残疾人家庭。根据《中国残疾人事业统计年鉴（2020年）》提供的数据，截至2020年12月，全国累计为324659名重度残疾人提供了康复体育进家庭服务，其中2019年全国有50292个残疾人家庭接受康复体育家庭关爱服务。各省（区、市）开展残疾人康复体育家庭关爱服务的情况参差不齐，浙江省、吉林省、河北省、重庆市、山东省接受康复体育家庭关爱服务的残疾人家庭数量较多[②]（见表1）。

---

① 中国残疾人联合会编《中国残疾人事业统计年鉴（2020）》，中国统计出版社，2020。
② 中国残疾人联合会编《中国残疾人事业统计年鉴（2020）》，中国统计出版社，2020。

表1　2019 年全国各地区接受康复体育家庭关爱服务情况统计

单位：个

地区	家庭数	地区	家庭数
北京	3000	湖北	997
天津	1000	湖南	1500
河北	4500	广东	2891
山西	—	广西	—
内蒙古	2000	海南	—
辽宁	—	重庆	4100
吉林	5100	四川	1526
黑龙江	1000	贵州	102
上海	—	云南	576
江苏	1281	西藏	—
浙江	7354	陕西	1000
安徽	1000	甘肃	2930
福建	1170	青海	
江西	1137	宁夏	45
山东	3083	新疆	—
河南	3000	新疆生产建设兵团	—
全国		50292	

注：表中"—"表示该项统计指标数据不足本表最小单位数、数据不详或无该项数据，下同。
资料来源：中国残疾人联合会编《中国残疾人事业统计年鉴（2020）》，中国统计出版社，2020。

（四）残疾人康复体育示范点逐年增多

《残疾人文化体育工作"十三五"实施方案》中对"自强健身工程"的内容进行了丰富，继续推进"自强健身示范点"建设，并将全国总目标量扩增至 1 万个，"自强健身示范点"被重新命名为"残疾人体育健身示范点"。建设残疾人体育健身示范点的目的是改善基层残疾人康复健身条件，推广普及残疾人群众体育活动，提升群体活跃度，在满足残疾人群体基本运动需求的同时，提升残疾人群体的幸福感与获得感。示范点不仅要承担对基层残疾人进行康复、健身咨询、指导、培训和活动组织等职能，还要充分发挥社会宣传和示范带动作用。依据示范点的建设资金来源，可以将示范点分为中央资助的示范点和省内资助的示范点。分别称为"国家示范点"和"省级示范点"，二者无等级之分。按照示范点的类型，可分为政府公共服务机构和民办非企业组织两类，目前政府公共服务机构性质的示范点数量所占比例相对较大。2019年全国新增省级残疾人健身示范点675个，四川省新增示范点最多，为272个（见表2）。截至2020年12月，全国累计建设残疾人健身示范点13313个，残疾人体育健身示范点已经形成规模。

表2　2019年全国新增省级残疾人健身示范点统计

单位：个

地区	数量	地区	数量
北京	36	湖北	—
天津	100	湖南	—
河北	98	广东	15
山西	54	广西	—
内蒙古	—	海南	—
辽宁	—	重庆	—
吉林	10	四川	272
黑龙江	—	贵州	1
上海	21	云南	—
江苏	—	西藏	—
浙江	—	陕西	3
安徽	10	甘肃	—
福建	—	青海	—
江西	45	宁夏	—
山东	—	新疆	—
河南	10	新疆生产建设兵团	—
全国			675

资料来源：中国残疾人联合会编《中国残疾人事业统计年鉴（2020）》，中国统计出版社，2020。

（五）残疾人康复体育专业人才队伍逐步壮大

残疾人康复体育是一门涵盖了体育学、康复学、相关教育和心理学的综合应用型科学。随着我国残疾人康复体育政策陆续出台，残疾人康复体育专业人才队伍逐步壮大，残疾人康复体育专业人才培养也逐步得到规范和加强。目前，残疾人体育指导员是我国残疾人参与康复体育、提升身心健康水平的重要队伍力量。截至 2020 年 12 月，我国已经累计培养残疾人体育指导员共 139206 名①，其中 2019 年新增省市级社会体育健身指导员 5940 名，以河南、河北、北京新增人数最为显著。

2011 年 12 月 19 日，北京体育大学举办了我国首期国家级残疾人体育健身指导员培训，标志着我国残疾人体育健身指导员培训工作全面开启。随后，各省（区、市）相继组织开展残疾人体育指导员培训。培训课程统一参照《残疾人体育健身指导员培训大纲（试行）》，培训时长一般为 5～7 天，具体课程内容如表 3 所示。当前我国残疾人体育指导员培养刚刚起步，还没有做到按照残疾人残障类型和障碍程度有针对性地分别培养，其考核资格也未实行分等级认定。

表 3　国家级残疾人体育健身指导员培训课程

类别	培训科目	课时数
通论	残疾人体育发展	1.5
	中国社会体育指导员制度	1.5
	残疾人体育健身指导员师资培训课程设计和培训组织	0.5
	如何与残疾人实现有效沟通	2
	残疾人功能评定及基本应用	2
	运动处方与慢性疾病	2
	残疾人运动损伤的急救与预防	2
	社区残疾人体育健身活动的组织与实施	2
	残疾人体育锻炼活动设计	2

---

① 《【巡礼"十三五"残疾人事业这五年】残疾人康复健身体育发展按下"快进键"》，人民网，2020 年 12 月 23 日，http：//society. people. com. cn/n1/2020/1223/c1008 – 31976028. html。

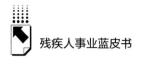

续表

类别	培训科目	课时数
专论	盲人特点及体育活动锻炼方法与指导	2
	聋人特点及体育活动锻炼方法与指导	2
	智残人特点及体育活动锻炼方法与指导	2
	唐氏综合征者特点及体育活动锻炼方法与指导	2
	肢体残疾人(截肢)体育活动锻炼方法与指导	1.5
	肢体残疾人(脊髓损伤)体育活动锻炼方法与指导	1.5
	肢体残疾人(脑瘫)体育活动锻炼方法与指导	1.5
实践	常用健身器械的使用与维护	2
总课时数	30	

注：1 课时为 45 分钟。

资料来源：李波、岩岗研典、朱琳琳、冯军政《中日残疾人体育指导者培养体制及资格认定比较分析》，《体育与科学》2014 年第 3 期。

三 残疾人康复体育发展过程中存在的问题

（一）残疾人康复体育社会保障制度亟待完善

我国残疾人康复体育起步较晚，康复体育社会保障制度立法滞后，康复体育社会保障制度建立不完善。尽管"十三五"以来，我国将残疾人康复体育工作纳入残疾人事业和全民健身大局，先后出台了《全民健身计划（2016—2020 年）》《"十三五"加快残疾人小康进程规划纲要》《残疾人文化体育工作"十三五"实施方案》等文件支持康复体育发展。但以上文件均不是专门针对残疾人康复体育服务设立的配套文件，其涉及的内容仅包含总体规划和指导原则，缺少针对性细则和操作性措施，无法满足康复体育发展实际需求。2017 年出台的《残疾人康复体育关爱家庭计划（试行）》也只是针对重度残疾人的康复体育进家庭关爱服务，政策顾及人员的范围存在较大盲区。2019 年 10 月，国家体育总局和中国残联联合发布了《关于进一步加强残疾人康复健身体育工作的指导意见》，该文件对残疾人康复体育的总体要求及重点任务做出了进一步安排和部署。^① 但由于残疾人康复体育存在不同人群的差异性及区域发展不均衡等问题，目前的政策文件尚不能满足残疾人康复体育多层次、多样化的现实需求。康复体育配套的具体实施细则和操作指南的缺失，亦导致实际工作开展无规范和标准可遵循，在实际工作开展过程中存在主体职责不明确、政策执行脱节和缺失、资金投入不足、分工不明确等现象。残疾人康复体育社会保障法规的不健全，导致各层级公共服务体系建设不完善，包括残疾人康复体育从业者培训体系、组织管理体系、服务质量评价及监督体系等，康复体育缺乏顶层设计和系统规划，绩效评估和问责监督机制建立缓慢和滞后，严重影响康复体育发展进程。

（二）残疾人康复体育的服务模式亟待更新

中国残疾人联合会发布的数据显示，2010 年末我国有残疾人 8502 多万人，其中重度残疾人有 2518 万人，所占比例达 29.62%。^② 面对庞大的残疾人康复群体，要实现全民健身和全民健康指标达到中高收入国家水平，需要创新残疾人康复体育服务模式。^③ 我国残疾人群基数大、负担重，政府服务辐射能力有限，但现阶段的康复体育服务模式仍以政府为主体、以残联为主导，服务模式呈现"一元化"，尚未形成由社会力量扶持的体制和机制。在利用政府购买服务并激活社会力量扶持的过程中，暴露出缺少承接主体、承接主体能力弱等现实问题。各层级政府及残联、民政、财政和体教权责分工不明确，部门间协作不充分，活动组织松散，未能形成上下联动、多部门高效协同及体育企业、协会和个体力量多方资源整合的新型康复体育服务模式，康复体育服务整体效能较低。

随着时代发展，体育与科技融合已成为体育发展新趋势。因此，倡导康

---

① 《关于进一步加强残疾人康复健身体育工作的指导意见》，中华全国体育总会网，2019 年 9 月 9 日，https：//www. sport. org. cn/search/system/gfxwj/qzty/2020/0221/310892. html。

② 《2010 年末全国残疾人总数及各类、不同残疾等级人数》，中国残疾人联合会网，2021 年 2 月 20 日，https：//www. cdpf. org. cn/zwgk/zccx/cjrgk/15e9ac67d7124f3fb4a23b7e2ac739aa. htm。

③ 金梅、王家宏、胡滨：《全民健身国家战略中我国残疾人康复体育发展思路与路径选择》，《武汉体育学院学报》2017 年第 12 期。

复、体育和科技融合的创新型残疾人康复体育模式是新时代发展的需求。[1]
而目前我国康复体育以体育健身训练多见，"互联网+"、康复机器人、可
穿戴设备等现代智慧科技元素融入康复体育少见。适合普及的康复体育推广
项目配套光盘、手册、挂图等创编不足。另外，现有的康复体育服务未能结
合残疾人类型特征、功能分级、审美需求、兴趣爱好制定个体化精准康复方
案，无法满足残疾人尤其是重度残疾人的真正需求。[2] 近年来不断有"全国
特奥日""残疾人健身周""冬奥冰雪季"等残疾人康复健身活动涌出，但
多数活动流于形式，活动实际参与人数占比仍偏少，在场地建设、设施配
套、活动开展、服务指导、氛围营造等方面的保障和支持力度不够，其品牌
影响力仍有待扩大和加强。总体来说，残疾人康复体育的服务形式及内容还
有待进一步加强及提升。

（三）残疾人康复体育专业人才培养亟待规范

由于残疾人康复体育涉及体育学、康复医学、心理学等专业知识及技
能，合格的残疾人康复体育从业人员需为横跨多学科领域的体医融合复合型
人才。我国体医融合起步较晚，人才培养相对滞后，医疗与体育各司其职，
分离严重，各医疗康复机构没有配备康复体育人才，也不能提高康复体育相
关服务水平。近年来，部分高等体育及医学院校开始尝试特殊教育（康复
方向）专业本科生人才培养，但总体开设院校较少，招生规模小且招生局
面被动，多数学生是其他专业招满后被动地选择该专业，毕业后从事本专业
意愿较低。特殊体育康复专业总体师资力量匮乏，专业基础设施配套薄弱，
课程设置体育学、教育学知识偏重，医疗、康复及保健内容欠缺，人才培养
定位模糊，专业人才与康复体育实际发展需求存在较大差距。[3]

[1] 《国务院：国务院关于印发全民健身计划（2016—2020年）的通知》，中国政府网，2016
年6月23日，http://www.gov.cn/zhengce/content/2016-06/23/content_5084564.html。
[2] 吴燕丹、王聪颖：《资源配置视角下残疾人群众体育的现状、问题与对策》，《体育科学》
2015年第3期。
[3] 郑健：《论高等中医院校开设特殊体育专业（康复方向）的优势》，《广西中医药大学学报》
2012年第4期。

残疾人体育指导员是目前国家培养的残疾人康复体育及健身体育的专职人才。我国残疾人体育指导员培训工作起步较晚，人才数量供需严重失衡。目前我国共培养了残疾人体育指导员 10.4 万名，平均每千名残疾人配备指导员 1.2 名，其数量远远不能满足 8500 万残疾人的实际需求。[①]《2017 年北京市残疾人事业发展统计公报》显示，当前北京市得到基本康复的持证残疾人已达 173806 名，而残疾人体育指导员数量为 2379 名，人员配备比例仅为 73∶1。[②] 由于残疾人群体的特殊性和复杂性，体育指导员除了开展康复体育咨询、运动处方指导等工作，还需具备项目拓展和活动组织能力。这就要求体育健身指导员要有扎实的专业知识和较强的实践能力。但目前我国体育指导员培训和管理尚未形成高效运作体系，各级残联选派参与师资培训班的学员准入门槛较低，学员学科背景及资质参差不齐，不利于高质量人才队伍的构建。国家及省级人才培训基本采取短期高强度集中培训的方式，培训形式单一，培训时间短，学员所获取的知识大多是纸上谈兵，临场实践能力差，无法满足实际工作的需要。国家级培训和地方培训在培训大纲、课程设计、内容选择等方面呈现趋同性，各省市培训地方特色不强，高质量的培训教材匮乏，在人际交往、环境适应等软技能方面的培训明显不足。残疾人康复体育指导员培训教学与实际能力需求脱节，无法在实际工作者因地制宜开展残疾人康复体育专业指导。[③] 此外，残疾人康复体育从业人员在就业保障、福利待遇、职称评定等方面没有明显的政策倾斜，造成培养后就业难和保障难问题。残疾人体育指导员分级制度、激励制度和管理制度松散，日常工作强度高，但收入及成就感低，工作懈怠或跳槽现象普遍。以上因素均导致残疾人体育服务人才隐性流失和显性流失严重，加剧了残疾人康复体育服务人才缺口。

---

① 于文谦、季城、呼晓青：《残疾人社会体育指导员人才培养问题剖析与路径优化》，《体育学刊》2020 年第 4 期。
② 赵梦娜：《北京市残疾人体育健身指导员工作现状分析》，《体育世界》（学术版）2019 年第 5 期。
③ 吴燕丹、李春晓、林立：《民生视域下残疾人体育服务人才培养的现实困境与路径选择》，《体育科学》2014 年第 3 期。

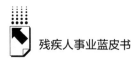

（四）残疾人康复体育的资源配置亟待优化

我国残疾人康复体育存在经费来源少、场地分配不足、设施配备不合理等现象。在资金配备方面，残疾人康复体育社会保障制度的不健全，残疾人康复体育仍作为一项社会公共服务项目，相关康复体育训练项目未能纳入医疗保险的支付项目范畴，而政府也没有针对康复体育给予稳定的专项经费拨付，导致资金投入不稳定。在专业人员配备方面，我国尚未建立多层次的社区康复人才支持库，社区残疾人康复体育工作者呈现"两低一少"的局面，即技术人员比例低、康复人员比例低、受过高等教育人员少。[①] 由于残疾人对场地器材有特殊要求，适合残疾人特点的康复体育场地设施器材的配套是否合理，是残疾人康复体育参与程度的重要影响因素。我国残疾人康复体育机构主要集中在残联机构、体育院校及社区残疾人健身示范点。大部分机构康复体育设施仍以功率自行车、康复电动跑步机、多功能训练器等健身器械为主，并没有结合残疾人的类型、功能水平、年龄特征等因素进行康复设施的合理配置，管理者和服务人员对部分体育器材的使用指南缺乏了解，无法提供正确有效的专业指导，多数康复体育场地设施形同虚设，闲置及资源浪费现象凸显。而无障碍设施配备、管理及维护不到位，也是影响残疾人尤其是重度残疾人走出家门、积极参与康复体育的重要因素。此外，根据国务院《全面健身计划（2021—2025年）》要求，主张打造线上线下一体化、综合化、智慧化、数字化全面健身功能服务平台。目前，我国专门针对残疾人康复体育的数字化平台和数据库研发项目不足，经费投入少，科学研究基础薄弱，残疾人通过线上准确快速地获得健身电子地图、体育场馆、体育培训等资源和信息的渠道尚未打通。目前我国康复体育资源配置不合理，和残疾人融入全民健身计划行列总体目标的实现仍有较大距离。

---

① 潘燕、侯春光：《社区融合理念下残疾人体育康复现状及对策研究》，《考试周刊》2014年第97期。

（五）残疾人康复体育的公众意识亟待加强

《2020 中国残疾人事业统计年鉴》数据显示，2019 我国残疾人社区文体活动参与比例仅为 14.6%[1]，明显低于 2020 年国家统计局发布的全国 7 岁以上经常参加体育锻炼人数为 37.2% 的比例[2]。我国残疾人康复体育工作存在重视程度不够、普及性差、宣传力度不到位的问题。由于受文化教育、思想观念等多种因素制约，大多数残疾人对身体的各项功能康复情况缺乏足够的信心，对康复体育缺乏科学的认识，未能建立良好的康复体育观念和意识。大部分残疾人没有认识到体育健身对于自身机能康复的重要作用，更多地选择借助医疗手段促进身体康复，造成生活成本的提高及经济负担的增加；部分残疾人对康复体育的认识仍停留在锻炼身体层面，主动接受康复体育的意愿低；此外，由于自身残疾造成的自卑感，残疾人不愿意在公众场合出现并参与康复体育活动，参与积极性不高。部分残疾人虽然对康复体育的重要性和必要性有一定的认识，但对自己所享有的优待治疗及康复体育的参与途径并不知晓，导致无法真正投入实际活动项目中。此外，体医融合复合型人才匮乏，康复医师自身康复体育认识程度不高，残疾人家属及社区工作人员相关知识普及不到位，无法给予残疾人及时的指导及推荐。以上问题都导致康复体育未能在帮助残疾群体提高身体机能、融入社会中发挥应有的积极作用。

四 残疾人康复体育展望

残疾人事业是中国特色社会主义事业重要组成部分，扶残助残是社会文明进步的重要标志。残疾人康复体育是我国残疾人体育事业发展中的重要组成部分，是实现全民健康的重要保障。"十三五"期间，我国残疾人事业取

---

[1] 中国残疾人联合会：《2020 中国残疾人事业统计年鉴》，中国统计出版社，2020。

[2] 《中华人民共和国 2020 年国民经济和社会发展统计公报》，国家统计局网站，2021 年 2 月 28 日，http://www.gov.cn/xinwen/2021–02/28/content_5589283.htm

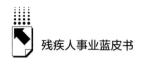

得较大成就，"十四五"时期及未来更长一段时间，由于人口老龄化及其他不确定因素增多，残疾仍会多发高发，残疾人康复体育仍面临较大挑战。但在《"健康中国2030"规划纲要》及《中华人民共和国国民经济和社会发展第十四个五年规划和2035年远景目标纲要》等政策的支持下，康复体育发展必将迎来新的发展契机，迈向蓬勃发展的新征程。要发展残疾人康复体育，下一阶段将主要从以下几个方面推动提升。

（一）纳入国家发展大局

着眼"十四五"发展和残疾人实际需要，做好康复健身体育工作顶层设计，会商国家体育总局出台《关于进一步加强残疾人康复健身体育工作的指导意见》，为维护残疾人体育权益和实现体育基本公共服务均等化提供重要保障。积极履行国务院全民健身部际联席会成员单位职责，主动参与相关事务融入国家体育事业大局。

（二）明确政府职能部分的主导作用

应充分认识残疾人康复健身体育个性化突出，且社会化、多元化强的特点，进一步突出政府在推动残疾人公共体育服务中的主体责任，主动融入事业大局，争取政府职能部门在推动残疾人康复健身体育服务中的领导、指导和支持作用，形成工作合力。同时支持中国聋协、中国盲协、中国肢协、中国智协和中国精协5个残疾人专门协会开展各类残疾人康复健身体育服务活动。

（三）深化康复健身社会保障体系及服务模式改革

推动残疾人康复体育社会保障制度改革，逐步缩小发达地区和欠发达地区之间、城市及乡镇之间残疾人康复体育发展水平的差距，确保社会保障福利高质量全覆盖，探索将康复体育项目纳入基本医疗保障支付范畴。创新残疾人康复体育服务运行模式，加大政府购买残疾人康复健身体育服务力度，扶持残疾人体育助残社会组织发展，采用"社会资本参与＋社会组织管理＋

政府购买"的多部门协作联动的康复体育服务运行模式。不断完善以残疾人"自强健身工程"和"康复体育关爱工程"为主要内容的残疾人体育服务体系。持续开展受残疾人欢迎的大众体育活动，打造康复、健身、体育三个活动品牌。

（四）完善残疾人康复体育资源配置

均衡各地区康复体育资源配置，重点加强社区资源配置，鼓励社会资本参与残疾人康复体育，鼓励企事业单位研发残疾人健身康复器材，创编普及残疾人康复健身体育项目和方法，加强残疾人康复体育配套标准的制定，推动残疾人康复体育设施配置的规范化。加强体医融合，探索体育院校运动康复治疗师入驻社区或残疾人康复机构，完善残疾人康复体育运动处方数据库。拓宽残疾人康复体育咨询获取的渠道，搭建残疾人康复体育线上服务平台，建立"互联网＋居家康复体育指导"的体医融合服务新模式。

（五）加强残疾人康复体育人才培养

打造残疾人康复体育的名师金牌课程，构建残疾人康复体育人才培训实践基地，完善残疾人康复体育人才培养体系，重点加强体育、临床、康复多学科复合型人才的培养，建立体医融合专家人才库，开办体育院校附属康复医院，搭建体育院校和医疗康复机构的互通互助平台，不断提高残疾人康复体育人才培养输出的质量。

（六）增强残疾人康复体育意识

科学健身知识普及的重要性日渐凸显，须进一步加大残疾人康复健身体育的宣教力度，持续提高全社会对残疾人体育权利、体育价值和意义的认识，积极营造社会体育扶残助残浓厚氛围；大力开展科学健身主题宣传活动，引导各级各类媒体，采取多种方式普及健身知识，弘扬健身文化，推广健康生活方式，不断增强广大残疾人科学健身意识和参与意愿。

康复体育是改善残疾人身体功能、提高其生活质量的有效途径，推动残疾人康复体育的发展，对实现《"健康中国2030"规划纲要》的战略目标有非常重要的意义。推动残疾人康复体育发展，需要将其纳入国家残疾人事业、体育事业大局，融入全民健身公共服务体系，同时列入当地"十四五"残疾人事业规划和全民健身安排。"十三五"期间，康复健身体育快速发展，"十三五"任务圆满完成。"十四五"期间，在国家各项政策方针的支持下，残疾人康复体育工作必将进入蓬勃发展的新阶段。

中国残疾人体育教育发展报告（2021）

吴雪萍*

摘　要： 本报告梳理了我国残疾人体育教育发展历程，分析了我国残疾人体育教育发展现状，"十三五"时期，残疾人体育教育全面进入改革发展与质量提升阶段，残疾人体育教育相关政策逐步完善，残疾人体育教育学校体育活动增多，残疾人体育教育基础设施持续改善，残疾人学校体育课程标准逐步完善。但是也存在体质测试标准尚未建立、体育活动针对性不足、体育课标缺失等问题。未来应当进一步明确残疾人的体育教育权利，建立体质测试标准，加快推进现代化残疾人体育教育体系改革发展，从立法的角度解决残疾人体育教育开展过程中所面临的问题。

关键词： 残疾人体育教育　特殊教育学校　体育活动

新中国成立以来，党和政府高度重视残疾人体育教育事业的发展，学校是国家实施残疾人体育教育的重要场所。残疾人体育教育政策是国家分配各种社会资源的调节器，具有资源配置和导向功能。[1] 在改革开放浪潮推动下，"残健融合"理念不仅在残疾人体育教育中发挥着重要作用，也渗透到了其他领域。然而，我国残疾人体育教育发展的最初愿景与实然状况不完全一致，政策内容涉及残障学生体育权利保护、体育活动实施等方面有多种形

---

*　吴雪萍，上海体育学院教授、博士生导师，研究方向为适应体育。

① 陈振明：《政策科学：公共政策分析导论》，中国人民出版社，2011，第51～52页。

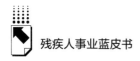

式存在，导致我国残疾人体育教育地全面推动收到制约。本报告回顾了中国残疾人体育教育发展的历程，梳理了残疾人体育教育取得的成就，厘清了当前残疾人体育教育存在的问题，并提出了中国残疾人体育教育发展的未来展望。

一 残疾人体育教育发展回顾

（一）新中国成立至改革开放的残疾人体育教育概况

新中国成立初期颁布"新体育"思想，体育运动成为培养人民勇敢、坚毅与集体主义精神的重要手段。[①] 1952 年，教育部、国家体委共同发布《学校体育工作暂行规定》，要求学校开设体育课。该阶段残疾人体育教育的对象仅包含盲聋哑三类学生。[②]

总体而言，新中国成立初期，残疾人体育教育依附于学校体育政策体系，处于一个初步探索的阶段。

（二）改革开放以来的残疾人体育教育进展

改革开放以来，残疾人体育教育快速发展，呈现以下新的特征。

一是融合共享。这一阶段相继颁布了《全日制十年制学校中学体育教学大纲（试行草案)》《关于普及初等教育基本要求的暂行规定》《义务教育法》《全日制弱智学校（班）教学计划》，大力倡导残健融合的残疾人学校体育教育理念，迎合我国残疾人教育事业改革的需要。

二是以人为本。随着残疾人教育事业改革的深入发展，国家采取多种办学形式，依据残疾人学生的身心特点，制定适切的残疾人体育教育课程，使残疾人学生在融合的环境下接受体育教育，彰显了政策重视"以人为本"

---

① 郝勤：《体育史》，人民体育出版社，2006，第 42~43 页。
② 张文鹏、王健：《新中国成立以来学校体育政策的演进：基于政策文本的研究》，《体育科学》2015 年第 2 期。

的服务理念。

三是法律保护。1995 年的《体育法》、1998 年的《特殊教育学校暂行规程》（2010 年修订）、2007 年的《关于进一步加强残疾人体育工作的意见》《残疾人教育条例》（2011 年修订）等成为残疾人体育教育的法律依据，上述法律法规要求依照不同学段学生发展的身心特点，制定不同的课程，促进残疾人体育教育实施向法律保护阶段转变，为残疾人体育教育事业有序发展提供了法律保障。

四是全面发展。2006 年修订的《义务教育法》明确了问责任制，《关于"十五"期间进一步推进特殊教育改革和发展的意见》则明晰了残疾人学生体育教育权利，《全民健身计划（2011—2015 年)》《残疾人体育工作"十二五"实施方案》等政策的出台进一步丰富了残疾人学生学校体育活动形式。

（三）党的十八大以来残疾人体育教育的发展进程

2008 年北京残奥会后，人们对残疾人体育教育的发展更为关切。中国残奥代表团在北京残奥会上取得骄人战绩，诠释了残奥健儿勇于拼搏、为国争光的精神状态，塑造了积极向上的国人形象。恰逢其时，党的十八大以来，习近平总书记提出的坚持以人民为中心的体育发展理念得到了深入贯彻。残疾人体育教育以人民为中心的体育发展理念迈入发展快车道。具体表现在以下几个方面。

一是以体促健。随着我国社会经济的持续发展，残疾人体育教育在法律的保护下不断地完善发展，教学内容与形式开始多元化。同时以学校为主阵地的残疾人体育教育逐渐得到重视，原本针对残疾人学生实行"免测"的体质健康测试也开始逐步取消，要求与健全学生一样共同享有体质健康测试的权利，更加突出残疾人参与学校体育活动带来的益处。

二是赋权增能。新时代残疾人体育教育更加注重残疾人学生体育权利、体育课程实施的个性化及体育教学质量监测的全程化。在赋权方面，继续不断强化残疾人学生的体育权利。① 2017 年国务院修订的《学校体育工作条例》指出，"实行对象包括特殊教育学校，强调学校体育工作应面向全体学生，明确了包括特殊教育学校在内每周安排 3 次以上课外体育活动，保证学生每天有 1 小时体育活动时间（含体育课）的具体要求"。同时，在上述基础上，学校可依据自身体育工作开展状况，开展具有特色的残疾人体育教育工作。例如九江市特殊教育学校开设盲人足球课程即是积极贯彻 2016 年国务院出台的《关于强化学校体育促进学生身心健康全面发展的意见》该意见提出了"一校一品"和"一校多品"的学校体育建设要求，以及鼓励增加体育课时、安排"家庭体育作业"等新要求。② 在增能方面，通过建立合作清单模式，逐渐形成了"学校—社区—家庭"的残疾人体育教育联动一体化服务模式。通过加大社区、家庭对残疾人实施体育教育的作用，以增能形式改变以往学校单一实施残疾人体育教育的主体，转向社会与家庭联合实施治理。福建师范大学"Bridge"服务团队、上海体育学院特殊人群运动能力开发与保障团队等高校志愿者团体积极与当地的特殊教育学校、社区合作，进行协同治理，旨在提升残疾人体育教育质量。

三是体教融合。体教融合是新时代残疾人体育教育的改革方针，《关于强化学校体育促进学生身心健康全面发展的意见》明确指出"注重教体结合，完善训练和竞赛体系"。2019 年国务院办公厅印发的《体育强国建设纲要》提出"实施残疾人体质健康干预计划"。2020 年国家体育总局、教育部联合印发的《关于深化体教融合　促进青少年健康发展的意见》要求学校树立"健康第一"的教育理念，深入贯彻文件提出：开齐开足体育课、丰富课余训练竞赛活动等内容提出具体要求，支撑体教融合发展路径等新要求。从体教结合到体教融合透视出我国残疾人体育教育改革工作的重要趋势和有利保障。

---

① 刘玉：《论体育公共服务均等化的内涵及意义》，《吉林体育学院学报》2010 年第 6 期。
② 毛振明、丁天翠、蔺晓雨：《新时代加强与改进中国学校体育的目标与策略：对 2007 年以来 7 个关于学校体育工作重要文件的分析与比较》，《北京体育大学学报》2021 年第 9 期。

二 中国残疾人体育教育发展现状

（一）"十三五"残疾人体育教育事业进展

"十三五"时期，残疾人体育教育全面进入改革发展与质量提升阶段，重点体现在以下方面。

一是残疾人体育教育相关政策逐步完善。"十三五"期间，《"十三五"加快残疾人小康进程规划纲要》《体育强国建设纲要》等政策文件从基础体育设施、体育课程建设、残疾人体育师资等方面进行完善，重点强调残疾人体育教育事业发展。

二是残疾人体育教育学校体育活动增多。"十三五"期间，全国各省（区、市）充分利用全国助残日、残疾人健身周、全国特奥日、国际残疾人日等残疾人节日大力组织残疾人学校体育活动；同时高等院校和中小学鼓励大中小学生参与残疾人体育活动和融合活动。

（二）2020～2021年残疾人体育教育事业进展

2020年由国家体育总局、教育部等部门联合出台的《关于深化体教融合促进青少年健康发展的意见》（以下简称《意见》）正式拉开了残疾人体教融合改革的序幕。《意见》重点提出加强学校体育工作，从学校体育赛事举办、高水平运动队建设、师资队伍建设等方面逐步完善，提出了具体的改革措施，具体表现在以下几方面。

一是具有针对性的残疾人体育教育服务逐渐增多。为深入贯彻《中国残联办公厅关于组织开展第15次全国特奥日及第11届残疾人健身周活动的通知》，2021年福建师范大学"Bridge"服务团队、上海体育学院特殊人群运动能力开发与保障团队等分别在上海市杨浦区特殊教育学校、福州市开智学校等开展特奥融合活动，这种具有针对性的残疾人体育教育活动，得到了广大残疾人的赞许。

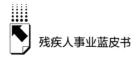

二是新冠肺炎疫情发生后开设残疾人体育线上网课。在"夺镖中国"平台支持下，大连市残疾人服务中心体育工作部开展了线上软式飞镖项目，组织全市飞镖爱好者和运动员进行线上软式飞镖活动示范教学培训，建立了线上飞镖微信交流群，全市有 40 多名残疾人运动员报名参与活动。① 扬州市通过利用江苏省中小学数字教材服务平台、国家中小学云平台、省"名师空中课堂"，提出线上教学和学习指导"一个都不少"应对办法，对包括残疾人在内的所有学生实施线上居家体育教学。②

三是残疾人奥运遗产教育逐渐受到重视，2021 年 6 月 25 日，北京冬奥组委发布《北京 2022 年冬奥会和冬残奥会遗产报告（2020）》，虽然该报告并未对残疾人奥运遗产进行详细说明，但随着国家重视程度的提高，奥运遗产教育成为大势所趋。

（三）残疾人学校体育课程标准

残疾人体育课程作为实施残疾人体育教育的重要手段，很长时间内都没有形成一套完整、系统的课程。③ 一方面国家首要任务是将残疾人群全部纳入国民普通教育体系中，让特殊教育学校成为残疾人接受体育教育的主要场所，国家也在进一步引导残疾人体育教育发展方向；而残疾人学校体育课程标准的研发与制定鲜有不足。同时随着国家大力推行"随班就读"的教育模式，大部分学校普遍以普通学生学校体育课程标准进行实施，残疾人学校体育也随普通学生学校体育课程实施，对残疾人学校体育课程缺乏针对性布置；考虑到残疾人类型较多，不同年龄层次的残疾人体育教学也存在较大差异，特殊体育师资、残疾人学校基础体育设施与体育科学研究投入不足等原因，导致残疾人学校体育课程标准的开发制定仍然没有统一的标准。

---

① 黄凤桐、姜治寒：《我市组织残疾人开展线上体育活动》，《半岛晨报》2020 年 9 月 30 日，第 1 版。
② 《9 月 1 日起扬州市中小学生启动"线上学习"》，央广网，2021 年 8 月 31 日，http：// js.cnr.cn/whly/20210831/t20210831_525585667.shtml。
③ 裴伟：《我国残疾人体育教育的演变研究（1840—至今）》，硕士学位论文，东北师范大学，2019，第 29 页。

2002 年教育部出台《全国普通高等学校体育课程教学指导纲要》进一步释放了各级学校自主设置残疾人学校体育课程的权利，极大地促进了残疾人学校体育课程改革，为残疾人学校体育课程走向标准化发展提供了重要保障。2014 年，教育部、民政部等部门联合颁布《特殊教育提升计划(2014—2016 年)》。2016 年教育部正式发布《盲校义务教育课程标准（2016 年版)》、《聋校义务教育课程标准（2016 年版)》和《培智学校义务教育课程标准（2016 年版)》，是对我国多年来特殊教育教学经验的集中总结，为我国残疾学生制定针对性、系统化、标准化的学习方案夯实基础。当然，残疾人学习体育课程除了国家实施的三类课程标准外，各级特殊学校也尝试开发制定残疾人学校体育课程。

目前，国内除了培智学校的体育教材外，还未有其他的教材针对残疾人学校体育教育课程的适应性和个性化做出重大调整。总体而言，我国残疾人学校体育课程的发展态势逐步由理论探讨转向实践研制阶段。

（四）残疾人学校体育师资培养

2012 年，国务院出台《关于加强教师队伍建设的意见》，要求"特殊教育教师队伍建设要以提升专业化水平为重点，要提高特殊教育教师培养培训质量，健全特殊教育教师管理制度"；随后，教育部联合多部门制定《关于加强特殊教育教师队伍建设的意见》，对特殊教育教师队伍建设工作做出部署。2014 年，经国务院审批，教育部等多部委联合颁发《特殊教育提升计划（2014—2016 年)》，分别就完善特殊教育教师管理制度和提高特殊教育教师专业水平进行了专项要求。[①] 上述政策文件的颁布传递出了国家高度重视残疾人学校体育师资培养的信息。

2012 年之前，我国专门培养特殊体育师资的高等院校仅 5 所，2013 年武汉体育学院加入特殊体育师资培训的队伍，残疾人体育教育师资培养院校

---

① 曹烃、王健、刘珍：《中美特殊体育教师培养模式比较研究》，《武汉体育学院学报》2016 年第 8 期。

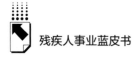

增加到 6 所。2015 年，南京特殊教育师范学院在中国残疾人联合会和江苏省人民政府共同努力下，发展成全国目前唯一一所独立设置，以培养特殊教育师资为主，兼以残疾人高等教育和残疾事业专门人才培养的省属普通本科高校。然而，目前我国特殊体育教师的数量远远不能满足残障学生的体育教育需求。[①]

（五）残疾人学校体育基础设施服务

中国残联最新统计数据显示：中国有 8500 万残疾人，约占中国总人口的 6.21%，平均每万残疾人拥有体育场地场地 0.001 个，且多数学校的体育场所是采用残健共用的方式，残健共用的目的是让残疾人与健全人共同参与，构建和谐的参与体育活动的环境，但当下残健共用似乎未达到最初的目的。"十五"期间我国综合国力不断增强，残疾人事业快速发展，残疾人服务的综合能力明显增强，全国有残疾人特殊教育学校 1662 所、特殊教育班 2700 多个。[②] 然而，从参与情况来看，普通学校体育锻炼场所成为健全学生的专属，而残疾人因为身体缺陷和学校缺乏组织等因素，在使用体育设施中仍处于弱势地位。董金昌对丹东市特殊教育学校体育设施进行调查发现，"丹东市的 5 所特殊教育学校总体规模偏小，存在体育场地设施匮乏、种类单一与数量偏少且发展不平衡，严重缺乏针对残疾学生的体育场地、器材设施配置等问题，目前状况根本达不到国家教委颁布的特殊教育学校体育设施建设标准"[③]。与丹东市相比，上海市的残疾人学校体育基础设施服务在政策引领下正逐步实施，2007 年上海市出台《上海市聋校、辅读学校教学与康复设施设备装备标准（试行）》并将其作为量化、标准化

① 陈曙、王健、罗永华：《基于全纳教育理论下体育教师培养模式研究》，《北京体育大学学报》2014 年第 5 期。
② 王占坤：《我国残疾人体育发展现状、制约因素及发展对策研究》，《山东体育学院学报》2008 年第 3 期。
③ 董金昌：《丹东市特殊教育学校体育设施情况的调查与分析》，《通化师范学院学报》2011 年第 8 期。

的检查残疾人学校体育基础设施服务的最低配套下限。[1] 另外，伴随着"全纳教育"与"融合教育"在残疾人教育的逐渐渗透、残疾人相关体育政策的逐年完善以及无障体育设施的广泛推行，各级普通学校与特殊教育学校均开始有针对性的改造残疾人无障碍体育基础设施。

三　残疾人体育教育主要存在的问题

（一）体育教育权利"倡导呼吁"

体育权利是指公民或者组织享有获得身体健康、自由体育锻炼、平等竞争的机会和资格，进而能达到最佳体质和心理健康标准的一种权利。[2] 从新中国成立以来，我国颁布的残疾人体育相关政策中多数为倡导性的框架文件，未对残疾人体育权利进行明确规定。1982 年颁布的《中华人民共和国宪法》中只是规定"国家和社会需帮助安排盲、聋哑和其他有残疾的公民劳动、生活与教育"，而未提及残疾人体育权利。虽然一些专项法规提及了残疾人体育教育，但多为倡导性条款，没有可操作性，在实施中成为"软法"。[3] 1995 年颁布的《体育法》对残疾人体育权利进行了规定，要求病残学生拥有参与体育活动的平等权利和机会，该法仍然使用"应当"而非"必须"。

（二）体质测试标准尚未建立

残疾学生体质测试的内容指标在我国部分残疾人体育教育政策中时常出现。然而，当前我国残疾学生体质采取无差别化测试，导致绝大部分政策用免修的方式来回避残疾学生的体质测试问题。这种看似是一种对残疾人的人

---

① 孙伟伟：《上海市特殊教育学校体育教育现状的调查研究》，硕士学位论文，上海体育学院，2010。
② 刘玉：《论体育公共服务均等化的内涵及意义》，《吉林体育学院学报》2010 年第 6 期。
③ 肖丽琴、谢丽娜、张永鹃：《残疾人体育》，人民体育出版社，2007，第 298～299 页。

文关怀，却在实际上剥夺了残疾学生参与体质测试的权利。2016年《"健康中国2030"规划纲要》指出"……残疾人等特殊群体的体质健康干预计划"等也仅是倡导，缺乏实际操作。我国部分残疾人体育政策文件中的体质健康内容见表1。

表1 我国部分残疾人体育政策文件中的体质健康内容

时间	政策文件名称	颁布单位	残疾人体育教育内容
2011.2	《全民健身计划（2011—2015年）》	国务院	研制国家残疾人体质测定标准,深入实施《国民体质测定标准》
2016.10	《"健康中国2030"规划纲要》	国务院	制定实施青少年、妇女、老年人、职业群体及残疾人等特殊群体的体质健康干预计划
2019.9	《体育强国建设纲要》	国务院	促进重点人群体育活动开展,制定实施青少年残疾人等群体的体质健康干预计划

（三）体育活动针对性不足

考虑到当前我国残疾学生体质测试标准未能形成体系，现有的残疾人体育教育政策未能对残疾学生参与学校体育活动进行具体探讨，其政策仅停留在倡导与呼吁层面，未就如何参与学校体育活动的目标内容、组织形式及注意事项进行明确规定，其政策内容中的"需要灵活变通""组织适合残疾学生身心特点的体育活动"等表述仍然无法摆脱政策文本而表现出一定的模糊性。近年来，中国残联组织的特奥融合活动以及各高校的助残服务团队也在积极探索残疾人体育教育活动，具有一定的示范引领作用。但面对国内庞大的残疾人群体，少数高校的助残服务团队仍然无法满足全国残疾人学校体育活动开展的需求。

（四）体育课程标准缺失

尽管国家鼓励和支持高校、职业学校设置残疾预防和康复相关专业或者开设相关课程，但在实际发展过程中，除了2016年教育部颁布的盲聋义务教育课程标准之外，其余残疾类型的体育课程未能开设。不仅如此，仔细研读《盲校义务教育课程标准（2016年版）》《聋校义务教育课程标准（2016年版）》《培智学校义务教育课程标准（2016年版）》，发现尽管三部课程标准的结构、内容设立都对本领域的残疾人体育课程的实施具有一定的针对性，但鉴于残疾程度（高、中、低）与个性化的差异性存在，这种整齐划一的课程标准实施很难保证教学质量。

四 中国残疾人体育教育未来发展的展望

（一）构建残疾人全生命周期的体育教育体系

"全生命周期是指人体正常生长的状态下，从开始到结束的整个过程，（从胚胎健康发育到出生，经过发育、成长、成熟、衰老至死亡，机体正常生存过程的时间）但它不包括疾病的因素，因为疾病过程不是正常人体所必有的。"[①] 当前我国残疾人体育教育主要还是聚焦适龄残疾学生的体育体系，如2016年教育部实施的《聋校义务教育课程标准（2016年版）》中的"体育与健康课程"也仅是覆盖义务教育的学生。而残疾人学前、高等教育阶段、社会成人及中老年阶段的残疾人体育教育体系目前尚未建立。这与我国构建残疾人全生命周期的体育教育体系还有一定的差距。为此，在体育强国建设的东风下，应补齐残疾人学前、高等教育阶段、社会成人等及中老年阶段的体育教育，将体育教育贯穿残疾人全生命周期的始终。

（二）保障残疾人合法的体育权利

深入贯彻"权益保障，法律先行"的意识。残疾人合法的体育权利要始终纳入各个残疾人体育教育相关政策中，尤其是在《体育法》、《义

---

① 肖伯谦：《健康资本论》，中国新闻联合出版社，2017。

务教育法》及《残疾人保障法》等专项较强、具有代表性的法律体系中对残疾人体育的权利进行明确规定，转变过去如"应当"这种可操作性与执行力不强的术语词汇，同时加大涉及残疾人合法体育权利的侵权执行力度与量化执行标准，参照《体育法》《残疾人保障法》等法律规定严格执行，在具体的法律裁定中，实施"救济原则"来保护残疾人体育权利不受侵害。

（三）制定残疾人体质测试标准

2008年后，我国实施无差别化的残疾学生体质测试标准有所改进，但我国目前还没有研制出残疾人体质测试标准，无法为普校、特殊教育学校体质测试提供参照。目前上海体育学院吴雪萍教授团队正在展开具体实证研究，对上海市残疾人群进行大规模的体质测试。但面对如此复杂的残疾人群体，还需国家层面出台相关政策，协同多部门共同参与，才能将制定残疾人体质测试标准进一步落地和推广。

（四）针对性地布置体育活动

有针对性的布置残疾人体育活动关键是要深入了解残疾人体育需求，尤其在体育需求与供给信息方面积极共享，依据不同类型的残障体育需求来建立个性化的体育活动。未来我国残疾人体育活动需进行针对性布置：一是特殊教育学校要长期聚焦关注不同类型残疾人的体育需求，采取针对性体育措施来满足不同类型的残疾人体育需求；二是学习美国为残疾人设计的个别化的教育计划（IEP）[①]，并按照残障人的年龄阶段进行划分（见表2）；三是将残疾人体育活动布置融入残疾人体育课堂、残健融合教学计划。当然，残疾人体育活动参与除了特定设计及组织外，配置具有针对性、适合性的体育场地设施也是至关重要的。

---

① 余向东：《残疾人社会保障法律制度研究》，中国政法大学出版社，2012，第57～58页。

表2　美国个别化体育教育对象、方法措施及意义

名称	对象	方法措施及意义
个别化的家庭服务计划（IFSP）	主要针对家庭中患有残疾，或者发育迟缓的1~2岁婴儿	发展适合婴幼儿的运动目标将与基本动作，如稳定性、体操运动。稳定性目标包括保持头部和颈部的控制，保持躯干的控制，坐或站立姿势。可以在最早的时间内知道婴幼儿残疾，为其提供恰当的身体矫正
个别化的教育计划（IEP）	主要针对在校的3~21岁残障学生	对他们的身体和运动健康进行评估，如开展个人游泳、跳舞或者群体性体育项目，采用体育项目评估他们的身体健康情况，建立一个恰当的体质测试方案
个别化的规划计划（IPP）	主要针对社区从事体力劳动工作的成年残障人	骑固定自行车、走路、跑步机上慢跑、徒步旅行、打网球或者参与有氧类运动、水上运动和舞蹈项目，确定当前身体健康水平，并设定短期、长期体育锻炼目标，吸引他们积极参与锻炼，方便进行长时间体质健康跟踪

（五）制定不同类型的残疾人体育课程标准

现有教育部颁布的盲、聋及培智学校课程标准体系略显单薄，远不能满足残疾人的体育教育需求。一是残疾人体育课程标准要符合残疾人体育教育发展的实际，将不同类型残疾人的体育教学纳入体育课程标准中；二是开发共享的残疾人体育课程教育资源，如体育教学的组织形式、教学方法、运动项目选择要基于"同伴互助"等体育资源进行共享，为未来残疾人体育课程标准的科学评价提供参照；三是建立一体化的体育课程内容体系，在完善全生命周期的体育教育体系基础上，建立不同类型残疾人体育课程标准。重点突出各学段残疾人体育教育课程内容标准的合理衔接，旨在服务于残疾人体育发展的需求，为培养全面发展的、具有健全人格的残疾人提供保障。[①]

五　结语

百年大计，教育优先；五育并举，体育为基。在普通教育快速发展的今

---

① 于素梅：《论一体化课程建设对学校体育发展的促进》，《体育学刊》2019年第1期。

天，残疾人特殊教育应当得到社会大众的关注。残疾人体育教育亦是加快推进残疾人小康进程的重要力量。新时代残疾人体育教育应当立足残疾人体育需求的实际，克服残疾人体育教育中存在的难点、痛点，为党和政府推进体育强国战略提供强大的助推力。与此同时，应当进一步明确残疾人的体育教育权利，建立体质测试标准，加快推进现代化残疾人体育教育体系改革发展，不断提高残疾人基本体育素养，从立法的角度解决残疾人体育教育开展过程中所面临的疲软问题，从而使残疾人可以充分参与现代化的体育教育过程，共享国家现代化发展成果，在推进国家治理体系及治理能力现代化基础上实现共治、共创、共建与共享，切实提高残疾人群的满足感、获得感。

地方报告
Local Reports

B.8

内蒙古自治区残疾人事业发展报告（2021）

安少杰*　内蒙古自治区残疾人联合会

摘　要： 本报告回顾了内蒙古自治区自成立以来的残疾人事业发展历程，分析了全区残疾人的基本情况，概括了"十三五"时期内蒙古自治区残疾人事业发展状况。残疾人脱贫攻坚战取得全面胜利，残疾人事业发展"十三五"规划纲要明确的目标任务圆满完成，残疾人基本公共服务"八张网"取得显著成就。但是内蒙古残疾人事业也存在发展不平衡不充分、服务精细化程度不高、县域基层服务能力弱等问题。"十四五"时期，内蒙古以推动残疾人事业高质量发展为主题，以巩固拓展残疾人脱贫攻坚成果、促进残疾人全面发展和共同富裕为主线，持续巩固和拓展残疾人脱贫攻坚成果，不断增强残疾人兜底保障能力。

关键词： 残疾人事业　残疾人保障　内蒙古

---

* 安少杰，内蒙古自治区残疾人联合会干部。

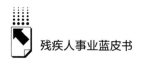
一 内蒙古自治区区情及残疾人事业发展历程

（一）内蒙古自治区区情

内蒙古自治区是中国共产党领导下建立的第一个少数民族自治区，共辖12个地级行政区，其中3个盟、9个地级市；共有103个县级行政区，其中49个旗、3个自治旗、17个县、11个县级市、23个市辖区。内蒙古位于中国北部边疆，北与蒙古国、俄罗斯两国接壤，自东向南至西分别与黑龙江、吉林、辽宁、河北、山西、陕西、宁夏、甘肃等省区毗邻。全区基本属于高原型地貌，地域狭长，呈东北－西南走向，东起大兴安岭，西抵阿尔泰山东麓，北倚蒙古高原，南连黄土高原、华北平原，向东过渡到东北平原，总面积118.3万平方公里。

新中国成立以来，在中国共产党的领导下，内蒙古各族人民在革命和建设的征程中赢得了一个又一个伟大胜利，取得了一项又一项辉煌成就，内蒙古的面貌发生了翻天覆地的变化，呈现经济繁荣发展、社会安定和谐、民族团结进步的良好局面。2020年，内蒙古地区生产总值完成17359.8亿元，其中，第一产业增加值完成2025.1亿元，第二产业增加值完成6868.0亿元，第三产业增加值完成8466.7亿元。全区一般公共预算收入完成2051.3亿元，其中，税收收入1457.8亿元，占一般公共预算收入的比重为71.1%。一般公共预算支出完成5268.2亿元。全区居民人均可支配收入31497元，全区居民人均生活消费支出19794元。根据第七次全国人口普查结果，内蒙古自治区的常住人口为24049155人，其中汉族人口为18935537人，占78.74%；蒙古族人口为4247815人，占17.66%；其他少数民族人口为865803人，占3.60%，包括回族、朝鲜族、满族、藏族、壮族、苗族、达斡尔族、鄂伦春族、鄂温克族等53个少数民族。

（二）内蒙古自治区残疾人事业发展历程

1947年5月1日，内蒙古自治区成立，成为我国最早的省级民族区域自治地方。自治区政府成立之时，设立了自治区民政部，主管包括残疾人事务在内的各项民政工作。新中国成立初期，内蒙古自治区结合本地区实际，大力发展社会救济、社会福利、特殊教育事业，在全区各地兴办社会福利院、儿童福利院、精神病人疗养院、社会福利企业和特殊教育学校等机构。残疾人组织从无到有、不断壮大，1959 年 4 月，内蒙古自治区盲人协会、聋哑人协会筹委会成立，到 1961 年 12 月，全区共有 25 个旗县市建立了统一的盲人聋哑人协会或筹委会。

在这段历史时期，内蒙古涌现了一批又一批残疾人自强模范、残疾人工作先进集体和先进个人、扶残助残先进集体和先进个人。1964 年 2 月 9 日，蒙古族小姐妹龙梅、玉荣替父亲为村集体牧羊，突遭暴风雪袭击。她们为了保护集体的羊群不致失散，顶风冒雪追逐 70 多里路，圈护受到惊吓而乱跑的羊群。集体的羊群虽然保住了，但姐妹二人都因严重冻伤而成为肢体残疾人。这一感人事迹被新闻媒体报道后，立即在社会上引起强烈反响，宣传学习"草原英雄小姐妹"英雄事迹的热潮在中华大地迅速兴起。长大后的"草原英雄小姐妹"身残志坚，一直保持英雄本色。龙梅如愿参加中国人民解放军，后转业到包头市工作，曾担任东河区政协主席等职务。玉荣曾任自治区残联执行理事会副理事长，退休之后任自治区残疾人福利基金会理事长，继续为残疾人事业贡献自己的光和热。

党的十一届三中全会后，沐浴着改革开放的春风，内蒙古残疾人事业不断取得进步，残疾人状况不断得到改善。

第一，残疾人组织机构不断健全。1988 年 7 月 30 日，内蒙古自治区人民政府批准成立内蒙古自治区残疾人联合会，随后，全区各盟市、旗县市区、苏木乡镇（街道办事处）陆续建立起这一残疾人组织。1993 年，内蒙古自治区残疾人工作协调委员会（2006 年更名为残疾人工作委员会）成立，由分管残疾人工作的自治区副主席担任委员会主任，其办公室设于自治区残疾人联合会，由同级残联理事长或副理事长兼任办公室主任。1994 年，自治区残联从民政厅分立出来，实行计划单列。为适应残疾人康复工作的需要，1990 年 4 月，自治区成立了残联直属事业单位内蒙古自治区聋儿听力

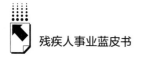

语言康复中心，后于1998年更名为内蒙古自治区残疾人康复服务中心（同时挂内蒙古自治区聋儿听力语言康复中心牌子）。1997年2月，内蒙古自治区残疾人劳动服务中心成立。

第二，残疾人康复工作稳步开展。自治区残联成立之后，开展的第一项重要工作就是残疾人"三康"，即聋儿听力语言训练、白内障复明手术、小儿麻痹后遗症矫治手术等三项残疾人康复工作。1988年，国务院批准实施《中国残疾人事业五年工作纲要（1988年—1992年）》，给自治区下达了残疾人三项康复任务。当年12月，自治区印发了《内蒙古自治区残疾人三项康复工作实施方案》，召开了全区第一次残疾人康复工作会议。1991年9月，自治区政府印发《关于加强残疾人三项康复工作的通知》，加强对三项康复工作的组织领导，强化残疾人康复工作基础建设，加大残疾人康复工作经费投入，确保如期完成残疾人三项康复工作任务。1992~1993年，自治区财政每年向三项康复工作投入超过30万元，同时每个盟市投入不低于5万元、每个旗县投入不低于1万元。这些措施为全区如期完成残疾人三项康复工作任务提供了保障。

第三，残疾人教育事业获得发展。1989年8月，全区特殊教育工作会议召开，自治区政府批转下发了《关于发展内蒙古自治区特殊教育的若干意见》。1991年，全区特殊教育学校数量达到10所，在校残疾学生人数达到457名。1992年1月2日，自治区计划委员会印发《关于自治区"残疾人职业培训中心"计划任务书的批复》，内蒙古自治区残疾人职业技术培训中心正式成立。2004年，该中心增挂内蒙古特殊职业技术学校牌子。2012年6月，经自治区编制委员会批准，更名为内蒙古特殊职业技术学校，开展残疾人中等职业技术教育，开设了中医按摩、计算机应用、会计电算化、康复技术等4个专业。

第四，残疾人就业得到有效保障。1991~1992年，自治区先后出台《内蒙古自治区社会福利企业管理暂行办法》和《内蒙古自治区关于进一步扶持发展社会福利企业的暂行规定》，社会福利企业在安排残疾人就业方面做出巨大贡献。1996年11月，自治区出台《内蒙古自治区按比例安排残疾人就业办法》，规定全区各级残疾人联合会负责按比例安排本地区残疾人就业，自治区内的用人单位要按照不低于本单位在职职工总数15‰的比例安排残疾人就业，达不到规定比例的应当缴纳残疾人就业保障金。1998年1月，正式启动按比例安排残疾人就业等就业服务工作，全区残疾人就业工作开始走向法制化、社会化。《内蒙古自治区按比例安排残疾人就业办法》实施以来的20多年，全区残疾人就业率稳步提升。

第五，残疾人法规制度不断健全。1995年6月2日，内蒙古自治区第八届人民代表大会常务委员会第十四次会议审议通过了《内蒙古自治区实施〈中华人民共和国残疾人保障法〉办法》；2004年7月1日，自治区印发了《内蒙古自治区扶持保护残疾人若干规定》；2009年2月，自治区党委、政府出台了《关于促进残疾人事业发展的实施意见》；2011年2月10日，自治区政府审议通过了《内蒙古自治区按比例安排残疾人就业办法》；2018年5月31日，自治区政府出台了《内蒙古自治区无障碍环境建设办法》。这些政府规章、规范性文件作为保障残疾人合法权益的配套制度，逐渐构成残疾人法规制度的政策框架。

内蒙古自治区残疾人联合会成立以来，各届残联理事会坚持与时俱进、不断创新，推进自治区残疾人事业不断发展。面对新形势、新任务，全区各级残联紧跟时代步伐，发挥组织优势，扛起使命、担起责任，团结带领全区残疾人在维护社会和谐稳定、促进社会文明进步上不断贡献力量。

（三）内蒙古自治区残疾人基本情况

根据第二次全国残疾人抽样调查数据，内蒙古自治区共有各类残疾人158.58万人。截至2021年10月27日，全区共有持证残疾人750347人，其中农村持证残疾人525923人，占持证残疾人总数的70.09%；城镇持证残疾人224424人，占持证残疾人总数的29.91%。全区持证重度残疾人310252人，占持证残疾人总数的41.35%，其中农村持证重度残疾人218519人，城镇持证重度残疾人91733人。

从残疾类别看，肢体残疾人数为414573人，占全区持证残疾人总数的

55.25%；视力残疾人数排在第 2 位，为 74257 人，占比 9.90%；听力残疾人数排在第 3 位，为 72230 人，占比 9.63%；精神残疾人数为 71023 人，多重残疾人数为 39288 人，两者占比分别为 9.47% 和 5.24%；智力残疾人数排在第 5 位，为 65602 人，占比 8.74%；言语残疾人数最少，为 13374 人，占比 1.78%（见表 1）。

表 1　截至 2021 年 10 月 27 日内蒙古自治区持证残疾人残疾类别分布

单位：人，%

残疾类别	残疾人数	占比
视力残疾	74257	9.90
听力残疾	72230	9.63
言语残疾	13374	1.78
肢体残疾	414573	55.25
智力残疾	65602	8.74
精神残疾	71023	9.47
多重残疾	39288	5.24
合计	750347	100

从残疾等级看，一级残疾人数为 79391 人，占全区持证残疾人总数的比重为 10.58%；二级残疾人数为 230861 人，三级残疾人数为 205869 人，两者占比分别为 30.77% 和 27.44%；四级残疾人数最多，为 234226 人，占比达到 31.22%（见表 2）。轻度（三级和四级）残疾人数为 440095 人，占比为 58.65%；重度（一级和二级）残疾人数为 310252 人，占比为 41.35%。

表 2　截至 2021 年 10 月 27 日内蒙古自治区持证残疾人残疾等级分布

单位：人，%

残疾等级	残疾人数	占比
一级	79391	10.58
二级	230861	30.77
三级	205869	27.44
四级	234226	31.22
合计	750347	100

从地区分布看，残疾人地区分布极不均衡。赤峰市残疾人数居第 1 位，接近 14.5 万人，占全区持证残疾人总数的比重接近 20%；居第 2 位和第 3 位的分别为乌兰察布市和通辽市，两市残疾人数接近，均超过 9 万人，占比也均超过 12%；阿拉善盟、满洲里市和二连浩特市的残疾人数均低于 1 万人，其中二连浩特市残疾人数不到 1000 人，三个地区残疾人数占全区持证残疾人总数的比重分别只有 0.93%、0.27% 和 0.10%（见表 3）。

表 3 截至 2021 年 10 月 27 日内蒙古自治区持证残疾人地区分布

单位：人，%

地区	残疾人数	占比
呼和浩特市	63301	8.44
包头市	50918	6.79
乌海市	12443	1.66
赤峰市	144988	19.32
通辽市	92141	12.28
鄂尔多斯市	55141	7.35
呼伦贝尔市	73542	9.80
巴彦淖尔市	57413	7.65
乌兰察布市	95055	12.67
兴安盟	60119	8.01
锡林郭勒盟	35522	4.73
二连浩特市	754	0.10
满洲里市	1999	0.27
阿拉善盟	7011	0.93
合计	750347	100

二 内蒙古自治区"十三五"残疾人事业进展

"十三五"时期，自治区各级党委、政府对残疾人事业特别关心、特别关注，各地残联组织奋发努力，社会各界关心关爱残疾人、支持残疾人事业发展的氛围日益浓厚，残疾人群众的获得感、幸福感和安全感显著增强，残

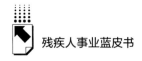

疾人事业取得了显著成就。截至 2020 年底，自治区残疾人脱贫攻坚战取得全面胜利，11.2 万建档立卡贫困残疾人全部脱贫，"全面建成小康社会，残疾人一个也不能少"的目标如期实现，自治区残疾人事业发展"十三五"规划纲要明确的目标任务基本完成。31 万困难残疾人得到生活补贴，28.5 万重度残疾人得到护理补贴，政府为 17.5 万残疾人代缴养老保险费，残疾人意外伤害保险实现全覆盖，残疾人基本康复服务人数达到 40.1 万人次，残疾人辅助器具适配服务人数达到 20.3 万人次，残疾儿童少年接受义务教育比例达到 95.3%，城镇和农村牧区残疾人稳定就业人数分别达到 1.5 万人和 12.8 万人，残疾人接受托养服务人数达到 1.3 万人，全区建立残疾人体育健身示范社区 290 个，助残志愿者注册人数达到 3.8 万人。

（一）着力推动残联改革，残联组织的政治性更加鲜明

认真贯彻落实中央和自治区党委关于党的群团工作会议精神，积极推动残联改革融入全区改革工作大局。经中国残联同意和自治区政府批准，2018 年 12 月，自治区政府办公厅印发了《内蒙古自治区残疾人联合会改革方案》，要求各地积极争取配备一定比例的残疾人干部和残联兼职、挂职副理事长。全区各地残联代表大会代表中残疾人及残疾人亲友的比例均提高到了 65% 以上，自强模范和基层一线代表的比例也都不低于 60%。各级残联新一届主席团委员中残疾人及残疾人亲友的比例均提高到了 65% 以上，自强模范和基层一线委员的比例均提高到了 35% 以上，全区各级残联组织的代表性更加凸显。深入开展"两学一做"学习教育和"不忘初心、牢记使命"主题教育，强化党对残联组织的全面领导，健全全区残联系统和残疾人社会组织的各级党组织。深入开展"四官"专项整治、民生领域整治、煤炭领域违规违法问题排查整治和矿产资源领域突出问题专项整治，并在全区残联系统广泛开展"学听跟"活动。

（二）着力加强政策保障，残疾人事业发展政策体系日臻完善

为不断健全残疾人事业发展政策体系，自治区政府出台了《内蒙古自

治区残疾人事业发展"十三五"规划纲要》《关于加快推进残疾人小康进程的实施意见》《内蒙古自治区打赢脱贫攻坚三年行动实施意见（2018—2020年)》《内蒙古自治区人民政府关于建立残疾儿童康复救助制度的实施意见》等一系列指导政策。自治区残工委各成员单位密切协作，联合印发了《内蒙古自治区产业扶持助残扶贫行动实施方案》《着力解决因残致贫家庭突出困难的实施方案》《内蒙古自治区关于促进按比例安排残疾人就业的实施意见》等扶残惠残政策文件。各地区有关部门及时研究出台相应的配套措施，残疾人事业发展政策体系框架基本形成。

（三）着力强化社会保障，残疾人脱贫奔小康圆满收官

深入学习贯彻习近平总书记关于脱贫攻坚工作的重要论述和重要讲话精神，协调自治区 25 部门印发了《贫困残疾人脱贫攻坚行动计划（2016—2020 年)》，与北京市残联签署了 2019 ~ 2020 年贫困残疾人扶贫协作协议。全面建立困难残疾人生活补贴和重度残疾人护理补贴制度，全区困难残疾人生活补贴标准由 2015 年的城镇每人每月 50 元、农村牧区每人每月 30 元均提高到 2019 年的每人每月 100 元，重度残疾人护理补贴标准由每人每年 500 元提高到每人每年 1200 元。将符合条件的残疾人纳入城乡低保、城镇集中供养范围，成年重度残疾人单独立户，单独申请最低生活保障。政府为重度残疾人代缴的养老保险费由每人每年 100 元提高至每人每年 200 元。自 2018 年起，共为全区 31.5 万重度残疾人购买了意外伤害保险。2019 年，将残疾人意外身故和再次残疾保额由 3 万元提高至3.5 万元，意外伤害医疗保额由 3500 元提高至 4000 元。2020 年，在维持原保额的基础上，保险范围扩大至 0 ~ 59 周岁持证残疾人，将 59 周岁以上的残疾人纳入老年人意外伤害保险项目，实现了残疾人意外伤害保险全覆盖。着力推进残疾人住有所居，帮助 5.2 万户城乡困难残疾人家庭改善了住房条件。安排资金 2304.2 万元，为 89860 人次残疾人发放机动轮椅车燃油补贴。截至 2019 年，共安排资金 5476.8 万元，为 14268 户贫困重度残疾人家庭实施无障碍改造。不断完善对残疾人的政府兜底保障办法，

出台《内蒙古自治区人民政府关于建立残疾儿童康复救助制度的实施意见》，使全区符合标准的 0～7 岁残疾儿童得到康复救助。

（四）着力提升服务能力，残疾人基本公共服务"八张网"越织越密

一是进一步织牢织密残疾人精准康复服务网。认真落实国务院《残疾预防和残疾人康复条例》，自治区政府办公厅印发了《关于贯彻落实国家残疾预防行动计划（2016—2020 年）的实施意见》。将康复综合评定等 29 项医疗康复项目纳入基本医疗保险支付范围，进一步提高了残疾人医疗康复保障水平。建立精准康复服务组织管理体系、技术指导网络和服务网络，健全医疗机构与残疾人专业康复机构双向转诊制度。开展残疾人精准康复服务行动，为 423010 人次残疾人开展基本康复服务，残疾人家庭医生签约率达到 70.68%。兴安盟残疾人康复中心被国家确定为"全人发展观"社区康复服务示范项目。全面救助符合条件的残疾儿童，救助经办服务实现旗县级全覆盖。呼和浩特市出台《呼和浩特市人民政府关于建立残疾儿童康复救助制度的实施意见》，残疾儿童救助范围从 0～7 岁扩大为 0～10 岁，康复训练救助标准由自治区的每人每年 15000 元提高至每人每年 20000 元。加快康复辅助器具产业发展，在 2 个盟市、5 个旗县开展残疾人基本辅助器具适配补贴制度试点，为 214108 人次残疾人开展了辅助器具适配服务。与北大工学院、包头市政府合作，在包头市建立了假肢研发基地。启动自治区残疾人综合服务园建设，完成选址和项目建设前期论证工作。

二是进一步织牢织密就业服务网。举办全区第四届残疾人职业技能竞赛，全区组织"助残脱贫·决胜小康"主题活动以及残疾人专场就业招聘会 69 场次。残疾人就业培训实现实名制统计。持续开展残疾人实用技术培训和贫困残疾青壮年扫盲教育，对 1.4 万名贫困残疾青年开展了扫盲教育，21 万城镇残疾人实现稳定就业。累计为 10.6 万人次农村牧区残疾人开展了种植和养殖实用技术培训，农村牧区残疾人的实际就业人数达到 14.2 万人。全区按比例安排残疾人就业及残疾人就业保障金审核征收与税务局金税三期系统数据共享共联，实现信息化管理，安置残疾人就业达 3 万人。

三是进一步织牢织密托养服务网。各级政府把残疾人基础服务设施建设纳入了基本公共服务建设总体规划。五年来，中央和自治区共计投资 5.6 亿元用于全区 81 所残疾人康复、托养机构建设。实施了"阳光家园计划"——智力、精神和重度残疾人托养服务项目，为 1.3 万余名残疾人提供社会化托养服务。分年度、分批次开展街道残疾人温馨家园建设，全区补贴建设残疾人温馨家园 171 个，其中 103 个已建成并投入运营。

四是进一步织牢织密特殊教育服务网。建立未入学残疾儿童调查通报制度，对 11885 名学前教育机构的残疾儿童进行补贴。实施《内蒙古自治区第二期特殊教育提升计划（2017—2020 年）》，特殊教育学校生均公用经费每年达到 6000 元以上。通过随班就读、特校就读、送教上门等方式，保障残疾学生接受教育权利，义务教育阶段残疾儿童少年入学率达 95.34%。残疾人中等教育不断发展，积极改善内蒙古特殊职业技术学校办学条件，新建综合教学楼于 2019 年投入使用。印发实施《关于做好全区资助残疾大学新生工作的通知》，对升入普通高等院校的残疾学生一次性资助 1000~3000 元。实施残疾人青壮年文盲扫盲项目，将其列入自治区打赢脱贫攻坚战三年行动计划，取得较好的社会效益。

五是进一步织牢织密文化体育服务网。开展自治区残联成立 30 周年系列宣传活动，建立"内蒙古残联牵手同行"微信公众号，推动自治区残疾人综合服务平台建设。广泛开展"残疾人文化周"活动，创建残疾人文化体育示范点，全区共建立残疾人体育健身示范社区 290 多个，为 2000 户残疾人家庭实施康复体育进家庭项目。扶持自治区残疾人图书馆、盟（市）公共图书馆盲人阅览室、残疾人文创基地建设，3 个残疾人文创企业被命名为全国首批残疾人文化创意产业基地。参加第九届全国残疾人艺术汇演，获得 1 个特别奖、1 个一等奖、5 个二等奖和 9 个三等奖。积极发展残疾人竞技体育，成功举办全区第五届残疾人运动会，首次实现全区残健运动会同城同步举办。"十三五"期间，内蒙古自治区残疾人在各类国际体育赛事中获得 7 枚金牌、4 枚银牌、4 枚铜牌，在各类国内体育比赛中获得 12 枚金牌、15 枚银牌、21 枚铜牌。

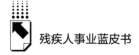

六是进一步织牢织密无障碍环境服务网。2018 年修订颁布了《内蒙古自治区无障碍环境建设办法》，自治区残联等 13 个部门联合出台《内蒙古自治区无障碍环境建设"十三五"实施方案》，为 14268 户贫困重度残疾人家庭实施了无障碍改造，残疾人可在市内免费乘坐公交车，全区无障碍环境明显改善，残疾人出行和参与社会生活更加便利。各盟市全部开设了盲人图书馆，大部分旗县建立了盲人阅览室。乌兰察布市（中心城区）、二连浩特市、乌兰察布市集宁区等 8 个市县村镇申报参加"十三五"无障碍环境市县村镇创建工作。

七是进一步织牢织密社会化助残服务网。出台《内蒙古自治区助残志愿者管理办法》，全区助残志愿者人数达 1.76 万人，开展扶持助残项目 4000 余个，覆盖城乡的志愿助残工作组织网络基本形成。组织广大助残志愿者和志愿服务组织进社区、进农村、进家庭，为残疾人献爱心、送温暖。自治区团委、自治区残联持续开展"阳光助残"志愿服务行动。支持开展全区"光明行"社会公益活动，每年为困难家庭白内障患者免费实施复明手术 3000～5000 例。会同中国市长协会、爱尔公益基金会和美国斯达克听力基金会实施斯达克"世界从此欢声笑语"中国（内蒙古）听力患者助听器救助项目，为呼和浩特市、呼伦贝尔市建档立卡的 6101 名贫困听力残疾人现场实施助听器免费验配，共验配助听器 11988 台，总价值 8367 万元。自治区残联和自治区残疾人福利基金会共同发起了"大爱北疆·助康圆梦"助残公益行动，动员全社会力量参与各类残疾人救助行动。

八是进一步织牢织密法律维权服务网。广泛开展"七五"普法宣传活动，为残疾人普法达 10 万人次。自治区残联、高级人民法院、司法厅联合出台《关于建立残疾人维权联动工作机制的实施意见》。畅通残疾人信访渠道，建立残疾人信访接待工作月分析报告、"12385"残疾人服务热线工作月分析报告制度。完善残疾人法律救助体系，设立 12 个盟市级、97 个旗县级残疾人法律救助站，全区"12385"残疾人服务热线与"12348"公共法律服务热线互通联动，盟市级"12385"残疾人服务热线实现全覆盖。

（五）着力夯实基层基础，残疾人事业发展基础得到巩固

2018 年 7 月 18 日，内蒙古自治区残疾人联合会第七次代表大会如期召开，会议提出了新时期发展残疾人事业的总体思路、奋斗目标和保障措施。中国残联主席张海迪出席开幕式并发表讲话，时任自治区党委书记李纪恒和自治区主席布小林会见了与会代表。大力加强残联领导班子、干部队伍建设和基层组织建设，进一步扩大残疾人组织覆盖面。加强基层残疾人工作者教育培训，持续实施残疾人"强基育人"工程。形成残疾人专职委员待遇保障长效机制，自治区财政给予每个嘎查村每年1000 元的工作补贴。中央预算内投资内蒙古自治区的"十三五"社会服务兜底工程（残疾人服务体系）项目共 40 个，其中已竣工 18 个（投入使用 10 个），建设任务完成率达到 45%，在建和筹建 22 个，残疾人康复、托养及综合服务设施建设得到加强。投入资金 1126 万元，资助 56个旗县（市、区）辅助性就业机构建设。建设残疾儿童康复定点机构150 个，开设残疾儿童康复救助经办机构 105 个，进一步提升了基层残疾人综合服务能力。每年开展残疾人基本服务状况和专项需求调查及信息数据动态更新工作，全区残疾人信息数据动态更新 App 采集率达到93.3%。认真开展残疾人证清理工作，修订印发了《内蒙古自治区残疾人证管理实施细则》，加快推进第三代智能残疾人证推广工作。召开全区残疾人自强模范暨助残先进表彰大会，对残疾人自强模范及助残先进进行了大力表彰。各级残疾人专门协会进一步活跃，国家语委、中国残联将自治区盲协和赤峰市特校分别确定为国家通用盲文、手语改革试点地区和单位，残疾人专门协会开展的"中途之家""站立计划——西部中壮年贫困股骨头坏死患者救治项目""牵着蜗牛去散步"等活动，受到残疾人群众广泛好评。残疾人福利基金会建设不断加强，五年来，共募得款物合计 1.26 亿元，直接受益残疾人 10 万余人，"集善工程""感恩社会·温暖草原"等慈善性项目成为自治区扶残济困的慈善品牌。

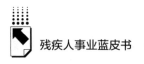
残疾人事业蓝皮书

（六）残疾人事业发展的基本经验及存在的不足

回顾总结内蒙古自治区残疾人事业发展，特别是党的十八大以来残疾人事业取得的显著成绩和宝贵经验，主要有以下六个方面。第一，发展残疾人事业必须坚持和强化党的全面领导，确保在思想上和行动上同以习近平同志为核心的党中央保持高度一致。第二，必须深入贯彻落实中央党的群团工作会议精神，全面落实自治区残联改革方案，强化残联组织作为群团组织的政治属性，切实增强残联组织的政治性、先进性、群众性，充分发挥残联组织作为党和残疾人群众之间的桥梁纽带作用。第三，党委、政府及其有关部门密切配合、通力协作，社会组织、社会公众广泛参与，是残疾人事业发展的社会基础。同时，营造人人关心、支持残疾人事业的浓厚氛围。第四，必须把解决残疾人需求作为残疾人工作的根本出发点和落脚点。第五，必须坚持依法管理，切实保障和维护残疾人合法权益。第六，必须坚持发挥残疾人的积极性、主动性和创造性。

"十三五"以来，在自治区党委和政府的高度重视下，在各有关部门和社会各界的关注支持下，自治区各级残联组织带领广大残疾人群众不懈奋斗，残疾人事业实现了快速发展，残疾人的获得感、安全感、幸福感不断增强，为全区社会稳定健康发展做出了贡献，但同时也面临一系列困难和挑战。

首先，残疾人事业发展不平衡不充分。残疾人事业发展质效还存在地区之间、城乡之间不平衡不充分的现象，残疾人事业发展仍低于经济社会发展水平；内蒙古自治区部分旗县财政困难，从各地出台和实施的残疾人社会保障政策措施情况来看，在兜底保障、提标扩面方面距离财政状况较好的旗县还有一定差距，残疾人的总体生活状况仍低于全区平均水平。

其次，残疾人基本公共服务建设均等化、精准化程度有待提升。残疾人在基本生活、康复、教育、就业等方面还有很多实际困难。无障碍环境建设水平存在地域和城乡差距，一些地区无障碍设施数量较少，规范化、系统化程度不高。主要原因在于有些地方政府对无障碍环境建设重视程度不够，设施建设和维护的专项经费保障不到位。社会上歧视残疾人、侵害残疾人权益的现象还时有发生。在不断提高残疾人社会保障水平的同时，亟待加强残疾人基层文化服务工作。

最后，县域基层残疾人综合服务能力有待加强。很多地区残疾人基础服务设施建设滞后，缺乏配置设备和设施运营的经费保障。各地区推进残联改革工作不够平衡，还存在明显差距。

三　内蒙古自治区"十四五"残疾人事业展望

2021年11月17日，内蒙古自治区人民政府常务会议审议通过了《内蒙古自治区"十四五"残疾人事业发展规划》。"十四五"时期，内蒙古将按照党中央、国务院决策部署，以推动残疾人事业高质量发展为主题，以巩固拓展残疾人脱贫攻坚成果、促进残疾人全面发展和共同富裕为主线，持续巩固和拓展残疾人脱贫攻坚成果，不断增强残疾人兜底保障能力。

（一）建立稳定可靠的残疾人社会保障机制，增强残疾人兜底保障能力

一是巩固拓展残疾人脱贫攻坚成果。强化兜底保障措施，健全防止返贫致贫监测和帮扶机制，及时对返贫残疾人和新致贫残疾人给予帮扶，实现巩固拓展残疾人脱贫攻坚成果与乡村振兴战略有效衔接。

二是健全困难残疾人救助保障机制。健全低收入人口动态监测机制，为符合条件的残疾人和残疾人家庭提供特困人员救助供养。逐步提高残疾孤儿生活费标准，提升儿童福利机构安全管理水平和服务质量。加强残疾孤儿、事实无人抚养残疾儿童医疗、康复、教育等服务，提升儿童福利机构安全管理水平和服务质量，健全医疗救助制度。

三是健全残疾人社会福利保障机制。推动建立托养照护补贴制度，落实托养服务机构扶持政策，拓展智慧健康养老助残服务，构建"互联网＋"日间照料、居家服务、邻里互助、养老助残服务供给体系。

四是健全残疾人综合保险保障机制。帮助残疾人按规定加入基本养老保险和基本医疗保险，落实政府为重度残疾人参加城乡居民养老保险和残疾人个体工商户、安置残疾人就业单位社会保险补贴制度。充分发挥商业保险在社会保障体系中的补充完善作用，鼓励残疾人参加补充养老、补充医疗等商业保险。

五是健全残疾军人和伤残民警抚恤优待保障机制。加强突发公共事件中对残疾人的保护，做好重大疫情防控期间对残疾人的生产生活帮扶工作。加强残疾人应对重大疫情和突发灾害的技能培训，增强残疾人自救互救能力。

（二）营造良好就业环境，激发残疾人创业创新活力

一是加强残疾人就业创业政策保障。建立按比例就业年审制度，实现全国联网认证和跨省通办。推进党政机关、事业单位和国有企业按照工作需要设置符合残疾人就业的岗位，对自主创业、灵活就业的残疾人，按规定给予相关补贴。对符合条件的残疾大学生在见习期间给予一定标准的补贴。对正式招录（聘）残疾人的用人单位按规定给予岗位补贴、社会保险补贴、职业培训补贴、设施设备购置改造补贴、职业技能鉴定补贴，对超比例安排残疾人就业的用人单位给予奖励。符合条件的残疾人按规定享受低保渐退、就业成本扣除等政策。对残疾人就业创业典型和为残疾人就业做出突出贡献的单位、个人给予表彰和奖励。

二是提高残疾人就业创业技能。建立一批残疾人职业培训实训基地和创业孵化示范基地，健全残疾人就业辅导员队伍工作管理机制，扶持建设一批残疾人技能大师工作室，激励残疾人竞相就业创业。

三是拓宽残疾人就业创业服务渠道。整合各级各类人力资源机构、职业培训机构，创新残疾人就业服务供给方式。对残疾人集中就业单位实行税费优惠、政府优先采购等措施，稳定残疾人集中就业，支持辅助性就业机构，组织智力残疾、精神残疾和重度肢体残疾等就业困难残疾人从事相应的生产劳动。实施手工制作等残疾妇女就业创业项目。对就业困难的残疾大学生开展"一人一策"重点帮扶工作。

（三）改善康复服务供给，提高残疾人健康水平

一是积极开展残疾预防。加强出生缺陷综合防治，有效降低新生儿残疾发生率。加强对地方病和重大疾病慢性病的防控，减少因灾害、事故、职业伤害等致残的概率。

二是提升残疾人康复质量。改善医疗卫生服务，全面推进残疾人家庭医生签约服务，加强残疾人心理健康服务。

三是落实残疾儿童康复救助制度。科学合理确定各类康复救助标准，增加康复服务供给，严格执行儿童康复机构准入规定，提升残疾儿童康复服务机构规范化水平。开展残疾儿童早期干预试点，支持儿童福利机构增加和完善康复功能，提升康复服务专业化水平，促进残疾儿童健康发展。

四是提高残疾人辅助器具服务水平。推广普及安全适用的基本型康复辅助器具。推动建立残疾人基本辅助器具适配补贴制度。加强自治区康复辅助器具中心和自治区残疾人辅助器具区域服务中心建设，发挥辐射带动作用。

五是加强残疾人康复服务能力建设。健全综合医院、康复医院和残疾人康复中心、基层医疗卫生机构三级康复体系，建立"互联网＋残疾人康复"体系，实现康复机构与医疗卫生机构资源信息共享和交流合作。

（四）发展残疾人教育文化体育事业，提升残疾人综合素质

一是完善残疾人教育体系。建立教育部门、残联数据共享与业务协同机制。加快发展医、康、教融合残疾儿童学前教育，提高适龄残疾儿童少年义务教育普及水平和巩固率，采取多种形式开展残疾儿童就学安置。健全送教上门机制，积极推进融合教育，优化残疾儿童少年随班就读支持保障体系。加强以职业教育为重点的残疾人高中阶段教育，鼓励普通高中招收具有接受普通教育能力的残疾学生。落实残疾大学新生入学资助政策。进一步科学规划残疾人职业教育专业布局，积极开展产教融合实践，逐步建立残疾人职业教育职业资格认证制度。改善特殊教育办学条件，推动建设内蒙古特殊教育大学。

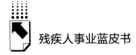

残疾人事业蓝皮书

二是提升残疾人公共文化服务水平。推动基层创建一批残健融合文化服务示范中心，开展残疾人群众性文化活动。

三是大力发展残疾人体育事业。积极推进残疾人体育训练基地建设。进一步落实并完善残疾人参加国际、国内体育赛事奖励机制。举办全区第六届残运会暨特奥会，备战第十一届、十二届全国残运会暨特奥会。

（五）推进法治化和无障碍建设，保障残疾人享有平等权利

一是提高残疾人事业法治化水平。促进残疾人知法、懂法、守法、用法，对涉及保障残疾人权益的政策法规开展反残疾人歧视评估。

二是加强残疾人法律服务和权益维护。建立健全残疾人权益维护应急处置机制。

三是全面加强无障碍环境建设。推动自助公共服务设施无障碍建设和改造。为困难重度残疾人，失能、半失能老人提供家庭无障碍或适老化改造。加快推广无障碍公共厕所。完善公共交通无障碍设施，落实无障碍停车位设置规定，保障残疾人、老年人等群体通行安全和使用便利。

四是提升信息无障碍建设水平。将信息无障碍作为数字政府、数字社会、智慧城市建设的重要内容，城市主要道路、主要商业区和大型居住区的人行通道信号灯安装过街音响提示装置，公共汽车和轨道交通安装字幕、语音报站装置。

（六）强化基层基础建设，为残疾人事业高质量发展创造良好条件

一是加强残联组织建设。深化残联组织改革，规范盟市、旗县（市、区）残联内设机构，加强苏木乡镇（街道）残联组织和残疾人专门协会建设。

二是强化残疾人事业干部队伍建设。旗县级以上残联残疾人干部的比例达到15%以上，同时配备残疾人领导干部和兼职、挂职副理事长。完善残疾人青年骨干培训机制，加强对残疾人工作者培训力度。

三是推动残疾人基础服务设施建设和有效运转。积极推动内蒙古盲人按摩（康复）医院、内蒙古残疾人康复中心（医院）、内蒙古残疾人托养服务中心、内蒙古残疾人文化体育康复中心项目建设。实现每个盟市各有一所专业化、区域性的残疾人康复、托养服务设施，旗县级建成残疾人综合服务设施。建设自治区残疾人就业服务示范中心，盟市普遍设立残疾人就业服务大厅。

四是加快残疾人事业信息化建设。推进云计算、大数据、互联网等信息技术与残疾人服务深度融合。

（七）构筑强有力支撑体系，为残疾人融合全面发展提供有力保障

一是加强党对残疾人工作的全面领导。

二是大力发展残疾人慈善事业推动志愿助残服务。持续开展"大爱北疆·助康圆梦"公益行动。完善志愿助残工作机制，发展壮大助残志愿者队伍。

三是整合社会资源增强扶残助残工作力量。鼓励群团组织和社会组织、企事业单位等实施助残慈善项目，形成多渠道、多元化投入格局。

四是营造残疾人事业发展良好氛围。将扶残助残纳入公民道德建设、文明创建活动。组织开展好全国助残日、残疾预防日、国际残疾人日等时间节点的主题宣传活动。充分发挥自治区融媒体平台作用，积极打造残疾人事业网络宣传阵地。

五是激发残疾人内生动力。鼓励残疾人挖掘自身潜能，增强创业主动性，积极融入社会，以实际行动为社会主义现代化建设贡献力量。

六是积极开展残疾人事业对外合作交流，重点推进中蒙、中俄残疾人事业合作交流。

预计到 2025 年，多层次的残疾人社会保障制度基本建立，多形式的残疾人就业支持体系基本形成，残疾人就业更为充分、质量更高。精准化的残疾人康复服务体系基本形成，均等化的残疾人基本公共服务体系更加完备，残疾人事业法治化水平明显增强，无障碍环境持续优化，残疾人在政治、经

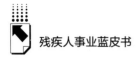

济、文化、社会、家庭生活等各方面的权益得到更好实现，残疾人的获得感更足、幸福感更多、安全感更强。

四　结语

残疾人事业是中国特色社会主义事业的重要组成部分。习近平总书记强调："不断满足人民群众对美好生活的需要，必须保护好残疾人权益，残疾人事业一定要继续推动"[①]，全面建设社会主义现代化国家，决不能让残疾人掉队。立足新发展阶段，内蒙古残联系统广大工作者正以饱满的工作热情和崭新的精神风貌，深入贯彻新发展理念，全面贯彻落实党中央、国务院重大部署，在自治区党委、政府的坚强领导下，团结奋斗、顽强拼搏，以更加务实的作风、更加扎实有效的工作，奋力书写新时代内蒙古残疾人事业高质量发展新篇章，为"建设亮丽内蒙古，共圆伟大中国梦"做出更大贡献。

---

① 《坚守人民情怀，走好新时代的长征路——习近平在湖南考察并主持召开基层代表座谈会纪实》，"新华社"百家号，2020年9月20日，https：//baijiahao.baidu.com/s？id=1678345656592143591&wfr=spider&for=pc。

B.9
新疆维吾尔自治区残疾人事业
发展报告（2021）

朱明宏*　新疆维吾尔自治区残疾人联合会

摘　要： 2020 年，新疆维吾尔自治区残疾人事业取得重大进展，通过实施精准脱贫，困难残疾人基本民生得到稳定保障，残疾人就业创业积极推进，残疾人教育稳步推进，残疾人基本公共服务质量全面提升，残疾人事业发展基础条件极大改善，新疆维吾尔自治区圆满完成了各项残疾人事业发展指标。本报告还总结了新疆维吾尔自治区残疾人事业面临的挑战，并展望了"十四五"期间新疆维吾尔自治区残疾人事业的发展方向。

关键词： 残疾人事业　残疾人保障　新疆

一　新疆维吾尔自治区区情及残疾人事业发展历程

（一）新疆维吾尔自治区区情

新疆维吾尔自治区地处祖国西北，位于亚欧大陆腹地，与 8 个国家接壤，总面积 166.49 万平方千米，占中国陆地国土面积的 1/6。新疆自古就是多民族聚居、多文化交汇、多宗教并存的地区，是东西方文明交流的重要通道。目前，新疆共生活着 56 个民族，是中国民族成分最全的省级行政区

---

* 朱明宏，新疆维吾尔自治区残疾人联合会干部。

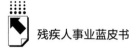

之一,主要有维吾尔族、汉族、哈萨克族、蒙古族、回族、柯尔克孜族、满族、锡伯族、塔吉克族、达斡尔族、乌孜别克族、塔塔尔族、俄罗斯族等13个民族,其中超过100万人口的有维吾尔族、汉族、哈萨克族和回族。2020年第七次全国人口普查初步汇总数据显示,新疆总人口2585.23万人,其中汉族人口1092.01万人,少数民族人口1493.22万人。新疆有14个地(州、市),其中北疆9个、南疆5个。2020年,北疆人口1330.91万人,占总人口的51.48%;南疆人口1254.32万人,占48.52%。2020年,新疆城镇人口1461.36万人,乡村人口1123.87万人,分别占总人口的56.53%、43.47%。

2020年,新疆经济运行持续回升,发展效益提升,各项社会事业全面发展,"十三五"规划主要目标任务顺利完成。全年实现地区生产总值13797.58亿元,比上年增长3.4%。全年城镇新增就业46.11万人,城镇就业困难人员实现就业4.21万人。

脱贫攻坚战取得决定性成就。按照现行农村贫困标准计算,全疆306.49万农村贫困人口全部脱贫,3666个贫困村全部退出,35个贫困县全部摘帽。

(二)新疆维吾尔自治区残疾人事业发展历程

新疆残疾人事业的发展大致经历了两个历史时期:第一个历史时期是从中华人民共和国成立至1978年;第二个历史时期是1978年以来,中国进入改革开放至全面建成小康社会的历史时期,残疾人事业实现跨越式发展。在第二个历史时期,全疆残疾人工作经历了三个发展阶段,迈开了三大步。1978~1988年是残疾人工作恢复起步阶段。中国共产党十一届三中全会确定了全党工作以经济建设为中心,这是全党、全军、全国各项事业发展的一个转折点,也是新疆残疾人事业发展的一个转折点。新疆盲人聋哑人协会恢复工作,组建了统一协调残疾人工作的福利基金会。开展了残疾人状况调查和对外友好交流,做了一些基础性工作,奠定了残疾人事业的基础。1989~2000年为第二阶段,这是自治区残疾人事业快速发展、苗壮成长的阶段。1989年3月，新疆维吾尔自治区残疾人第一次代表大会召开，自治区残疾人联合会正式成立。残联由民间组织转向事业性组织，明确了"代表、服务、管理"的职能。这是残疾人工作机构发展历史上的一个重大突破。从1989年10月石河子市残疾人联合会成立，到1991年9月，自治区地（州、市）、县（市、区）残疾人联合会相继建立。1990年1月，自治区第七届人大常委会第十二次会议批准了乌鲁木齐市人大常委会通过的《乌鲁木齐市保护残疾人合法权益暂行规定》。这是自治区范围内第一部专门针对残疾人康复、就业、教育、生活等方面的地方性法规。1990年12月，自治区人民政府成立残疾人事业领导小组。1993年11月，自治区人民政府决定在残疾人事业领导小组基础上，成立自治区残疾人工作协调委员会。1994年1月，自治区人民政府颁发《关于贯彻新疆维吾尔自治区实施〈中华人民共和国残疾人保障法〉办法的通知》。2000年，自治区残疾人工作进入法制化、有组织、有目的的工作阶段，各项工作全面推进并向广度深度发展，形成残疾人事业发展的基本格局。在组织上建立健全各级残联组织，做好残联组织的升级转型；在理论上强化了对现代文明社会新残疾人观的学习、理解和贯彻；在保障残疾人权益上加强了残疾人工作立法和制度建设，做到有法可依、有章可循；在业务上按比例安排残疾人就业，举办就业培训，实施残疾人康复训练，加强残疾人基础设施建设等。残疾人事业达到新水平，使残疾人获得实实在在的利益，为残疾人事业在新世纪持续健康发展创造了条件。2001~2020年自治区残疾人事业进入新阶段，在新的起点上取得新的突破。2006年6月，自治区人民政府残疾人工作协调委员会更名为自治区人民政府残疾人工作委员会。自治区残联抓住西部大开发和共建"一带一路"的历史机遇，通过实施"十五"计划和"十一五""十二五""十三五"规划，新疆残疾人事业实现跨越式发展。抓住城市管理体制改革和政府管理职能转变的机遇，加快残疾人服务设施、城市无障碍建设，加强街道残联组织建设，推进残疾人服务体系建设，强化农牧区乡镇补贴制度和医保社保、医疗康复、住房以及其他救助措施，使各族残疾人分享改革开放和经济发展的成果，改善了残疾人生活状况，建立了促进增长的财政投入保障机制，构建了残疾人社会保障体系和服务体系的框架。

（三）新疆维吾尔自治区残疾人基本情况

根据第二次全国残疾人抽样调查数据，新疆共有各类残疾人106.9万人。截至2021年6月，全疆持有第二代残疾证的残疾人521669人，其中农村持证残疾人358672人，占持证残疾人总数的68.75%；城镇持证残疾人162997人，占持证残疾人总数的31.25%。全疆持证重度残疾人212186人，占持证残疾人总数的40.67%，其中农村持证重度残疾人148648人，城镇持证重度残疾人63524人。

从残疾类别看，肢体残疾人数为258594人，几乎占到全区残疾人数的一半；视力残疾人数居第2位，为70059人，占比为13.43%；听力残疾人数居第3位，为51907人，占比接近10%；精神残疾人数和多重残疾人数相差不大，两者占比分别为8.57%和8.55%；智力残疾人数居第6位，为40765人，占比为7.81%；言语残疾人数最少，为10997人，占比为2.11%（见表1）。

表1　截至2021年6月新疆维吾尔自治区持证残疾人残疾类别分布

单位：人，%

残疾类别	残疾人数	占比
视力残疾	70059	13.43
言语残疾	10997	2.11
精神残疾	44730	8.57
多重残疾	44617	8.55
智力残疾	40765	7.81
肢体残疾	258594	49.57
听力残疾	51907	9.95
合计	521669	100

从残疾等级看，随着残疾程度的减轻，新疆维吾尔自治区残疾人数呈现增加的态势。其中一级残疾人数68162人，占持证残疾人总数的比重为

13.07%；二级残疾人数和三级残疾人数接近，两者占比分别为 27.61% 和
28.38%；四级残疾人数最多，为 161450 人，占比达到 30.95%（见表2）。
轻度（三级和四级）残疾人数为 309483 人，占比接近 60%；重度（一级和
二级）残疾人数为 212186 人，占比约为 40%。

表2　截至 2021 年 6 月新疆维吾尔自治区持证残疾人残疾等级分布

单位：人，%

残疾等级	残疾人数	占比
一级残疾	68162	13.07
二级残疾	144024	27.61
三级残疾	148033	28.38
四级残疾	161450	30.95
合计	521669	100

从地区分布看，南疆经济社会发展相对滞后的阿克苏地区、克孜勒苏柯
尔克孜州、喀什地区、和田地区四地（州）残疾人数为 25.48 万人，占全
疆持证残疾人总数的 48.85%（见表3），四地（州）总人口为 1032.9 万
人，占全疆总人口的 40% 左右。

表3　截至 2021 年 6 月新疆维吾尔自治区持证残疾人地区分布

单位：万人，%

地区	残疾人数	占比
乌鲁木齐市	3.68	7.06
克拉玛依市	0.59	1.13
吐鲁番市	1.76	3.37
哈密市	1.13	2.17
昌吉州	3.41	6.54
博州	1.03	1.97
巴州	3.63	6.96
阿克苏地区	6.25	11.98
克孜勒苏柯尔克孜州	1.47	2.82
喀什地区	11.66	22.35
和田地区	6.10	11.69

地区	残疾人数	占比
伊犁州	6.56	12.58
塔城地区	2.74	5.25
阿勒泰地区	2.15	4.12
合计	52.16	100

二 2020年新疆维吾尔自治区残疾人事业进展

2020 年，在自治区党委、自治区人民政府的关心支持下，残疾人事业取得长足发展，各项指标圆满完成（见表4）。

表4　2020 年底新疆维吾尔自治区残疾人事业主要指标完成情况

主要指标	属性	目标值	完成情况
残疾人家庭人均可支配收入年均增速	预期性	> 8%	99%
城镇残疾人登记失业率	预期性	≤10%	10.8%
困难残疾人生活补贴目标人群覆盖率	约束性	> 95%	175190 人,96.8%
重度残疾人护理补贴目标人群覆盖率	约束性	> 95%	185560 人,95.7%
残疾人城乡居民基本养老保险参保率	预期性		379875 人
残疾人城乡居民基本医疗保险参保率	预期性	≥95%	519065 人,99.7%
农村建档立卡贫困残疾人脱贫率	约束性	100%	119130 人,100%
农村贫困残疾人家庭存量危房改造率	约束性	100%	100%
残疾人基本康复服务覆盖率	约束性	≥80%	80%
残疾人辅助器具适配率	约束性	≥80%	80%
残疾儿童少年接受义务教育比例	约束性	≥95%	99%

（一）实施精准脱贫

新疆各级残联坚持目标标准，坚决攻克贫困堡垒，持续用力全面保障残疾人"两不愁三保障"机制。自治区 24 名省级干部挂牌督战到县，地县督战到村，干部分包到户，实现贫困村全覆盖。社会助力脱贫，1254 家疆内外帮扶力量结对帮扶 364 个挂牌督战村，帮助销售农产品，完成技能培训，实现劳动力转移就业。落实《南疆四地州深度贫困地区脱贫攻坚实施方案（2018—2020 年）》，召开南疆四地州深度贫困地区脱贫攻坚现场推进会议，实施项目 549 个，到位资金 81.29 亿元。全区建档立卡贫困残疾人 119130 人全部实现脱贫，其中 8169 人通过兜底保障实现脱贫（6742 人纳入最低生活保障，337 人纳入特困供养）。主要采取了以下三个方面的措施。

一是认真履行责任促脱贫。自治区残联积极主动与自治区扶贫办、民政厅等相关部门沟通配合，认真做好残疾人兜底保障工作，把社会兜底保障各项政策措施精准落实到人，确保保障到位。残联党组多次召开扶贫专题会议，专题研究部署巡视整改、包村定点扶贫、残疾人岗位脱贫攻坚工作，推动工作落实。抓好脱贫攻坚专项巡视"回头看"反馈问题整改，制定《自治区残联关于中央第六巡视组开展脱贫攻坚专项巡视"回头看"及国家脱贫攻坚成效考核等方面反馈意见整改方案》和整改台账，坚持问题导向和目标导向，明确整改责任目标、责任人和时限，逐项对表对标对账，一体研究、一体部署、一体整改，落实整改责任。制定挂牌督战工作方案，推动各项工作落实落细落地。对 12 个地州、10 个未摘帽深度贫困县、5 个已摘帽县、9 个有扶贫任务的非贫困县的贫困残疾人脱贫攻坚工作进行督导调研，督促各地补齐短板弱项，解决贫困残疾人脱贫攻坚存在的突出问题，进一步提升脱贫质量。

二是加强精准数据比对促脱贫，落实兜底保障措施促脱贫。认真做好与扶贫、民政等相关部门数据比对，确保各项惠残政策有效落实，不漏一人。做好对易致贫返贫贫困残疾人的预警监测和帮扶工作数据比对，防止返贫致贫，实现全疆残疾人边缘户中 7690 人纳入低保，残疾人脱贫监测户中 6503 人纳入低保。从 2020 年 1 月 1 日起，残疾人"两项补贴"标准由 2016 年的每人每月各 80 元提高到每人每月各 100 元。积极推动建立自治区残疾人"两项补贴"动态调整机制。

三是加大就业帮扶力度。通过设置公益性岗位等多种方式帮扶有就业意愿的残疾人就业增收，实现脱贫。

（二）稳定保障困难残疾人基本民生

一是基本生活保障不断深化。自治区残联和有关部门联合印发《关于进一步加强残疾人社会救助工作的实施意见》，将全疆180937名困难残疾人纳入最低生活保障，9015名残疾人纳入特困供养，实现"应纳尽纳"。

二是完善残疾人基本养老和基本医疗保险政策。贫困和重度残疾人参加城乡居民养老保险由当地财政代缴最低标准每人每年100元的养老保险费，贫困残疾人参加医疗保险由当地财政资金或医疗救助金给予全部或部分补贴。截至2020年12月，参加养老保险残疾人379875人（不包括60岁以上领取养老保险的残疾人），参保率达到73%；参加城乡居民基本医疗保险残疾人519065人，参保率达到99.7%。积极推动医疗康复项目纳入医保。自治区残联积极与相关部门协调，将29项医疗康复项目纳入基本医疗保障支付范围。

三是建立自治区残疾人"两项补贴"动态调整机制。从2020年1月起，全疆残疾人"两项补贴"标准由2016年的每人每月各80元提高到每人每月各100元；从2021年7月1日起，"两项补贴"标准提高到每人每月不低于110元。

四是不断加大重度残疾人托养力度。依托各地托养中心、康复中心、农村幸福大院、养老机构、福利院等机构，对有长期照料护理需求的重度残疾人提供集中托养、日间照料服务。依托中国残联"阳光家园计划"项目，中央、自治区每年都安排一定的补贴资金，对寄宿制托养机构每人每年补助3000元，日间照料站每人每年补助2000元。"十三五"以来，共为57150名智力残疾人、精神残疾人和重度残疾人提供了托养服务。

五是保障残疾人基本住房。自治区把建档立卡、低保、五保贫困残疾人家庭作为危房改造重点对象，对符合危房改造条件的残疾人家庭全部纳入安居工程建设任务并完成建房任务，同时充分考虑贫困残疾人家庭的特殊困难，给予了高标准的补助。"十三五"期间，共为60701户农村残疾人家庭建成了安居房。

六是不断加大临时救助力度，确保残疾人顺利渡过疫情难关。2020 年新冠肺炎疫情发生后，自治区在全国率先出台了残疾人民生保障措施，制定了《关于在疫情防控期间做好全区残疾人帮扶解困工作的意见》，印发了《关于新冠肺炎疫情期间对就业创业残疾人发放生活困难补贴的通知》，全疆累计发放残疾人就业创业生活困难补贴资金 3225.3 万元，惠及残疾人 1 万余人。疫情发生后，全疆残联系统开通热线电话 1066 部，受理解决残疾人诉求 1.1 万余件次，临时救助残疾人 6.4 万余人次，累计减免房屋租金达 40 余万元，累计向 5.3 万名残疾人发放慰问金和各类生活用品折合 1323 万元。2126 名残疾儿童参加线上康复教学，累计教学人数达到 3.5 万余人次。

（三）积极推进残疾人就业创业

一是推进和深化按比例就业工作。自治区残联与自治区发改委、财政厅、民政厅、人社厅、税务局联合制定下发了《关于印发〈自治区完善残疾人就业保障金制度更好促进残疾人就业的实施方案〉的通知》，明确了包括自治区党委组织部等各相关部门在推动党政机关特别是残工委成员单位带头招录残疾人公务员的责任分工和工作要求，研究并联合制定下发了《国家税务总局新疆维吾尔自治区税务局 新疆维吾尔自治区残疾人联合会关于加强用人单位申报安排残疾人就业人数审核和残疾人就业保障金征收工作的通知》，进一步规范残疾人就业保障金的征缴审核。

二是大力开展职业技能培训促就业。制定《新疆维吾尔自治区残疾人职业技能提升计划（2016—2020 年）》《关于印发新疆维吾尔自治区职业技能提升行动实施方案（2019—2021 年）的通知》，对残疾人开展免费职业技能培训行动，将残疾人职业技能培训纳入终身职业技能培训制度，以青壮年残疾人为重点对象，分类组织实施职业技能培训，重点加强适合残疾人特点的职业培训。印发《自治区盲人医疗按摩人员初中级专业技术职务任职资格管理暂行办法（试行）》，确定了申报盲人医疗按摩初、中级专业技术职务任职资格评审条件和专业考试科目，明确了职称评审的申报程序及工作流程，规范了盲人医疗按摩行业职称评审工作。"十三五"期间，全区残疾人

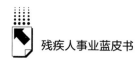

青壮年文盲扫盲 10969 人，发放补助资金 1096.904 万元；职业技能培训 10.8 万人，发放补助资金 3420.722 万元。截至 2021 年 7 月，已就业残疾人 17.88 万人，就业率达到 57.86%。

三是建成新疆残疾人文化创意产业基地和残疾人就业孵化基地。2021 年 1 月 14 日，新疆残疾人双创基地被中国残疾人联合会评为"全国残疾人文化创意产业基地"，是自治区仅有的 2 个获评单位之一。目前有 28 家残疾人文化创意工作室及就业创业孵化项目入驻。参加 2020 年全国残疾人岗位精英职业技能竞赛和残疾人就业服务机构工作人员职业指导竞赛，4 名残疾人选手获得"锐意拼搏"奖，新疆代表队获"道德风尚"奖。

四是支持残疾人通过多种就业形式实现增收。落实扶持残疾人自主创业开办爱心店专项技能培训项目。从各地推荐的有自主创业计划、缺乏启动资金的残疾人中，筛选出在就业年龄段、有劳动能力、有创业意愿、有适合开店项目的残疾人，扶持开办爱心店，作为残疾人自主创业示范典型给予扶持，并确保稳定经营一年以上。印发《关于开展农村贫困残疾人就业帮扶活动的通知》，开展了"一对一"结对帮扶活动、"就业援助月"、送岗位活动等形式多样的农村残疾人就业帮扶活动。加大残疾人集中就业、个体就业（创业）、辅助性就业扶持力度，出台《新疆维吾尔自治区残疾人集中就业、个体就业（创业）、辅助性就业扶持和奖励办法》，确保每年投入资金扶持相关就业项目，以点带面、示范引领，安置残疾人就业的同时，发挥对周边地区的辐射带动作用。组织高校应届残疾人毕业生和未就业残疾人大学生参加自治区高校毕业生专场招聘会和网上招聘会。

（四）稳步推进残疾人教育

全疆义务教育阶段在校残疾儿童少年总数为 26281 人（含特教学校就读 4167 人、随班就读 18048 人、送教上门 4066 人）。全疆特殊教育学校共 27 所，特殊教育学校教职工 1158 人，其中专业教师 1024 人。全疆特殊教育中等职业学校 1 所，在校学生 418 人；附设中等职业班的特殊教育学校 3 所，在校中职班学生 301 人。全疆有 8 个幼儿园附设残疾幼儿班，在园残疾学前幼儿 650 人。2016 年以来，全疆统筹各类资金共改扩建 7 所特殊教育学校，建设特殊教育资源中心 34 个，显著改善全疆特殊教育办学条件。

一是残疾儿童义务教育入学率持续达标。制定实施了两期特殊教育提升计划，对全疆特殊教育事业发展做出了整体的安排部署。结合新疆特殊教育实际，通过积极扩大特教学校规模、完善随班就读体系、建立送教上门机制等措施确保残疾儿童义务教育入学率。印发了《关于进一步规范适龄残疾儿童少年义务教育入学"一人一案"安置工作的通知》，统一规范适龄残疾儿童少年义务教育入学"一人一案"登记表，进一步细化了适龄残疾儿童少年统计数据核查、评估鉴定、入学安置等工作的规范和要求，并及时推送疑似失学、辍学残疾儿童少年统计数据，各县（市、区）适龄残疾儿童少年义务教育入学情况统计数据和建档立卡贫困残疾儿童少年统计数据，要求各地（州、市）、县（市、区）逐一核查落实，并进行评估鉴定，确保适龄残疾儿童少年义务教育"应入尽入"。严格执行教育部和中国残联的有关规定，应届高中毕业残疾学生平等参加普通高等学校招生统一考试，2020 年全疆 353 名残疾学生被疆内外普通高校录取。继续实施残疾人远程开放教育项目，2020 年共招收学生 261 人。

二是推动发展残疾人职业教育。目前，全疆有新疆特殊教育职业中专学校、乌鲁木齐推拿职业学校和乌鲁木齐市聋人学校 3 所残疾人中等职业学校。新疆特殊教育职业中专学校开设了计算机应用、康复技术、中医康复保健和工艺美术等 4 个专业，乌鲁木齐推拿职业学校开设了中医护理、中医康复保健和美术绘画等 3 个专业，乌鲁木齐市聋人学校开设了美术绘画 1 个专业，培养规模 847 人。实施现代职业教育质量提升计划、教育现代化推进工程等项目，投入资金共计 5800 万元，用于支持新疆特殊教育职业中专学校改善办学条件，加强实训基地建设。

（五）残疾人基本公共服务质量不断提高

一是残疾人康复服务的保障政策进一步完善，康复服务水平显著提高。康复政策法规、服务网络、业务格局、人才队伍建设得到加强，初步建成了

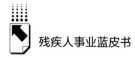

适应新疆区情的残疾人康复工作模式和工作机制。第一，持续开展残疾预防。落实自治区《关于贯彻落实国家残疾预防行动计划的实施意见》，加快推进残疾预防综合实验区工作。2016～2020年，昌吉市、奎屯市、喀什市开展了全国残疾预防综合实验区创建工作，以试点工作为抓手，探索推广残疾预防有效工作模式和有益经验，完善残疾预防相关政策、措施，建立残疾报告制度。加强残疾预防和残疾人康复宣传，开展线上"全国爱耳日"和"全国残疾预防日"等宣传活动，普及残疾预防知识，增强广大群众的残疾预防意识。中央和自治区共计投入资金896.82万元，开展了高危孕产妇产前筛查诊断、0～6岁儿童残疾筛查诊断、残疾评定、残疾预防宣传教育、残疾报告制度建立等重点干预项目的组织实施。第二，开展残疾人精准康复服务行动。印发了《新疆维吾尔自治区残疾人精准康复服务行动实施方案（试行）》，自2016年起在全区范围内组织实施残疾人精准康复服务行动，共建设各类残疾人康复机构176个，投入资金6042.34万元，累计服务残疾人35万余人次。其中，2020年服务残疾人100280人，康复服务率达到96.3%。累计开展残疾人辅助器具适配服务26.9万人次，截至2020年12月，辅助器具适配服务率达到96.49%，建档立卡贫困残疾人康复服务率达100%。参加全国辅具服务技能大赛，获得"辅具助力脱贫攻坚案例评选"一等奖1名、三等奖1名、优秀奖1名，新疆代表队取得技能竞赛三等奖和团体三等奖的佳绩。新冠肺炎疫情发生后，自治区卫健委、人社厅、医保局、民政厅、残联印发了《关于做好特殊困难群众医疗保障服务的通知》，将残联确定的单独立户的残疾人、重度残疾人、符合条件的精神病患者纳入流动医疗服务队服务范围，开展医疗加医保经办服务，使他们及时得到医疗和药物等救助。截至2020年底，共为17901名精神病患者提供服药服务，累计服务服药22546人次。第三，加强残疾儿童康复救助。2018年以来，共计投入资金22121.78万元，为21135名残疾儿童提供康复救助服务，为2471名低视力者验配助视器，为591名聋儿植入人工耳蜗、进行康复训练。

二是推广国家通用手语、盲文取得新成效。自治区党委宣传部、教育厅、广电局共同印发了《关于推广国家通用手语和国家通用盲文的通知》，制定了国家通用手语推广方案和国家通用盲文推广方案并予以实施。成立了由自治区残联牵头，自治区党委宣传部、教育厅、广电局组成的推广国家通用手语和国家通用盲文工作领导小组，组织相关部门单位参加国家通用手语和国家通用盲文方案发布暨推广部署电视电话会议，举办自治区国家通用手语骨干培训班和国家通用盲文骨干培训班，共培训盲校教师和骨干师资 123 人。

三是体育基本服务体系不断完善。出台了《自治区全民健身实施计划（2016—2020 年）》《"健康新疆 2030"规划纲要》《关于加快推进全民健身进家庭活动实施方案》等文件，为新疆残疾人参与体育运动、促进康复、融入社会提供了有力的支持，同时也推动健康关口前移，满足残疾人多元化、多层次体育健身需要，鼓励全疆残疾人在体育发展方面承担更多的责任。推动全民"云健身"活动，增强残疾人健身意识。疫情发生以来，积极贯彻落实自治区体育局《关于实施健康新疆行动的实施意见》，组织开展了五季居家"云健身运动汇"线上系列活动，设置了健身操、棋牌等适合残疾人参与的运动项目，组织开展社会体育指导员线上培训与送教上门教学活动，为残疾人居家健身活动提供保障。大力宣传体育健身知识，会同自治区广播电视局开展全民健身知识宣传，利用广播、电视台频道每天 2 次播放广播体操，为残疾人营造了积极参与体育锻炼的良好氛围，形成了"担当作为、科学规范、广泛参与、健身战疫"的局面，助力残疾人多元化多层次抗击疫情。完善公共服务体育设施，"十三五"以来，全疆公共体育设施建设得到极大的改善，全民健身公共服务体系已基本建成。实现了 8601 个行政村农牧民体育建设工程全覆盖，建成乡镇农民体育健身工程 368 个，现有 32 个大型体育场馆为残疾人免费服务。

四是无障碍环境建设持续推进。持续加强《无障碍设计规范》《创建无障碍环境市（县）工作标准》等标准规范的实施监督与宣传教育，有力推动了新疆各地（州、市）无障碍环境建设发展。2019 年，确定库尔勒市、阿克苏市、伊宁市、塔城市、昌吉市为自治区"十三五"期间无障碍环境创建市县，通过以点带面，推动全区无障碍环境建设工作开展。2020 年，阿克苏市、伊宁市已在通过住建部等五部委联合初审的基础上完成了创建验收实地抽查工作。印发了《关于进一步加强无障碍环境建设工作的通知》，全区按照无障碍城市创建工作标准和相关技术规范，在居住建筑、公共建筑、老旧小区改造以及城市道路、公园广场等工程项目建设中强化无障碍设施建设监管，对既有项目制定工作计划，采取分期、分批方式实施改造。印发了《关于加快推进贫困重度残疾人家庭无障碍改造工作的通知》，推进残疾人家庭无障碍改造。"十三五"以来，共为19714户困难残疾人家庭免费实施无障碍改造。自治区残联会同住建厅、卫健委、民政厅、工信厅等部门联合加强无障碍环境建设督导。

（六）强化残疾人事业发展基础条件

第一，健全党委领导、政府负责的残疾人工作领导体制。各地（州、市）将残疾人工作纳入民生实事和政府年度考核内容。

第二，持续加大财政对残疾人事业投入力度。"十三五"时期，中央、自治区财政累计安排4.46亿元支持残疾人事业发展。

第三，各级残联组织积极发挥作用。各级残联坚持为残疾人解难，为党和政府分忧，团结带领广大残疾人听党话、感党恩、跟党走。全面落实从严治党各项任务，落实中央党的群团工作会议精神和《中国残疾人联合会机构改革方案》，开展"强基层""民族团结一家亲"和民族团结联谊活动等专项改革和活动，各级残联政治性、先进性、群众性明显增强，残疾人工作者政治意识、综合素质、履职能力明显提高，与残疾人的血肉联系更加紧密。

第四，残联基层组织建设基础更加牢固。制定基层残联组织专项改革试点实施方案，确定奎屯市、察布查尔县、吐鲁番市高昌区、昌吉市、阜康市、若羌县残联为自治区基层残联组织专项改革试点单位。加快推进地（州、市）残联改革工作，地（州、市）、县（市、区）残联改革方案已全部出台实施。村（社区）残疾人组织全面建立。加强和规范残疾证办理，开展第二代残疾人证核查清理，加快推进三代证换发工作。加强专门协会工作，积极组织开展各类活动，充分发挥专门协会作用。残疾人福利基金会2020年募集资金165万余元、物资1000万余元，帮扶困难残疾人3万人次。

第五，残疾人大数据平台服务能力不断提升。建立与残联、扶贫、人社、民政等相关部门残疾人信息数据实时对接、比对、交换机制，确保惠残政策精准落地。积极推进智能化残疾人证发放，落实智能证社会应用。

第六，加大社会宣传，扶残助残社会氛围更加浓厚。首先，加大新闻节目宣传。汉语、维语、哈萨克语、柯尔克孜语四种语言电视新闻节目牢牢抓住全国残疾预防日、国际残疾人日等节点，相继播发《新疆将对就业创业残疾人发放生活困难补贴》《助力残疾人　共圆创业梦》《我区多举措保障贫困残疾人脱贫》《新疆残疾人高山滑雪队积极备战残疾人运动会》《我区各地开展贫困残疾人脱贫行动》《开展慰问活动　关心关爱残疾人》《我区首个残疾人电子商务平台"乐握商城"上线》等新闻，开办手语新闻，每周六晚在《新闻夜班车》节目里进行播出，每年播出52期。《新闻有态度》《法治进行时》《新疆名医堂》《新广行风热线》等栏目推出国际残疾人日、残疾预防、助残惠残政策宣传、残疾人维护合法权益等节目。其次，加强新媒体和公益宣传。通过"两微一端一网"及第三方平台，采取图文、短视频、海报、公益宣传片、H5等新媒体手段持续做好相关线上宣传，及时转载中央和自治区主流媒体发布的《残疾人是人类大家庭的平等成员》《残疾人完全有志向、有能力为人类社会作出重大贡献》《残疾主播圆梦电竞：在新职业里"奔跑"》《新疆首个助力残疾人就业创业电商平台上线》《我区近6000名残疾儿童得到救助》等稿件。及时推出《全力做好残疾人群体的疫情防控工作》《残疾人技能大赛　新疆创意产品受青睐》等原创稿件。宣传残疾人脱贫攻坚故事，播放《一个失去双腿的残疾人创业的故事》《助残帮残　共赴小康》等原创短视频。最后，加强助残公益宣传。每年紧密结合助残主题活动，制作播发"关心关爱残疾人"相关公益广告，并安排汉语、维语、哈萨克语、蒙古语、柯尔克孜语五种语言12套广播频率和汉语、维语、哈萨克语、柯尔克孜语四种语言12套电视频道进行滚动播出。"十三五"期间累计播出公益广告近2000条次，新疆广播电视台新闻、专题节目累计播发"推进残疾人小康进程"相关稿件400余篇，所属"两微一端一网"累计发布相关稿件60余篇，点击量达30余万次。

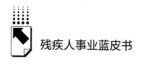

三　新疆维吾尔自治区"十四五"残疾人事业展望

（一）形势和挑战

"十三五"期间，新疆残疾人事业实现了跨越发展，残疾人获得感、幸福感、安全感显著增强，为促进新疆民族团结、实现社会稳定和长治久安做出了积极贡献。但是，新疆残疾人事业也面临一系列的挑战。主要表现为残疾人返贫和致贫风险高，困难残疾人家庭收入仍然以政府兜底为主，自我发展能力较弱；残疾青少年接受职业教育和高等教育比例较低，有就业需求的残疾人就业不充分，就业质量不高；残疾人公共服务总量不足，残疾人服务产业还处在起步阶段，服务供给量小、服务质量参差不齐。

（二）"十四五"残疾人事业发展措施

2021年9月27日，自治区人民政府常务会议审议通过了《新疆维吾尔自治区"十四五"残疾人保障和发展规划》。"十四五"期间，自治区人民政府为推动残疾人事业现代化进程将采取以下措施。

一是完善残疾人社会保障制度，为残疾人提供更加稳定、更高水平的民生保障。巩固拓展残疾人脱贫攻坚成果，制定实施巩固脱贫成果同乡村振兴有效衔接的政策措施，对易返贫致贫残疾人和新发生因残致贫残疾人给予及时有效帮扶。加强突发公共事件中对残疾人的保护和救助，增强残疾人的幸福感、获得感。

二是健全残疾人就业支持体系，促进残疾人高质量就业。高质量就业是残疾人幸福生活的基础。"十四五"将进一步完善残疾人就业创业法规政策。

三是健全残疾人关爱服务体系、健康服务体系、教育体系，加快发展残疾人慈善事业和服务产业。

四是依法保障残疾人平等权利。坚持以习近平法治思想为指导，提高残疾人事业法治化水平。坚持法治思维和法治方式，落实宪法、民法典等法律法规关于保障残疾人权益的规定，推动残疾人保障法等法律法规有效实施。开展残疾人尊法、学法、守法、用法专项行动。提升无障碍设施建设管理水平，新建设施严格执行无障碍相关标准规范。加快发展信息无障碍，落实好与中国联通新疆公司和中国电信新疆公司签署的残疾人信息消费资费优惠政策。坚持以社会主义核心价值观为引领，厚植新时代残疾人事业发展的思想文化基础。

五是完善支持保障条件。加强党对残疾人工作的全面领导，建立完善多元化投入保障机制，各级政府按规定做好残疾人事业发展经费的规划与使用，有条件的地方可逐步加大对残疾人事业经费的投入力度。加强基础设施和信息化建设，加快补齐农村无障碍环境建设等服务短板。

四　结语

新疆维吾尔自治区残疾人联合会根据党中央、国务院关于发展残疾人事业的决策部署，圆满完成了各项残疾人事业发展指标，残疾人民生得到极大改善，生活水平显著提高，有效推动了社会公平正义和文明进步。然而，新疆维吾尔自治区残疾人事业仍面临一系列挑战。为确保"十四五"期间残疾人事业发展实现良好开局，新疆维吾尔自治区残疾人联合会将坚持以人民为中心的发展思想，进一步完善残疾人社会保障制度，健全就业支持体系和残疾人关爱服务体系，促进残疾人事业高质量发展，不断满足残疾人美好生活需要。

B.10
宁夏回族自治区残疾人事业
发展报告（2021）

潘鸿翔*　宁夏回族自治区残疾人联合会

摘　要： 本报告简要介绍了宁夏区情和残疾人基本情况，回顾了宁夏残疾人事业发展历程，分析了宁夏残疾人事业发展面临的机遇和挑战，展望了残疾人事业发展前景。新中国成立特别是党的十八大以来，宁夏残疾人事业与经济社会各项事业一并长足发展，残疾人生活水平不断提升，实现了解决温饱、摆脱贫困、全面发展的"三步跨越"。"十四五"时期，宁夏将推动落实"九大任务"，强力支撑残疾人事业高质量发展。

关键词： 残疾人事业　残疾人工作　宁夏

一　宁夏回族自治区残疾人事业发展概况

宁夏回族自治区成立于 1958 年，地处祖国西北地区东部、黄河上游，面积 6.64 万平方公里，辖银川、石嘴山、吴忠、固原、中卫 5 个地级市及 22 个县（市、区）。2020 年底总人口 720.27 万人，其中回族人口占 36.69%，宁夏是我国 5 个少数民族自治区之一。

宁夏文明历史源远流长，距今约 300 万年的旧石器时代就有人类在此繁衍生息。从公元前 3 世纪秦统一六国到清代，宁夏先后设北地郡、大夏国、

---

* 潘鸿翔，宁夏回族自治区残疾人联合会干部。

宁夏路、宁夏卫、宁夏府。1929 年成立宁夏省。1954 年宁夏省撤销并入甘肃。1958 年 10 月 25 日成立宁夏回族自治区。

宁夏全境海拔在 1000 米以上，呈南高北低阶梯状下降之势。北部为地势平坦、土壤肥沃的平原引黄灌区，中部为多风少雨、土地贫瘠的干旱带，南部为陵壑交错、阴湿高寒的山区，是国家级贫困地区之一。属典型的大陆性气候，年平均降水量 300 毫米左右。舒缓的平原、巍峨的高山、蜿蜒的长河、连片的翠湖、粗犷的大漠以及秀丽的水乡，共同构成宁夏多样化的地形地貌，宁夏堪称中国生态微缩盆景。千百年来，长河落日、大漠孤烟的壮阔美景吸引着人们的目光。天下黄河富宁夏，黄河流经宁夏 397 公里，冲淤形成了银川平原，引黄灌区素有"塞上江南"的美誉。北部的贺兰山是中国北部唯一南北走向的山脉，南部的六盘山被称为黄土高原上的"绿色岛屿"。宁夏是西部独具特色的旅游目的地，是全国第 2 个全域旅游示范区。

改革开放后，宁夏的经济有了长足的发展，人民的生活得到了极大的改善。2020 年 6 月 8 日至 10 日，习近平总书记再次视察宁夏，明确继续建设经济繁荣、民族团结、环境优美、人民富裕的美丽新宁夏的奋斗目标，赋予宁夏努力建设黄河流域生态保护和高质量发展先行区的时代重任。总书记为宁夏把脉定向、擘画蓝图，全区上下备受鼓舞、备感振奋。2020 年，全区实现地区生产总值 3921 亿元（增长 3.9%）、地方一般公共预算收入 419.4 亿元（下降 1%，扣除新增减税因素影响，增长 5.6%），此外，全体居民人均可支配收入 25735 元（增长 5.4%），均好于全国平均水平。

截至 2021 年 6 月，根据第二次全国残疾人抽样调查数据测算，全区有残疾人 47.5 万人，占总人口的 6.83%。实有持证残疾人 221325 人，持证残疾人分类如下。

按户籍分，全区有持证农业户口残疾人 155735 人，占比 70.36%；非农业户口残疾人 65590 人，占比 29.64%。按年龄分，0～14 岁持证残疾人 6883 人，占全部持证残疾人的比例为 3.11%；15～59 岁持证残疾人 123942 人，占比为 56%；60 岁及以上持证残疾人 90500 人，占比为 40.89%。按地区分，宁夏5个地级市辖区持证残疾人规模由大到小依次为固原市、吴忠市、银川市、中卫市、石嘴山市（见表1）。

表1 截至2021年6月持证残疾人地区分布情况

单位：人，%

地区	持证残疾人口数	占全区持证残疾人口数的比例
银川	47319	21.38
石嘴山	20406	9.22
吴忠	47607	21.51
固原	68169	30.80
中卫	37824	17.09
合计	221325	100

按残疾类别分，人数占比由高到低依次为肢体残疾人、视力残疾人、听力残疾人、智力残疾人、精神残疾人、多重残疾人、言语残疾人。其中肢体残疾人占比达到50%以上（见表2）。

表2 截至2021年6月持证残疾人残疾类别分布情况

单位：人，%

残疾类别	人数	比例
视力	28142	12.72
听力	23534	10.63
言语	3603	1.63
肢体	116827	52.79
智力	19234	8.69
精神	17597	7.95
多重	12388	5.60
合计	221325	100

注：比例＝分类别持证残疾人数/所有持证残疾人数×100%。

按残疾等级分，持证人口中重度残疾人与轻度残疾人动态持平，各等级残疾人数占比由高到低分别为二级、四级、三级、一级（见表3）。

表3　截至2021年6月持证残疾人残疾等级分布情况

单位：人，%

残疾等级	人数	比例
一级	26069	11.78
二级	78112	35.29
三级	54251	24.51
四级	62893	28.42
合计	221325	100

注：比例＝分等级持证残疾人数/所有持证残疾人数×100%。

根据2020年残疾人口基本服务状况和需求数据动态更新调查结果测算，全区持证残疾人的平均年龄和中位年龄分别是53.78岁和55岁，与东部省份相比，自治区残疾人口的年龄结构偏轻，残疾人口老龄化压力相对较轻。

二　宁夏残疾人事业发展历程

从新中国成立到"十三五"期末，宁夏残疾人事业大致经历了初受重视到全面发展再到提质增效三个发展阶段。

第一阶段：新中国成立之初改天换地、百废待兴，宁夏残疾人从社会最底层翻身成为新中国的主人。但受生产力弱、物资匮乏的现实困难制约，此阶段残疾人与其他困难人群一并处于最基本的温饱线上。1960年2月25日，经宁夏回族自治区人民委员会批准，宁夏回族自治区民政厅下发《关于成立自治区盲人、聋哑人协会筹备委员会的通知》，至此，残疾人开始作为专门群体受到社会重视。

第二阶段：改革开放后，经过拨乱反正，宁夏残疾人事业与社会各项事业一同迎来了实质性推进、跨越式发展的历史时期。

一是组织机构相继建立。以1980年宁夏回族自治区人民政府决定创办自治区盲聋哑学校和自治区盲人、聋哑人协会，1988年宁夏残联正式成立，1995年全区完成区、市、县（市、区）、乡（镇）四级残联的升格组建，

1996 年成立宁夏残疾人康复中心，2004 年成立自治区残疾人劳动就业服务中心等事件为标志，宁夏残疾人组织机构从无到有、逐步健全。

二是残疾人事业目标计划逐步明晰。1992 年 8 月 14 日，宁夏回族自治区人民政府批转《宁夏残疾人事业"八五"计划》，从此，宁夏残疾人事业在每五年一个计划（规划）的指引下，逐步走上规范化、体系化发展轨道，全区上下对标对表、有的放矢，连续超额完成计划任务。

三是残疾人工作领导协调机制日益完善。1990 年 3 月，宁夏残疾人三项康复领导小组改为宁夏残疾人事业领导小组，从此，将对残疾人工作的业务领导提升至全面领导、综合协调。1993 年 12 月，成立宁夏回族自治区人民政府残疾人工作协调委员会。开始专题研究部署残疾人工作方针和任务落实。"十五"期间，残疾人工作被各级党委、政府列入经济社会发展目标，各级财政将残疾人事业经费列入预算，残疾人工作的领导进一步加强。

四是残疾人法治建设工作全面开启。相继颁布出台了《宁夏回族自治区人民政府关于残疾人就业及扶持发展社会福利企业的规定》《宁夏回族自治区实施〈中华人民共和国残疾人保障法〉办法》《宁夏回族自治区安排残疾人按比例就业规定》《关于促进残疾人事业发展的意见》《关于加快推进残疾人社会保障体系和服务体系建设的实施意见》等政策法规，残疾人合法权益得到有效保障。

五是残疾人扶贫脱贫步入快车道。1998 年 5 月，宁夏 5 部门联合印发《宁夏残疾人扶贫攻坚计划（1998—2000 年）》，2002 年，宁夏回族自治区人民政府印发《宁夏农村残疾人扶贫开发计划》。通过扎实实施残疾人扶贫计划，宁夏残疾人脱贫步伐不断加快，"八五"期间脱贫 1244 人，"九五"期间脱贫 2.41 万人，"十五"期间 8.2 万名残疾人彻底解决了温饱问题，"十一五"期间脱贫 2.6 万人，"十二五"期间脱贫 8 万人。

六是残疾人服务保障水平全面提升。改革开放特别是五年计划实施以来，宁夏残疾人服务保障由最初的白内障复明手术、聋儿康复、儿麻矫治、精神残疾人救治 4 项专项试点扩展到社会保障的各个方面，形成基本涵盖残疾人所有需求的服务保障体系。特困残疾人全部纳入低保，实现全面兜底，建立起"两项补贴"制度；接受康复救助的残疾人从 1 万余人增加到 24 万人；从纯自主就业发展到建立自治区级就业基地 17 个、扶贫基地 75 个、职业培训基地 4 个，实现残疾人年均培训 1 万人、新增城镇就业 1000 人以上。残疾人文化、体育和无障碍环境建设都取得了长足发展，为实现全面小康奠定了坚实基础。

第三阶段：党的十八大吹响了全面建成小康社会的号角。"十三五"时期，宁夏残疾人事业以打赢残疾人脱贫攻坚战、加快残疾人小康进程为统领，取得了显著成绩和长足发展。

一是残疾人脱贫攻坚圆满收官。残疾人脱贫攻坚融入全区脱贫攻坚大局，残疾人家庭人均可支配收入年增速达 10.84%，55495 名建档立卡残疾人全部脱贫。建档立卡贫困残疾人危房危窑改造率达 100%；"阳光助残小康计划"特色种养殖项目惠及 8205 户建档立卡残疾人家庭；农村残疾人扶贫基地达到 55 个，3627 名残疾人稳定就业增收；落实闽宁协作资金 4264 万元，帮扶残疾人发展项目 28 个；针对农村残疾人开展了 3.35 万人次的各类实用技术培训；建成残疾人扶贫车间 12 个，帮助残疾人灵活就业，创立了在全国推广的残疾人"托养＋扶贫"隆德模式。

二是政策资金支撑显著加强。制定出台惠残政策 81 项，为加快残疾人小康进程、增进残疾人福祉提供了有力支撑。"十三五"期间，共落实中央和自治区本级残疾人事业发展资金 16.27 亿元，扶残助残覆盖面显著扩大，其中，2020 年直接受益残疾人 62 万人次，是 2015 年直接受益人次的 4.92 倍。

三是基础服务设施建设加速推进。新建（续建）残疾人基础服务设施项目 35 个，累计完成投资 7.46 亿元，建成总面积 17.9 万平方米。宁夏残疾人康复中心投运 3 年，康复业务水平走在西部省份前列。7 个县（市、区）实现了康复、托养、综合服务设施三者俱全，4 个县（市、区）实现了康复、托养服务设施二者兼备，8 个县（市、区）康复或托养服务设施有其一，为残疾人提供高质量康复、托养服务创造了有利条件。

四是基本民生兜底保障更加坚实。截至 2020 年底，残疾人"两项补贴"制度受益 23.5 万人次,覆盖率达 98%。残疾人城乡居民基本养老保险和基本医疗保险参保率分别达 90.3% 和 98.9%。9.03 万名困难残疾人得到城乡最低生活保障,1.1 万户低收入住房困难残疾人家庭按规定优先得到住房保障。62 家残疾人托养服务机构投入运营,7000 余名有托养需求人员得到相应托养服务。实施"圆梦护航保"意外伤害综合保险,为 9.7 万名就业年龄段残疾人提供了保障。

五是精准康复服务水平明显提高。建立了 0~6 岁残疾儿童康复救助制度,建设和培育 40 家定点康复服务机构,救助标准由每人每年 1.2 万元提高到 2 万元。修订完善《宁夏回族自治区残疾人辅助器具适配补贴办法》。新建规范化残疾人社区康复站 282 个(累计达 352 个),布设"爱心接力、循环使用"辅助器具免费借用服务点 95 个,有需求的残疾人、老年人、病人能就近就便享受到辅具适配等康复服务。2020 年,1626 名有康复需求的残疾儿童全部在定点康复服务机构得到康复救助,2.15 万名残疾人享受了辅助器具精准适配服务,5.99 万名残疾人享受到基本康复服务,残疾人辅助器具适配率、残疾人基本康复服务覆盖率分别达到 91.20% 和 92.66%。

六是教育、就业培训协同推进。共有 933 名残疾学生考入普通高等院校。2020 年,接受义务教育的残疾儿童少年 7281 名,入学率达到 96% 以上。年均扶持城乡残疾人就业 5.7 万人次、帮助 1186 名残疾人实现辅助性就业,2020 年公益性岗位安排残疾人就业人数达到 2218 人。盲人按摩机构由"十二五"末的 175 家增加到 210 家,盲人保健按摩人员达到 408 人,其中 87 人取得医疗按摩资格。28332 名残疾人接受了"宁夏贫困残疾人家庭'千名高级手工艺师'培训行动计划"等各类职业技能培训。

七是无障碍环境建设持续拓展。以自治区人民政府令印发了《宁夏回族自治区无障碍环境建设管理办法》。做到了新建和改扩建公共设施项目无障碍设施同步设计、同步施工、同步验收。城镇老旧小区改造和新型城镇化建设中,无障碍设施改造逐步成为重要建设内容。机场、火车站、展览馆、图书馆等重点公共场所无障碍设施配套完善。自治区和五市电视台主要新闻栏目加配了手语解说和字幕。对 11789 户困难残疾人家庭实施了无障碍改造，2020 年实现了建档立卡残疾人家庭无障碍改造"清零"。

八是残疾人文化体育竞相发展。持续开展残疾人文化进社区、进家庭"五个一"活动，组织带动 2 万多名残疾人走出家门、融入社会、共享发展。实施"书香宁夏"工程，21 个县（市、区）图书馆创办盲人阅览室，建成"集善爱心书屋"46 个。在全国率先建成视障文化服务中心。建成残疾人自强健身示范点 18 个。成功举办了宁夏首届残疾人文化艺术节。组织动员 3 万多人次积极参与残疾人冰雪运动季等群众性残疾人体育活动。第十届残运会斩获 14 金、18 银、23 铜，第七届特奥会斩获 48 金、19 银、14 铜。

九是残疾人事业发展环境日益优化。残联系统改革深入推进，"强三性""去四化"措施有效落实，基层残疾人工作力量明显加强。慈善公益助残捐款（物）累计价值 1.03 亿元，获益残疾人 12.7 万人次。在区内外主要媒体宣传报道宁夏残疾人工作 1500 多篇次，组织举办自强模范、助残先进等事迹报告会 16 场次，平等、参与、共享的现代文明社会残疾人观越来越深入人心。

三　宁夏残疾人事业发展面临的机遇和挑战

在"两个一百年"的历史交汇期，宁夏残疾人事业发展机遇和挑战并存。自治区党委、政府按照党中央、国务院部署和习近平总书记关于残疾人事业的重要论述要求，十分重视"十四五"残疾人事业发展，《宁夏回族自治区国民经济和社会发展第十四个五年规划和 2035 年远景目标纲要》将残疾人事业纳入各项建设事业中并进行了总体部署，提出高质量发展的明确要求，自治区党委办公厅、自治区人民政府办公厅颁布了《关于推进新时代残疾人事业高质量发展的意见》，进一步明确了宁夏残疾人事业发展目标任务和路径措施。残疾人的生产生活状况得到极大改善，残联组织桥梁和纽带作用充分发挥，社会各界对残疾人格外关心、格外关注的共识日益加强，使全区残疾人事业发展基础更牢、机制更优、环境更好、合力更大，迎来全新

残疾人事业蓝皮书

发展的历史机遇期。

同时，对标高质量发展要求以及残疾人对美好生活的新向往、新期盼，宁夏残疾人事业发展还面临许多问题和不足：残疾人家庭人均收入与社会平均水平差距大，相对贫困的状况短期内难以根本转变；残疾人脱贫基础相对薄弱，抵御风险能力差，巩固拓展残疾人脱贫攻坚成果的任务还很艰巨；残疾人就业、康复等服务供需尚不完全匹配的结构性矛盾依然突出；基层残疾人工作体系尚不健全，治理能力水平亟待提升；残疾人融入社会、参与建设的内生动力还有待于进一步激发。

四 "十四五"宁夏残疾人事业展望

"十四五"时期是我国开启全面建设社会主义现代化国家新征程、向第二个百年奋斗目标进军的开局时期，也是宁夏继续建设经济繁荣、民族团结、环境优美、人民富裕的美丽新宁夏的关键时期。宁夏残疾人工作将深入贯彻习近平总书记关于残疾人事业的重要论述、习近平总书记视察宁夏时的重要讲话精神，主动融入自治区国民经济和社会发展大局，重点推动落实"九大任务"，努力实现高质量发展目标。

（一）巩固拓展残疾人脱贫攻坚成果

一是将巩固拓展残疾人脱贫攻坚成果与实施乡村振兴战略有效衔接，建立防止残疾人返贫监测机制，制定返贫致贫残疾人帮扶政策，启动实施解决残疾人相对贫困问题行动计划。二是加大农村低收入残疾人家庭扶持力度，持续做好闽宁残疾人事业对口支援和发展合作。三是组织实施好基层党组织扶残助残行动，鼓励社会力量积极参与农村困难残疾人帮扶服务。四是依托自治区九大特色产业发展，推动"阳光助残小康计划"（2021~2025年）深入实施。五是加强农村残疾人产业发展基地建设。六是加大农村残疾人职业技能培训力度，优先保障符合条件的残疾人通过公益岗位等就近就地就业。七是推广"托养＋就业"扶贫模式，鼓励各地探索残疾人致富新模式。

（二）健全多层次残疾人社会保障体系

一是加强残疾人社会保险保障。二是健全残疾人社会救助体系。提升一户多残、老残同户等特殊困难残疾人照护能力，提高精神残疾人服药和住院治疗补助标准，优化公办残疾人托养机构准入条件，优先保障困难残疾人家庭基本住房，建立低收入重度残疾人残疾评定补贴制度，做好突发公共事件中残疾人的保护。三是完善残疾人社会福利机制。落实残疾人"两项补贴"动态调整机制，实现残疾人"两项补贴"跨省通办；实施就业年龄段残疾人"圆梦护航保"，构建残疾人全生命周期意外伤害综合保险保障网；适应老残一体的人口发展趋势，完善养老服务机构服务功能；制定更加优惠的残疾人创业税费扶持政策，落实好残疾人信息消费优惠服务政策。四是探索推进残疾人优待工作。建立优秀残疾人慰问制度，加大对城乡创业致富带头残疾人的帮扶力度，做好优秀残疾人参加各类荣誉评选表彰的组织推荐工作，落实好伤残军人和伤残民警优抚政策。

（三）稳定和促进残疾人就业增收

一是完善落实残疾人就业法律法规和政策措施，健全残保金征收工作机制。二是加大残疾人自主创业扶持力度。实施"50×50残疾人创业带头人培育行动计划"，建立残疾人终身职业技能培训制度，持续实施"宁夏贫困残疾人家庭'千名高级手工艺师'培训行动计划"，扶持残疾人职业培训基地规范化建设，大力推进盲人保健和医疗按摩规范化、集约化发展。三是创新残疾人就业创业服务方式。加大残疾人灵活就业、辅助性就业、"互联网＋"就业、居家就业、支持性就业扶持力度，鼓励和支持社会组织和各类企业参与残疾人就业服务，开展残疾人才艺展演、成果展览、作品展销活动，提高残疾人劳动成果商品转化率，加强不同类别残疾人就业扶持政策研究。四是新建宁夏盲人按摩医院，促进盲人按摩专业化、规模化、规范化。

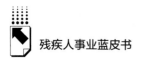

（四）加强残疾预防和残疾人康复服务

一是推进残疾预防工作。加大婚前医学检查、孕前优生健康检查、产前筛查和诊断力度，着力防控和降低残疾风险，加强残疾人心理健康服务；健全康复医疗服务体系，推进医疗与康复融合发展，区内二级以上综合医院设立康复医学科，县级医疗机构设立康复中心，乡镇卫生院设立康复室（站）。二是扩大精准康复服务覆盖面。建立残疾儿童报告制度和工作机制，加强残疾儿童康复救助定点服务机构规范化管理，实施送康复服务进残疾儿童家庭项目，实现0~6岁残疾儿童"应救尽救"；优化基本康复服务目录，推进医生签约残疾人服务，全面推行医康教一体化服务模式；建立7~17岁残疾儿童少年康复救助制度，开展脊髓损伤残疾人能力重建训练，推动职业康复向专业化快速迈进；启动实施老年残疾人康复项目，加快中医适宜技术、高端康复设备、智能化康复器械和辅具、模拟康复训练系统等新科技产品在残疾人康复中的应用；开展康复工作创新课题研究，实施肢体残疾人"重塑未来"矫治手术等医疗救助项目。三是提升辅具适配服务水平。推进"互联网＋辅具适配"服务，适时将新辅具产品增加到辅具适配补贴目录中，逐步提高辅具价格补贴标准和比例，扩大辅具免费适配范围，推动适配更高质量的辅具，基层普遍建立辅具免费借用回收服务点，加快"爱心接力"便民轮椅公益项目实施进度。四是健全严重精神障碍患者管理服务机制。地级市普遍建立1个精神卫生福利设施，为精神障碍患者家庭照护者提供居家康复照护技能培训和支持性服务，开展精神障碍患者家属与专家交流互助活动。

（五）发展残疾人教育文化体育

一是健全残疾人教育保障体系。将残疾人教育纳入全民教育发展评价考核体系，实施《宁夏第三期特殊教育提升计划实施方案（2021—2025）》，实现残疾儿童少年"一人一案"科学教育设置，大力发展残疾人职业教育、高等教育，加大特殊教育师资培养培训力度，加强待遇保障，鼓励县（市、区）开办融合式特殊教育学校，实施好国家通用手语盲文推广工作。二是完善残疾人公共文化服务体系。持续开展残疾人群众性文化活动，打造具有宁夏特色的残疾人群众性文化活动项目，扶持创办残疾人文艺社团，打造残疾人文化创意产业基地，培养残疾人非遗传承人和文艺人才；推动盲人阅览室、无障碍影院、残健融合文化服务中心创建，支持传媒机构和平台开设残疾人专题节目，出版残疾人文艺作品丛书，积极参加第十、十一届全国残疾人艺术汇演，适时举办全区第二届残疾人文化艺术展演。三是推动残疾人体育发展。构建区、市、县（市、区）三级联动，残联组织和体育部门同向发力，竞技体育、康复体育、健身体育协调发展的工作格局。积极推动建设宁夏残疾人体育运动训练中心，打造 5 个市级残疾人体育训练基地，拓展残疾人竞技体育训练参赛项目，狠抓残疾人竞技体育运动员选拔培养，举办全区首届残疾人运动会。

（六）大力推进无障碍环境建设

一是大力推进无障碍社会环境建设。市、县（市、区）普遍建立无障碍环境建设督导队。二是全面加强无障碍物质环境建设。落实城镇新建改建扩建公共设施无障碍建设标准规定，推进国家机关、公共服务场所、残疾人服务机构无障碍设施改造，加强城镇老旧小区和社区无障碍环境改造工作，把保障房小区无障碍建设纳入社区无障碍建设范围；抓好人工智能、高性能辅具器械、智能穿戴等科技创新产品在无障碍物质环境建设中的应用；加快低收入重度残疾人家庭、老年人家庭无障碍（适老化）改造；因地制宜推进农村厕所无障碍改造。三是重视并切实加强信息无障碍建设。完善无障碍设施相关使用信息或指示标志，培育多元化信息无障碍供给市场主体，推进智慧化信息无障碍产品开发和应用。

（七）推进残疾人事业社会治理现代化

一是统筹推动残疾人事业均衡发展。推动川区打造新的扶残助残项目品牌，形成一批可复制的残疾人工作典型经验；支持山区加大残疾人事业发展资金投入，配齐配强基层工作力量，发挥好康复托养中心服务残疾人主阵地作用，为残疾人提供可及的优质服务；充分考虑农村残疾人和城镇困难残疾人的特殊需求，在资金扶持和上门服务上给予重点保障；健全不同类别残疾人帮扶政策体系，实施满足不同类别个性化需求的扶残惠残项目。二是健全残疾人社会关爱服务体系。实施县域残疾人服务能力提升行动，将残疾人公共服务纳入县（市、区）、乡镇（街道）、村（社区）公共服务事项清单；普遍建立乡镇（街道）"阳光家园""残疾人之家"；加强残疾人康复托养等基础设施规范化建设；坚持残疾人社会服务产业化发展方向，健全残疾人社会服务制度，构建城乡一体、主体多元、形式多样、特色鲜明、服务专业的残疾人社会服务体系。三是创新残疾人村（社区）治理模式。推进村（社区）残疾人组织、服务平台建设和志愿助残服务，打造残疾人家门口服务综合体新模式；将村（社区）残疾人帮扶纳入城乡社区治理网格化管理和服务，形成"乡镇（街道）残联—村（社区）残协—残疾人小组—网格"四级联动残疾人社会治理体系；引进专业社会组织就近就便为困难残疾人提供走访探视、集中照护、日间照料、邻里照护等各类服务；规范残疾人服务受理办理、帮办代办程序，实现辖区残疾人联系服务全覆盖。四是推进残疾人事业信息化建设。高质量完成"智慧残联"建设任务，整合和优化残联系统业务数据统计报送渠道，建立和完善残疾人服务管理大数据库，提高数据采集统计分析的时效性和准确性，打通残联与公安、民政、卫生、人力资源社会保障等部门的信息共享渠道；开设残疾人掌上综合服务窗口，加强残疾人证智能化和电子证照工作，实现掌上"一网通办""一卡通行"。五是提升政府购买残疾人服务质量。修订完善政府购买残疾人服务管理办法和项目目录，在残疾人服务各领域全面开展购买服务；完善培育发展助残类社会组织政策，建立监管、评估、退出机制，抓好第三方评估和绩效评价。

（八）进一步优化残疾人事业发展环境

一是健全残疾人工作领导体制和工作机制。落实好残工委议事工作制度、残工委成员单位述职和为残疾人办实事制度，进一步发挥残工委统筹协调作用，强化残联在残疾人保障工作中的职能。二是加快残疾人事业法治化进程。推动《宁夏回族自治区实施〈中华人民共和国残疾人保障法〉办法》有效落实，出台宁夏实施《残疾人就业条例》《残疾人教育条例》《残疾预防和残疾人康复条例》办法；开展残疾人事业发展人大执法检查、政协专题视察活动；建立健全残疾人权益保障、突发事件应急处置机制，建立重大惠残政策合法性审查制度，健全残疾人信访维权制度；将涉残疾人法律法规纳入"八五"普法宣传教育，加强残疾人法律救助工作。三是持续加大残疾人事业资金投入。落实残保金足额安排用于残疾人事业发展规定，逐年增加残疾人事业发展重大项目投入，加大乡镇（街道）残联工作经费投入，建立乡镇（街道）残疾人专职委员工资待遇、村（社区）负责残疾人工作"两委"成员岗位补贴保障制度；统筹安排彩票公益金支持残疾人事业发展，大力发展慈善公益事业。四是坚持平等、参与、共享的现代文明社会残疾人观。加强残疾人事业理论和实践研究，解决好残疾人最关心、最直接、最现实的利益问题，加强残疾人事业全媒体传播能力建设，营造理解、尊重、关心、帮助残疾人的浓厚社会氛围。

（九）加强残疾人工作组织建设

坚持把政治建设摆在首位，坚定不移用习近平新时代中国特色社会主义思想武装头脑、指导实践、推动工作。一是深入推进残联系统改革。把全面从严治党要求贯彻到残疾人工作的全领域、全过程，扎实履行"代表、服务、管理"职能；加强基层工作力量，健全县（市、区）残联机构设置，配齐配强基层残联领导班子，健全残联直属单位运行保障和高效服务机制，支持乡镇（街道）残联发挥作用，实现村（社区）残疾人协会建设全覆盖，选派优秀年轻干部到基层残联挂职锻炼。二是提升主席团履职能力。主席团每年至少召开一次全体会议，审议执行理事会工作报告，监督执行理事会贯彻有关残疾人事业法律法规和政策规定等情况。三是加强残疾人专门协会建设。市、县（市、区）残疾人专门协会全部完成社会组织法人登记，建立残疾人、助残爱心人士、志愿者参与协会工作制度和残疾人专门协会监督管

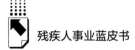

残疾人事业蓝皮书

理制度，保障残疾人各专门协会办公场所、活动阵地和办公设备、办公经费需要，鼓励支持残疾人各专门协会承接政府购买助残服务项目。四是打造高素质残疾人工作者队伍。通过选派年富力强的人员到残联挂职、兼职，优化残联领导班子结构；通过举办全区残联领导干部培训班、开展残疾人工作业务大讲堂活动、鼓励支持残联所属单位引进高素质专业技术人才、鼓励区内职业院校和高等院校增收康复治疗学等相关专业、加强残疾人服务从业人员职业能力建设和职称评定等渠道，加大残联工作人员、残疾人干部和残疾人服务专业队伍培养力度。五是激发残疾人发展的内生动力。加强对残疾人的思想政治教育，推动"学听跟"专项活动常态化；加强残疾人先进典型培树，激励更多残疾人自强拼搏、实现人生价值；加强和改进调查研究，回应残疾人美好生活期盼，激发和引导残疾人的积极性、主动性、创造性。

五 结语

潮平两岸阔，风正一帆悬。在以习近平同志为核心的党中央的坚强领导下，宁夏这片古老而神奇的土地必将在"建设美丽新宁夏，共圆伟大中国梦"的新征途中焕发勃勃生机。全区720多万的各族人民团结奋斗、砥砺奋进，宁夏残疾人事业必将开创高质量发展的新局面，为建设黄河流域生态保护和高质量发展先行区谱写浓墨重彩的新篇章，宁夏残疾人的生活将更加美好！

186

西藏自治区残疾人事业发展报告（2021）

胡 云* 西藏自治区残疾人联合会

摘 要： 西藏自治区残疾人事业经历了探索起步、基础巩固和科学发展三个阶段，至今已建立起较为完善的残疾人保护法律法规体系，惠残政策措施逐步完善，残疾人事业经费投入逐年增长，残疾人康复服务水平不断提升，受教育程度稳步提高，收入较快增长，残疾人事业取得显著成绩。"十四五"期间，西藏自治区将以"三个一"为主线，高质量推进本区残疾人事业发展。

关键词： 残疾人事业 "十四五" 西藏

一 西藏残疾人基本情况

（一）西藏自治区基本情况

西藏自治区地处中国西南边陲，北界昆仑山、唐古拉山与新疆维吾尔自治区及青海省毗邻，东隔金沙江与四川省相望，东南与云南省山水相连，南面和西面与缅甸、印度、不丹、尼泊尔和克什米尔地区接壤。西藏的地貌大致分为喜马拉雅高山区、藏南谷地、藏北高原和藏东高山峡谷区。全区面积为122万平方公里，居全国各省份第2位。西藏是一个以藏族为主的民族聚

---

* 胡云，西藏自治区残疾人联合会四级主任科员。

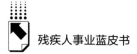

居地区，也有汉族、回族、蒙古族、纳西族、珞巴族、僜人等。第七次全国人口普查数据显示，西藏常住总人口达到 364.81 万人，其中藏族人口接近 314 万人；全区常住人口中，居住在城镇的人口为 1303443 人，居住在乡村的人口为 2344657 人。①

2020 年，西藏自治区 GDP 突破 1900 亿元，城乡居民人均可支配收入分别达到 41156 元和 14598 元，城镇登记失业率控制在 4% 以内，城镇调查失业率控制在 5.5% 以内。②

西藏自治区全面完成脱贫攻坚任务，出台进一步加强易地扶贫搬迁后续扶持工作实施意见及防止返贫监测和帮扶机制实施办法，贫困发生率动态清零。西藏自治区持续完善社会保障制度。城市低保标准达到每人每月 847 元，农村低保标准达到每人每年 4713 元。贫困人口实行"先诊疗后付费"，城乡居民基本医疗保险基金实现收支平衡，大病保险起付线降至个人自付 5000 元，封顶线提高至 14 万元。全年发放价格临时补贴 1.25 亿元，受益群众达 158 万人次。贯彻落实《西藏自治区人民政府关于建立困难残疾人生活补贴和重度残疾人护理补贴制度的实施意见》（藏政发〔2016〕44 号）精神，2020 年共落实残疾人"两项补贴"资金 1.928 亿元，享受困难残疾人生活补贴和重度残疾人护理补贴的人数分别达到 95712 人和 32491 人（"两项补贴"人数有重合）。截至 2021 年 8 月，全区共有 80 个养老机构，总床位 10740 张，护理型床位 8313 张，护理型床位占比约为 77%；城乡特困供养对象 13556 人，其中集中供养特困老人 7225 人，儿童福利机构集中供养孤弃儿童 5188 人。积极落实"双集中"机构相关经费，自治区配套落实特困人员集中供养机构运行经费和人员工资共计 4896.96 万元；落实老年人"两项补贴"资金 1617 万元，受益老年人 2.6 万人；落实"福彩圆梦助学工程"资金 1023 万元；落实孤儿、事实无人抚养儿童价格临时补贴 968.18 万元，受益群众 41276 人次；落实孤儿生活保障资金 390.65 万元；下拨事实无人抚养儿童保障资金 1248.39 万元。[①]

（二）西藏自治区残疾人事业发展历程

探索起步阶段（1986～1996 年）。西藏自治区残疾人联合会 1986 年 2 月成立，在自治区民政厅设立残联办公室，依托各级民政机构扎实开展残疾人各项工作。1996 年 9 月自治区残联实现机构单列，为副厅级建制，编制 11 人，内设业务处、办公室两个处室及机关后勤服务中心 1 个事业科室。这 10 年是西藏自治区残疾人事业探索起步的 10 年，在办公条件简陋、人手紧张的情况下，自治区残联积极完成自治区党委、政府和中国残联安排的各项工作任务。

基础巩固阶段（1997～2011 年）。一是强基础。从自治区残联到各地市残联，基础设施建设逐步完善。各地市残联从财务单列、机构单列、内设科室升级到建立县级残联，组织机构渐渐完备。"十一五"期间，1998 年中国残联投入资金 300 万元，自治区人民政府无偿划拨 10 亩土地，成立了西藏自治区残疾人综合服务中心，这是西藏自治区残疾人事业发展的重要标志。随着社会事业的快速发展和进步，现有基础设施设备已经远不能适应残疾人的需求。在 2009 年，争取国家投资和地方配套投资 3000 多万元，完成自治区残疾人康复服务中心改扩建工程、新建自治区残疾人就业服务中心。争取国家投资和对口援藏资金 3500 多万元，加强拉萨、山南、林芝、日喀则、昌都等地残疾人康复服务中心基础服务设施建设。自治区加大了对残疾人事业的经费投入力度，自治区本级财政累计投入资金达 7467.78 万元，其中残疾人基础服务设施建设投入 3697 万元。二是增编制。2002 年 12 月，自治区残联机关编制增至 17 名。新成立 2 个事业单位（西藏自治区残疾人综合

[①] 马菁林、斯朗尼玛主编《西藏自治区 2021 年发展改革白皮书》（内部资料），西藏自治区发展和改革委员会，2021 年 8 月。

服务中心、西藏自治区残疾人劳动就业培训中心），事业编制共计29名。2010年8月，自治区残联由原来2个副处级内设机构整合调整为4个正处级内设机构，即办公室（机关党委、政工人事处）、康复部、教育就业部、组织联络与维权部（宣传文体部）。机关行政编制为22名。机关所属事业部门2个（信息中心、后勤服务中心），事业编制8名。下属事业单位西藏自治区残疾人综合服务中心更名为西藏自治区残疾人康复服务中心，由副县级调整为正县级（内设7个科级机构：办公室、听力语言康复部、肢体康复部、社区康复指导部、视力康复部、残疾人辅助器具供应中心、心理康复和精神防治部。事业编制为54名，其中县级领导职数为3名、科级领导职数为14名）。下属事业单位西藏自治区残疾人劳动就业培训中心更名为西藏自治区残疾人就业服务中心，并由副县级调整为正县级（内设4个科级机构：办公室、就业服务部、职业培训部、盲人按摩管理部。事业编制为23名，其中县级领导职数为3名、科级领导职数为8名）。2019年3月，核定自治区残联行政编制21名，部门领导职数3名，处级领导职数9名（含机关党委专职副书记、政工人事处处长1名）。2020年10月，西藏自治区残疾人康复服务中心加挂西藏自治区残疾人托养服务中心牌子，核增事业编制3名。三是抓规划。为维护残疾人的合法权益，发展残疾人事业，保障残疾人平等地充分参与社会生活，共享社会物质文化成果，根据《中华人民共和国残疾人保障法》，结合西藏自治区实际，《西藏自治区实施〈中华人民共和国残疾人保障法〉办法》1998年1月颁布，2002年7月进行修正。2010年，区党委、政府印发《关于促进残疾人事业发展的实施意见》，这是西藏自治区残疾人事业发展的纲领性文件，为残疾人事业又好又快发展指明了方向、明确了目标。为促进残疾人就业，保障和维护残疾人的劳动权利，加大对残疾人等就业困难人员的帮扶力度，落实用人单位吸纳残疾人就业相关政策规定，根据《残疾人就业条例》，结合西藏自治区实际，制定《西藏自治区实施〈残疾人就业条例〉办法》（西藏自治区人民政府令第100号），2012年1月1日起实行。

科学发展阶段（十八大以来）。一是加强配套设施建设。"十二五"期间，争取国家投资 1.02 亿元，建设 6 个残疾人托养服务中心和 2 个地市残疾人综合服务中心；争取中央彩票公益金 1.78 亿元，建设 47 个县级残疾人综合服务中心。"十三五"时期，对于西藏自治区残疾人托养服务中心、林芝地区残疾人综合服务中心和昌都地区残疾人托养服务中心，中央预算内总投资 4435 万元。开工建设"十三五"项目，新建拉萨市残疾人康复服务中心，扩建拉萨市残疾人托养服务中心，中央预算内总投资 3483 万元。二是积极协调中国残联召开全国残联系统第二次对口援藏工作会议，为西藏自治区残疾人事业的发展注入新的活力，落实对口援藏项目建设资金近千万元。三是 2013 年召开全区第六次残疾人工作会议，对过去五年工作进行全面总结，对未来五年工作进行安排部署。选举西藏自治区残联第五届名誉主席、主席团和执行理事会。四是制定出台普惠加特惠的政策，引领残疾人事业更好更快发展。十八大以来，政策措施不断完善，扶残助残体系不断健全。为全面建成残疾人小康社会，加强残疾人脱贫攻坚工作，从自治区层面出台《西藏自治区人民政府关于加快推进残疾人小康进程的实施意见》、《西藏自治区贯彻〈农村残疾人扶贫开发纲要（2011—2020 年）〉实施办法》（藏政办发〔2014〕14 号）。出台《西藏自治区人民政府关于建立困难残疾人生活补贴和重度残疾人护理补贴制度的实施意见》；印发《西藏自治区残疾人就业保障金征收使用管理办法》（藏残联字〔2013〕75 号）。截至 2016 年，自治区本级和拉萨、日喀则、山南、林芝、昌都、那曲 6 地市以及 15 个县开展了征缴工作，全区共征缴残疾人就业保障金 1 亿多元。自治区党委、政府高度重视残疾人工作，多次召开专题会议，研究解决残疾人事业中的难点、热点问题，出台《中共西藏自治区委员会 西藏自治区人民政府关于加强新时代残疾人工作的意见》（藏党发〔2020〕20 号），为促进残疾人事业发展汇聚力量。西藏自治区残联、民政厅、财政厅、教育厅等单位制定了《西藏自治区残疾人精准康复行动实施方案（2017—2020 年）》《关于扶持助残扶贫行动实施方案》《西藏自治区电子商务助残扶贫行动实施方案》《西藏自治区发展手工制作促进贫困残疾妇女就业脱贫行动实施方案》等涉及残疾人康复、就业、扶贫等领域的普惠扶持政策，切实推进残疾人扶贫攻

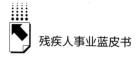

坚工作；西藏自治区残联参与残工委成员单位《西藏自治区关于加强农村最低生活保障制度与扶贫开发政策有效衔接的实施方案》《西藏自治区特困人员救助供养实施办法》《关于做好残疾儿童少年义务教育招生入学工作的通知》等政策的制定出台，将残疾人优先纳入各项保障和改善民生的政策中，切实让贫困残疾人全面享受特惠待遇。

西藏自治区残疾人事业进入新的发展阶段。通过实施"十一五""十二五""十三五""十四五"规划，为切实解决残疾人"急难愁盼"实际问题，区残联把党史学习教育与全国残联系统开展的"学听跟"（学习习近平新时代中国特色社会主义思想和习近平总书记关于残疾人事业的重要论述，团结带领广大残疾人听党话、跟党走）专项活动相结合，与全区残联系统"六心"（永葆忠心、弘扬仁心、满怀热心、奉献爱心、坚持恒心、常怀戒心）专项教育相结合，切实在学习和实践中发挥残联优势，不断加强和提升残疾人工作者能力水平，聚焦解决群众普遍关注的民生问题，面向基层残疾人，扎实、有序、深入开展"一问二讲三帮四送"（问需求，讲党恩、讲政策，帮就业、帮教育、帮维权，送康复、送辅具、送文艺、送关怀）为残疾人办实事活动，取得了阶段性的成效。残疾人基本民生得到稳定保障，不断加大残疾人社会救助力度，会同民政厅印发了《关于对建立困难残疾人生活补贴和重度残疾人护理补贴制度的实施意见相关政策调整的通知》，扩大了残疾人"两项补贴"享受覆盖面，同时残疾人"两项补贴"申请实现了"跨省通办"，落实残疾人医疗救助、社会福利、社会保险等保障制度，做到应保尽保，城乡残疾人基本养老保险和基本医疗保险参保率实现全覆盖。残疾人康复状况明显改善，认真落实《残疾预防和残疾人康复条例》《西藏自治区人民政府关于建立残疾儿童康复救助制度的实施意见》，为1万余人提供康复服务，适配辅助器具4万余件，康复服务覆盖率达76.3%，残疾人或监护人满意率达100%。残疾人受教育水平显著提高，加快推进《残疾人教育条例》落实，义务教育阶段残疾儿童少年入学率从2019年的84.32%提高至2020年的96.73%。加快推进无障碍环境建设，积极协调移动、电信、联通、高驰等企业，面向全区持证残疾人和老年人等特定用户，推出信息优惠套餐及有关无障碍信息化服务。在边境县实施重度残疾人家庭无障碍改造工程和公共无障碍示范建设。残疾人合法权益得到更好保障，残疾人信访案件办结率和残疾人满意率均达100%。加强法律法规宣传，促进残疾人知法、懂法、守法、用法。扎实推进残联改革，各级残联政治性、先进性、群众性显著增强，残疾人工作者政治意识和履职能力明显提高，与残疾人的血肉联系更加紧密。全力推动新时代全区残疾人事业高质量发展。

（三）西藏自治区残疾人基本情况

根据第二次全国残疾人抽样调查数据测算，截至2021年6月，全区有第二代残疾证的残疾人108646人，其中，农村100255人，占持证残疾人总数的92.28%；城镇8391人，占持证残疾人总数的7.72%。分残疾类别看，肢体残疾人54451人，占比50.12%，占全区持证残疾人数的一半以上；视力残疾人数排名第二，为17510人，占比16.12%；听力残疾人数排名第三，为13073人，占比12.03%；多重残疾人数排名第四，为9494人，占比8.74%；精神残疾人数排名第五，为6134人，占比5.65%；言语残疾人数排名第六，为5032人，占比4.63%；智力残疾人数最少，为2952人，占比2.72%（见表1）。

表1　截至2021年6月西藏自治区持证残疾人残疾类别分布

单位：人，%

残疾类别	残疾人数	占比
视力残疾人	17510	16.12
言语残疾人	5032	4.63
精神残疾人	6134	5.65
多重残疾人	9494	8.74
智力残疾人	2952	2.72
肢体残疾人	54451	50.12
听力残疾人	13073	12.03
合计	108646	100

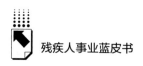

分残疾等级看，西藏自治区持证残疾人随着等级的降低，人数呈现增加的态势。其中，一级残疾人 13288 人，占比为 12.23%；二级残疾人和三级残疾人数量基本接近，二者占比分别为 20.79% 和 25.13%；四级残疾人数量最多，为 45472 人，占比为 41.85%。轻度（三级和四级）残疾人总数为 72774 人，占比为 66.98%；重度（一级和二级）残疾人总数为 35872 人，占比为 33.02%（见表2）。

表2　截至 2021 年 6 月西藏自治区持证残疾人残疾等级分布

单位：人，%

残疾等级	残疾人数	占比
一级残疾	13288	12.23
二级残疾	22584	20.79
三级残疾	27302	25.13
四级残疾	45472	41.85
合计	108646	100

从地区分布看，昌都市持证残疾人为 2.83 万人，占全区持证残疾人总数的 26.06%，处于全区第 1 位。造成这种现象的主要原因在于昌都是大骨节病致残的重点病区，大骨节病是一种地方性骨关节病，患者主要表现为关节疼痛、屈曲受限甚至强直，不能站立、不能走动而致残，是流行地区因病致贫、因病返贫的重要原因。日喀则市有 1 个区、18 个县，人口密度最大，持证残疾人为 2.31 万人，占全区持证残疾人总数的 21.27%。阿里地区和那曲市平均海拔 4000 米以上，面积较大，而人口密度最小，持证残疾人数占全区持证残疾人总数的比例分别为 2.85% 和 14.27%。拉萨市人口密度最大，常住人口为 86.79 万人，残疾人为 1.33 万人，占全区持证残疾人总数的 12.25%。林芝市平均海拔 3100 米，持证残疾人为 0.84 万人，占全区持证残疾人总数的 7.73%（见表3）。

表3　截至2021年6月西藏自治区持证残疾人地区分布

单位：万人，%

地区	残疾人数	占全区持证残疾人的比例	占当地人口的比例
拉萨市	1.33	12.25	1.53
日喀则市	2.31	21.27	2.89
昌都市	2.83	26.06	3.71
林芝市	0.84	7.73	3.52
那曲市	1.55	14.27	3.10
山南市	1.69	15.56	4.79
阿里地区	0.31	2.85	2.51
合计	10.86	100	—

二　2020年残疾人事业进展

（一）巩固脱贫攻坚成果，不断提高残疾人的生活质量

加强协调，形成打赢脱贫攻坚战工作合力。党组、理事会积极主动履行职能职责，科学安排部署残疾人脱贫攻坚和扶贫工作，坚持每季度召开1次脱贫攻坚工作专题会议，将残疾人脱贫攻坚工作列入重要议事日程，制定工作措施，明确目标任务，落实工作责任。在各地市开展残疾人脱贫攻坚专项调研，为解决残疾人实际困难、提高残疾人生活质量，形成专题调研报告。

突出重点，着力完成脱贫攻坚重点工作。会同民政、扶贫部门印发《关于切实做好2020年贫困残疾人脱贫攻坚工作的通知》，制定《西藏自治区残联行业帮扶残疾人防返贫监测预警和动态帮扶机制落实工作方案》，对因残致贫不稳定户156户和边缘易致贫户152户进行有效监测，提供有效服务。全区29033名建档立卡贫困残疾人同全区人民一道脱贫摘帽。

巩固成果，着力做好定点扶贫工作。严格落实"摘帽不摘责任、摘帽不摘政策、摘帽不摘帮扶、摘帽不摘监管"的要求，巩固拓展脱贫攻坚成

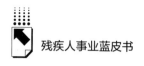

果。开展"结对帮扶"走访慰问活动 4 次，发放价值 8 万元生活物资。残联筹措资金 5 万元、争取强基惠民资金 3.8 万元，帮助结对帮扶村建设牛羊合作社。加大支持消费力度，拓宽消费渠道，残联系统采购消费扶贫产品 11 万元。

（二）积极落实惠残举措，稳步推进残疾人工作全面提升

实施好涉残民生项目。协助民政部门落实残疾人"两项补贴"，为 9.57 万名困难残疾人落实生活补贴 1.14 亿元［100 元/（人·月）］，为 3.249 万名重度残疾人落实护理补贴 7797.6 万元［200 元/（人·月）］，困难残疾人、重度残疾人受益人数分别比 2019 年增加 5600 人、1690 人。积极落实残疾人各类救助项目资金 504.12 万元，为 700 名智力、精神和重度残疾人提供居家托养服务，为 39 名重度残疾人提供寄宿制托养服务。对 979 户贫困残疾人家庭实施无障碍改造，1486 名贫困肢体残疾人享受机动车燃油补贴。积极协调天津市残联对口支援小组，落实对口支援资金 100 万元，昌都市 700 名贫困残疾人受益。

残疾人"人人享有康复服务"持续推进。积极落实《残疾预防和残疾人康复条例》，实施残疾人精准康复服务行动，落实残疾人康复服务经费 900 万元，为 1.2 万名残疾人提供康复服务，适配各类辅助器具达 7311 件，辅具适配服务率达到 80%，康复服务率达到 70%，残疾人或监护人满意率达到 100%。为康复专业技术人员培训 223 人次，培训残疾儿童家长 150 名，委派 10 名康复技术人员赴内地学习深造，为 499 名残疾人患者提供假肢装配服务。落实专项资金 45 万元，在 3 个全国残疾预防综合试验区开展产筛、儿筛、残疾评定、残疾预防宣传等工作。深入 28 个县 61 个乡镇筛查出 5912 名有康复需求的残疾人，适配辅具达 3323 件。为 36 名智力障碍和孤独症儿童提供个别化康复训练 2071 次，增加残疾儿童矫治手术定点医院 1 家，完成 21 例人工耳蜗植入手术，人工耳蜗植入手术救助人数比 2019 年增长 14 人，增长率为 200%。

残疾人教育工作稳步推进。西藏自治区残联、教育厅制定《关于做

好义务教育阶段重度残疾儿童少年送教上门工作的通知》、《关于加强残疾儿童少年义务教育阶段随班就读工作的若干意见》和《关于印发〈特殊教育专家委员会工作管理办法（试行）〉的通知》，保障残疾儿童少年受教育权益，提高义务教育阶段残疾儿童少年入学率。据统计，全区9696 名持证残疾儿童少年，已安置 8991 名，为 4810 名残疾学生提供送教上门服务，比 2019 年增加 2203 名，义务教育阶段残疾儿童少年入学率从 2019 年的 84.32% 提高至 96.73%。开展残疾青壮年文盲扫盲工作，对 100 名青壮年文盲残疾人开展扫盲培训。制定《西藏自治区残疾大学生辅助器具适配助学行动工作方案》，为西藏自治区 14 名持证且有辅具适配需求的残疾大学生配备了辅具。

搭建就业创业服务平台，不断扩大残疾人就业。建立全区首家残疾人就业创业园，设工位 145 个，已入驻企业 41 家，为有就业能力且有就业意愿的残疾人实现就业提供职业技能培训、就业岗位、法律援助等服务。深入53 个社区开展就业援助月活动，登记有就业意愿的残疾人 2361 名，另走访60 家用人单位，安置残疾人就业 15 人。着力提高残疾人职业能力，开展职业指导 868 人次、职业介绍 685 人次、求职登记 311 人次。委托西藏大学驾校为 23 名残疾人开展驾驶技能培训。举办残疾人专场招聘会，77 名残疾人与用人单位达成就业意向。2020 年新增城镇残疾人就业 333 人（比 2019 年增加 251 人），其中按比例安置就业 93 人、高校残疾大学生就业 160 人、招聘就业 64 人、就业援助月活动促进就业 13 人、自主创业 3 人。西藏自治区残联、财政厅、国税局等部门制定《西藏自治区残疾人就业保障金征收使用管理实施办法（暂行）》。召开区、市、县工作推进会，有力推动按比例安置残疾人就业工作，明确自 2021 年 1 月 1 日起由税务部门征收残疾人就业保障金。

残疾人托养工作取得新进展。切实保障孤寡一体、多残一体等最困难的残疾人"兜"起来、"扶"起来，成立自治区残疾人托养中心项目工作领导小组，积极做好残疾人入住前准备工作，已完成政府购买残疾人托养服务方案、资金保障、托养中心规章制度、残疾人托养无障碍设施设备采购等。积

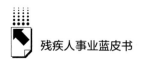
极完善自治区残疾人托养中心附属配套设施建设项目，已完成项目终验工作。

残疾人权益保障不断优化。充分发挥"12385"残疾人服务热线的作用，为广大残疾人提供政策咨询、信访投诉等服务，全年办结来信来访案件10余次，案件办结率、残疾人满意率均达100%。在各县建立残疾人法律援助中心（站），为有需求的残疾人提供司法救助服务。在助残日期间共发放各类助残慰问金59.25万元、助残慰问品1100件，发放辅具260台（件），发放宣传册共9.6万册，提供义诊服务1320人次，提供职业指导和就业咨询3400人次。对受新冠肺炎疫情影响的27家盲人按摩服务机构和残疾人企业给予临时救助，发放补贴资金35万元。

（三）加强残联组织自身建设，为残疾人事业发展提供可靠保障

群团改革继续推进。召开全区基层残联组织专项改革工作视频会议，积极研究部署市、县、乡、村四级残疾人专门协会建设。党组班子成员分别到各地市和县对残疾人基层组织建设进行调研，及时研究解决基层工作中出现的热点、难点问题。据统计，全区7地市及74个县已全部制定改革方案。昌都市、林芝市、阿里地区已完成675个专门协会建设。

残疾人基础设施建设不断加强。积极协调自治区发改委、财政厅、民政厅、住建厅等部门，全区申报项目12个，落实投资资金1.1亿元，全力完善各地市残疾人康复服务中心和县级综合服务中心，实施区残疾人康复服务中心扩建项目、区残疾人康复服务中心2号及3号办公楼维修改造项目、区残疾人托养中心附属配套（市政、机电）工程项目、区就业创业园维修改造项目等，与施工方、监理方加强联系沟通，密切协作配合，确保各项工程顺利竣工，抓好项目质量、进度、安全三件大事。

健全残疾人基本服务和需求大数据。完成全区残疾人基本服务状况和需求信息数据动态更新工作，将每一名残疾人纳入服务对象，摸清服务需求，持证残疾人比2019年增加22426人，持证残疾人的服务与需求信息得到完善。

三 西藏自治区"十四五"残疾人事业展望

（一）残疾人事业面临的形势和挑战

由于地理环境、基础条件等多方面限制，西藏残疾人和残疾人事业发展仍然不均衡不充分。西藏企业少，适合残疾人的岗位少，残疾人就业困难，农牧区的致残率较高，残疾人致贫返贫因素多、风险高；收入水平和生活条件同当地社会平均水平、同内地平均水平有差距；歧视残疾人、侵害残疾人权益的现象时有发生。残疾预防意识较弱，残疾康复需求大；残联工作力量薄弱，基层残疾人服务设施不完备，特别是一线工作人员、康复专业技术人才缺乏，残疾人工作开展难度大、成本高，难以满足残疾人康复、教育、就业等需求。西藏自治区残疾人事业也面临一系列挑战。主要表现为：残疾人返贫致贫风险高，残疾人家庭人均收入与社会平均水平相比还有较大差距；残疾人受教育程度依然偏低，特殊教育水平还需进一步提升；残疾人事业发展面临环境和文化的制约；组织体系尚待完善。基层特别是乡（镇）、村（居）一级残疾人工作力量薄弱，残疾人基础服务设施建设滞后、作用发挥不足。各级政府残工委工作机制有待进一步完善，督促检查、协调各方等职能有待进一步发挥；日益增长的个性化需求对残疾人事业发展提出了新的挑战。

（二）"十四五"残疾人事业发展目标

结合西藏自治区残疾人事业发展现状和面临的挑战，"十四五"期间，西藏自治区将以"三个一"为主线，高质量推进本区残疾人事业发展。

首先，突出一个主题，就是突出高质量发展这个主题。围绕稳定、发展、生态、强边"四件大事"，以不断满足残疾人美好生活需要为出发点，突出加强党的领导、充分发挥残疾人的主体作用、凝聚残疾人事业发展合力、全面提升基层服务能力、加强人才队伍建设、加强残疾人组织建设等重

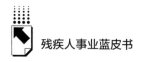
点，不断完善残疾人事业发展体制机制，把新发展理念贯穿始终。

其次，立足一个短板，就是立足西藏残疾人事业发展不均衡不充分的短板，统筹推动残疾人教育引导、民生保障、社会参与、基本公共服务、权益保护、生态建设、构建新发展格局等领域的发展任务。

最后，把握一个主线，就是以促进残疾人全面发展和共同富裕为主线，保基本、兜底线，固根基、提质量，统筹协调、形成合力，巩固拓展残疾人脱贫攻坚成果与乡村振兴有效衔接，残疾人的生活品质明显提升，残疾人家庭收入水平与区内社会平均水平的差距显著缩小，民生福祉达到新水平。

下一步西藏自治区残疾人事业的发展目标分为以下两个阶段。

第一个阶段，到2025年，巩固拓展脱贫攻坚成果与乡村振兴有效衔接，防止残疾人返贫，并提升残疾人生活品质，缩小残疾人家庭收入水平与区内社会平均水平的差距；建立多层次残疾人社会保障体系，增进残疾人民生福祉，实现残疾人"两项补贴"全覆盖；建立重度残疾人护理照料体系，初步建立全方位、全生命周期的残疾人基本公共服务体系，逐步实现残疾人公共服务均等化；残疾人健康状况不断改善，受教育水平继续提高，实现较为充分较高质量的就业；优化无障碍社会环境，保障残疾人社会参与权利，实现残疾人政治、经济、文化、社会、家庭生活等权利平等。

第二个阶段，到2035年，实现残疾人事业与全区经济社会协调发展，进一步缩小残疾人物质生活、精神生活与区内社会平均水平的差距。营造平等、包容的社会氛围，保障残疾人享有平等参与、公平发展的权利，实现残疾人的全面发展和残疾人家庭的共同富裕。

（三）"十四五"残疾人事业重点工作

做好残疾人教育引导。一是加强思想教育。做好各项惠残利残政策解读，讲清伟大时代的恩赐，讲清幸福生活的根源，强化对伟大祖国、中华民族、中华文化、中国共产党、中国特色社会主义的认同。二是弘扬"四自"精神。大力弘扬社会主义核心价值观、人道主义精神和现代文明社会残疾人观，消除残疾歧视，引导全社会理解尊重和关心爱护残疾人，鼓励残疾人力所能及地参与全区发展、稳定、生态、强边各项事业，鼓励残疾人锤炼个人品德，修身敦品、崇德向善，积极参与移风易俗、树立文明新风、摒弃陈规陋习，抵制腐朽落后文化侵蚀，理性对待宗教，淡化宗教消极影响，敢于担当、主动作为，感恩他人的帮助并在力所能及的情况下回馈社会。

保障残疾人基本民生。巩固拓展脱贫攻坚成果与乡村振兴有效衔接，改进残疾人社会救助体系，提高残疾人社会福利水平，进一步加强残疾人社会优待工作，提高残疾人社会保险覆盖比例，改善残疾人家庭住房条件，加快发展残疾人托养和照护服务，加强突发公共事件中对残疾人的保护，加强伤残退役军人和伤残民警抚恤优待。

促进残疾人就业增收。完善残疾人就业创业法规政策，促进多层次多渠道就（创）业，加强残疾人就业保障。

健全残疾人关爱服务体系。实施残疾人精准康复服务，提高残疾人受教育水平，积极推动残疾人文化体育工作，推进城乡无障碍环境建设。

依法保障残疾人合法权益。夯实残疾人权益保障工作基础，健全残疾人权益保障法治体系，推进信息化建设，营造扶残助残的浓厚社会氛围。

力所能及参与生态建设。鼓励有劳动能力的残疾人积极参与政府购买服务生态岗位，以实际行动推进生态文明建设。在推进绿色城镇、美丽乡村建设过程中统筹残疾人及其家庭需求，打造残疾人参与和共享的城乡居住空间。

构建残疾人事业新发展格局。着眼强边，促进城乡、区域协同发展，鼓励残疾人参与抵边工程；强化全国残疾人事业对口援藏工作，加大对地市和县残疾人社会保障体系建设、残疾人服务体系建设、残疾人组织建设、残疾人基层设施建设等重点领域的援助力度；参与残疾人事务国际交流合作，面向以尼泊尔为代表的南亚友好国家，探索开展"一带一路"残疾人事务国际交流合作。

附　　录
Appendix

B.12
中国残疾人体育大事记（1953～2021）

1953年

6月15日　广西聋哑人关三标参加南宁水上运动会，获3米跳板跳水冠军，成为残健同场竞赛第一个夺冠的残疾人运动员。

1957年

6月　全国首届聋哑人运动会在北京举行，设有田径、乒乓球、游泳等3个比赛项目，这是中国有史以来第一次为聋哑人举办的全国运动会。

1958年

8月21日　中国聋哑人福利会和中国聋人体育协会筹备委员会向聋人

地方组织发布《关于建立各级聋人体育协会的通知》。

12月2日　国务院批准转发中国聋哑人福利会《中国聋人体育运动的开展情况及对今后工作的意见》，此后数月时间多地分项目成立运动队。

1959年

4月10日　国家体委发布《关于组织全国聋哑人男子篮球比赛的通知》。

6月　首届全国聋人男子篮球赛举办，绝大部分省区市派代表队参加。

1981年

8月8～9日　中国国际残废人年组委会、文化部、国家体委等举行"文体艺演"，收入用于"国际残废人年"活动。

1982年

10月28日至11月7日　中国伤残运动员代表团参加在香港举办的第三届远东及南太平洋地区残疾人运动会（简称"远南残疾人运动会"）。

1983年

10月15～22日　天津市委、民政局、体委、红十字会联合发起并举办全国伤残人体育邀请赛，这是新中国成立以来规模最大的一次伤残人运动会。

10月21日　全国伤残人体育工作者和运动员代表会议在天津召开，宣布中国伤残人体育协会（对外称"中国残奥运动委员会"）成立，会议通过《中国伤残人体育协会章程》。

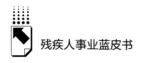

1984年

6月16日 北京盲人姑娘平亚丽在世界伤残人奥运会上夺得女子跳远金牌（女子 B2 级别），这是中国运动员在残奥会历史上获得的第一枚金牌。

6月16～30日 我国首次派出中国伤残人体育代表团参加在美国举行的世界伤残人奥运会（国际奥委会从此届开始正式承认残奥会，此届世界伤残人奥运会后改称"第七届残奥会"），中国代表队 9 次打破世界纪录。此后，中国参加了历届夏季残奥会。

10月7～14日 第一届全国残疾人运动会（时称"伤残人运动会"）在合肥隆重举行，在此次比赛中我国破两项世界纪录。

1985年

3月26日 陕西残疾青年刘昇、孙逊等 10 人参加第一届北京马拉松国际邀请赛。

6月17日 中国弱智人体育协会（对外称"中国特奥运动委员会"）在北京成立。

7月6日 我国加入国际特奥运动组织（SOI），成为国际特奥委会的成员国。

7月17日 民政部、国家体委印发《关于我国加入国际特殊奥运会组织和正式成立中国弱智人体育协会的通知》。协会后改称"中国智残人体育协会"，2007 年正式更名为"中国特奥运动委员会"（Special Olympics China），简称"中国特奥会"。

1986年

2月24日 中国智残人体育协会派教练员赴香港参加培训，国际特殊奥运会颁发"特殊奥运教练员合格教练证书"。

8月28日 王鲁光率中国伤残人体育代表团参加第四届远东及南太平洋地区残疾人运动会，成绩列金牌榜首位，第一次确立了我国残疾人体育在远南地区的领先地位。

12月10日 中国聋人体育协会在北京成立。同年，协会加入国际聋人体育联合会（CISS）。2004年改为"中国聋人奥林匹克委员会"。

1987年

8月23～30日 第二届全国残疾人运动会在河北省唐山市举行。

1988年

5月4日 国家体委发出《关于进一步加强伤残人体育工作的通知》。

10月15～24日 在汉城举办的第八届残疾人奥运会上，中国残疾人运动员中有8人次打破6项世界纪录。

10月29日 国家体委、中国残联在全国政协礼堂为参加第八届残疾人奥运会的残疾人运动员举行庆功大会。

1989年

9月15～20日 我国派残疾人运动员赴日本神户市参加第五届远东及南太平洋地区残疾人运动会，成绩再次列金牌榜首位，保持了我国在远南地区残疾人体育上的优势。

1991年

3月 《〈中华人民共和国残疾人保障法〉立法报告书》出版，彭真同

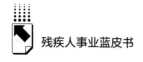

志题写丛书名"中国残疾人法律指南"。

5月28日 第六届远东及南太平洋地区残疾人运动会组委会在北京成立。

12月29日 国务院批转实施《中国残疾人事业"八五"计划纲要 (1991年—1995年)》。这是中国残联会同国家计委等16个部门依据《中华人民共和国国民经济和社会发展十年规划和第八个五年计划纲要》制订的残疾人事业发展计划。

1992年

1月10日 第三届全国残疾人运动会组委会第一次主席办公会议在北京举行。

3月18~23日 第三届全国残疾人运动会在广州举行,20人破27项世界纪录,136人超全国纪录。该届残运会是《中华人民共和国残疾人保障法》公布施行后的第一次全国残疾人体育盛会。

9月16日 中国残疾人体育代表团自巴塞罗那第九届残疾人奥运会载誉归来。在该届残奥会上,中国残疾人运动员奋力拼搏,获得11枚金牌、7枚银牌、7枚铜牌。

1993年

6月30日 国际残奥委会主席罗伯特·斯特德沃德和秘书长安德烈·雷斯就北京申办2000年奥运会和残奥会来北京考察。

9月5~14日 郭建模率北京奥申委残奥分部代表团向国际残奥委会第四届代表大会和第十次执委会报告北京申办2000年残疾人奥运会工作。

12月22日 国家体委、中国残联发布《关于做好第六届远东及南太平洋地区残疾人运动会中国残疾人体育代表团组团集训工作的意见》。

1994年

1月11日 北京市委书记陈希同市长李其炎、副市长张百发和中国残联主席邓朴方，就9月在北京举行的远南残疾人运动会事宜进行商讨。

1月15日 第六届远东及南太平洋地区残疾人运动会组委会第二次全体委员会议在北京国际会议中心举行。

1月16～17日 第六届远南残疾人运动会中国残疾人体育代表团组团集训工作会议在北京举行。

4月5日 第六届远南残疾人运动会组委会召开宣传工作座谈会。

4月19日 国务院残疾人工作协调委员会在北京举行第二次全体扩大会议专题研究第六届远南残疾人运动会筹备工作。

6月24日 在人民大会堂举行的新闻发布会上宣布第六届远南残疾人运动会中国残疾人体育代表团正式成立。

7月19日 第七次全国残联工作会议在北京举行。

7月28日 中宣部办公厅、中国残联发布《关于认真做好远南残疾人运动会宣传工作的通知》。

8月29日 第六届远南残疾人运动会火种采集及火炬接力仪式在八达岭长城举行。平亚丽、许海峰两位我国残疾人奥运会、奥运会第一块金牌得主在长城北四平台取得"圣火"，点燃火炬。

9月4～10日 第六届远东及南太平洋地区残疾人运动会在北京举行。这届运动会是远南残疾人运动会设立以来规模最大的一次，是我国继成功举办第十一届亚运会之后又一次承办的国际性运动会。

1995年

2月20日 中国残联、第六届远南残疾人运动会组委会发布《关于第六届远南残疾人运动会情况的报告》，全面总结该届远南残疾人运动会情况。

3 月 10 日 第四届全国残疾人运动会新闻发布会在钓鱼台国宾馆举行，将残运会定于 1996 年 5 月在大连举行。

8 月 29 日 第八届全国人大常委会第十五次会议通过《中华人民共和国体育法》。

1996年

4 月 7 日 第五届亚太地区聋人运动会暨亚太聋人体育联合会代表会议在马来西亚吉隆坡闭幕。我国运动员在这次运动会上获得了 4 枚金牌和 1 枚银牌。

5 月 10 ~ 17 日 第四届全国残疾人运动会在大连举行，此次残运会首次设立全国残疾人运动会纪录，标志着我国残疾人运动走向正规化。

8 月 15 日 第十届残疾人奥运会在美国亚特兰大开幕，我国运动员 10 人 16 次打破 11 项世界纪录。

11 月 8 ~ 12 日 第一届亚洲及太平洋地区特奥运动会在上海举行，这是亚太地区特奥运动员的首次聚会。

1997年

7 月 14 ~ 27 日 中国聋人体育代表团参加丹麦哥本哈根第十八届世界聋人运动会。

8 月 28 ~ 31 日 中国运动员参加第三届国际残奥委会明星赛。

11 月 江苏省五台山体育中心挂牌成为第一家国家残疾人体育训练基地，推动了残疾人体育事业发展。

1998年

7 月 1 ~ 26 日 第一届世界盲人运动会在西班牙马德里举行。中国盲人体育代表团打破 2 项游泳世界纪录。

11 月 26 日 第七届远南残疾人运动会中国体育代表团成立新闻发布会暨捐赠仪式在北京举行。

1999年

1 月 10 日 第七届远东及南太平洋地区残疾人运动会在泰国曼谷举行。中国残疾人运动员中 13 人 19 次打破 15 项世界纪录。

6 月 8 日 中国残疾人体育协会第二届全国委员会在北京召开。郭建模当选中国残疾人体协主席。

10 月 1 日 由残疾人代表组成的残疾人轮椅和志愿者方阵参加国庆 50 周年首都群众游行队伍并接受检阅。这是新中国成立 50 年来中国残疾人第一次作为一个群体参加国庆庆典。

10 月 9 日 第十九届国际马拉松比赛在北京举行，首次将轮椅组列入正式比赛。我国残疾人运动员分获轮椅组男子半程和女子全程比赛的第 1 名。

12 月 8~12 日 我国 6 名残疾人乒乓球选手在西班牙举行的国际乒乓球比赛中获得 2000 年残奥会入选资格。

2000年

2 月 22 日 第五届全国残疾人运动会组委会在上海成立，并举行第一次全体大会。李瑞环担任组委会名誉主席。

4 月 22 日 第五届全国残疾人运动会圣火采集仪式在中华世纪坛举行。

5 月 6~14 日 第五届全国残疾人运动会在上海举行，其中智力残疾运动员首次参加残运会。

10 月 18~29 日 第十一届残疾人奥运会在悉尼举行。

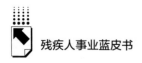

2001年

3月4~11日 我国运动员在美国阿拉斯加州举行的第七届世界冬季特奥运动会中取得优异成绩。

4月17日 第三届全国特奥运动会举行新闻发布会，宣布第三届全国特奥运动会将于2002年8月在西安举行。

7月13日 国际奥林匹克委员会决定将2008年第二十九届夏季奥林匹克运动会的主办权授予北京，并同时举办第十三届残奥会。

7月23~31日 我国参加在意大利罗马举行的第十九届聋人奥运会。

2002年

4月23日 冯国勤率领上海申办代表团向国际特奥董事会做申办陈述，并且打破了世界特奥运动会有史以来的申办程序。董事会当场决定：2007年第十二届世界夏季特奥运动会主办权属于中华人民共和国！这是世界特奥运动会第一次走进发展中国家、走进亚洲，也是国际特奥事业发展道路上的一个里程碑。

7月3~13日 2002年残疾人IPC世界射击锦标赛在韩国龙仁市举行。

7月21~28日 我国派多名残疾人运动员参加在法国举行的第三届世界残疾人田径锦标赛。

9月8~13日 第三届全国特奥运动会在西安举行。

10月26日至11月1日 第八届远东及南太平洋地区残疾人运动会在韩国釜山举行。中国运动员打破11项世界纪录，第5次蝉联远南残疾人运动会金牌、奖牌总数第一。

2003年

6月22~29日 第十一届世界夏季特奥运动会在爱尔兰都柏林举行，

中国特奥运动员取得优异成绩。

8月1日 中央机构编制委员会批复设立中国残奥运动管理中心，该中心于2004年4月1日挂牌成立。2009年6月更名为"中国残疾人体育运动管理中心"。

8月24日 大连残疾人谢延红成功横渡英吉利海峡，成为世界上第一位成功横渡英吉利海峡的残疾人。

9月16日 在南京召开1998~2002年全国残疾人体育先进单位和先进个人表彰大会。

9月16~24日 第六届全国残疾人运动会在南京、常州、无锡举行。

10月26日 2003年世界轮椅运动会在新西兰基督城开幕。我国运动员参加了6个项目的比赛，金牌总数居39个参赛国之首。

2004年

1月14日 国务院任命全国政协副主席、中国残联主席邓朴方为北京奥运会组委会执行主席。

3月2日 上海承办2007世界夏季特奥运动会签约仪式在北京举行。

7月23日 中编办批准中国残联设立体育部。

8月18日 第十二届夏季残疾人奥运会（雅典残奥会）中国体育代表团是我国自1984年首次参加残奥会以来派出的规模最大的残奥代表团。

9月17~28日 第十二届夏季残奥会在希腊雅典举行。中国居金牌榜及奖牌榜首位。

2005年

1月5~16日 我国参加在墨尔本举行的第二十届聋人奥运会。

2月26日至3月5日 我国参加了第八届世界冬季特奥运动会5个项目的比赛，并取得优异成绩。

5 月 12 ~ 15 日　首届残奥世界杯赛在英国曼彻斯特举行。

5 月 26 ~ 29 日　第二届残疾人乒乓球单打世界杯赛在法国南特举行。我国选手获男女单打比赛冠军。

6 月 24 ~ 29 日　第一届东亚区特殊奥林匹克足球赛在上海举行。

11 月 18 ~ 19 日　国际残奥委会大会在北京举行，邓朴方获"国际残奥委会勋章"。

2006年

2 月 24 ~ 27 日　香港残奥会、香港残疾人体育协会举办第一届香港轮椅击剑世界杯，中国运动员参加全部项目的比赛。

3 月 10 ~ 19 日　中国运动员参加在意大利都灵举行的第九届冬季残奥会。

6 月 29 日至 7 月 3 日　盲人柔道世界锦标赛在法国举行，这是 2008 年北京残奥会的积分赛，我国 14 名运动员获得 2 枚金牌、3 枚银牌、3 枚铜牌。

7 月 29 日至 8 月 4 日　第四届全国特奥运动会在哈尔滨举行。

8 月 21 ~ 29 日　中国残疾人赛艇队首次参加英国赛艇世界锦标赛。

10 月 3 ~ 15 日　我国 7 名运动员参加在里约热内卢举行的 2006 年脑瘫硬地滚球世锦赛，取得该项目 2008 年北京残奥会参赛资格。

11 月 25 日至 12 月 1 日　我国体育代表团中 190 名运动员参加在吉隆坡举行的第九届远南残疾人运动会，金牌、奖牌总数皆位居榜首。

12 月 2 ~ 8 日　我国运动员参加在南非德班举行的 2006 年国际残奥游泳世界锦标赛。

2007年

5 月 12 日　导盲犬首次亮相全国残疾人运动会。

5月12~20日　第七届全国残疾人运动会在昆明举行，运动会设20个竞赛项目，并超91项、平2项世界纪录。

6月18~24日　我国盲人足球代表队参加在希腊塞萨洛尼基举行的盲人足球国际锦标赛，荣获第3名。

7月29日至8月6日　中国盲人体育代表团赴巴西圣保罗参加第三届世界盲人运动会，这是争夺北京残奥会入场券的一项重要赛事。

7月30日　北京2008年奥运会筹办工作报告会在人民大会堂召开，会议号召全社会"牵手残疾人，走进残奥会"。

10月2~11日　2007年第十二届世界夏季特奥运动会在上海举办。本届特奥运动会是特奥会首次在发展中国家和亚洲举行，规模堪称历届之最。

12月18日　残疾人体育摄影大赛颁奖仪式在北京举行，这是首次以残疾人体育为主题的全国性摄影大赛。

2008年

4月7日18时30分（法国当地时间12时30分）　北京2008年奥运会火炬环球接力传递第5站活动在法国巴黎埃菲尔铁塔举行，火炬手金晶因用自己残弱的身躯顽强捍卫奥运火炬被誉为"最美最坚强的火炬手"。

4月24日　第十一届全国人大常委会第二次会议修订通过《中华人民共和国残疾人保障法》。

8月28日　北京残奥会圣火采集仪式暨火炬传递启动仪式在北京天坛祈年殿南广场隆重举行。中共中央政治局常委、国务院总理温家宝点燃圣火盆，宣布北京2008年残奥会火炬接力传递开始。

9月6日　第十三届夏季残奥会（2008年北京残奥会）开幕式在国家体育场隆重举行，这是中国首次举办残疾人奥运会，也使中国成为第3个举办残奥会的亚洲国家。279人次打破残奥会纪录和世界纪录。中国体育代表团以总计211枚奖牌的成绩蝉联金牌榜和奖牌榜第一。克雷文称赞此届残奥会是"有史以来最伟大的残奥会"。

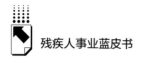
9 月 17 日　中共中央、国务院向参加北京 2008 年残奥会的中国体育代表团发来贺信，祝贺中国残奥代表团取得金牌、奖牌总数双第一的优异成绩。

2009年

8 月 19 日　国务院第 77 次会议通过《全民健身条例》（国务院令第560 号）。

8 月 24 日　广州 2010 年亚残运会组委会成立大会在广州召开。根据国务院批复，全国政协副主席、中国残联名誉主席邓朴方任组委会名誉主席，国家体育总局局长刘鹏任组委会主席，广东省省长黄华华及中国残联党组书记、理事长王新宪任组委会执行主席。

2010年

12 月 4 日　广州 2010 年第一届亚洲残疾人运动会火炬点燃暨火炬传递活动启动仪式在北京举行。

12 月 12 日　广州 2010 年第一届亚洲残疾人运动会在广东奥林匹克体育场开幕，成为第一个亚运会和亚成运会同城举办的运动会。

12 月 19 日　广州 2010 年第一届亚洲残疾人运动会闭幕式在广东奥林匹克体育场举行。

2011年

1 月 2 日　首届厦门国际轮椅马拉松赛开赛，贾勇出席开幕式并为起跑鸣枪。

1 月 16 日　中国女子盲人门球队荣获 2010 年度体坛风云人物"残疾人体育精神奖"。

6月25日至7月4日 2011年世界夏季特奥运动会在希腊雅典举办。我国代表团参加11个项目的比赛。

7月6日 第十三届世界夏季特奥运动会中国代表团圆满完成参赛任务返回北京。中国97名特奥运动员共夺得137枚奖牌。

10月11～19日 第八届全国残疾人运动会开幕式在杭州举行。

2012年

2月6～13日 2012年残疾人场地自行车世锦赛在美国洛杉矶举行，这是2012年伦敦残奥会前最后一次重大赛事。

2月7日 第三届亚洲青年残疾人运动会举办权签约仪式在马来西亚吉隆坡举行，并将第三届亚洲青年残疾人运动会定于2013年10月23～30日在马来西亚吉隆坡举行。

2月18～25日 中国派团参加在韩国举行的轮椅冰壶世锦赛，喜获铜牌，实现中国轮椅冰壶项目在国际大赛上奖牌零的突破，并取得2014年索契冬季残奥会的参赛资格。

4月19～25日 2012年国际乒联（ITTF）中国残疾人乒乓球公开赛在中国残疾人体管中心举办。

4月27日至5月7日 2012年聋人乒乓球世界锦标赛在日本东京举行。中国代表队奖牌数位列金牌榜、奖牌榜第一。

5月3～6日 伦敦残奥会射箭测试赛在英国伦敦皇家炮兵营举行，中国代表队获得1金、2银、2铜。

8月29日至9月9日 中国体育代表团参加伦敦第十四届残奥会15个大项的赛事。

9月9日 2012年伦敦残奥会在"伦敦碗"闭幕。中国残奥代表团创造了自1984年参加残奥会以来的最好成绩，位居金榜和奖牌榜第一。

9月12日 第十四届残奥会中国体育代表团总结表彰大会在人民大会堂举行。

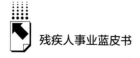

10 月 22 ~ 27 日 2012 年全国聋人田径锦标赛在福建省残疾人体育运动管理中心举办，福建省残疾人体育运动管理中心被授予"中国残疾人体育训练基地"称号。

11 月 19 ~ 24 日 全国聋人游泳锦标赛在中国残疾人体管中心举行。

12 月 28 日 中国残联印发《关于切实做好优秀残疾人运动员就学和就业工作的通知》（残联〔2012〕243 号）。该通知要求："优秀残疾人运动员的文化教育要坚持普及与提高相结合、以普及为重点的方针。"

2013年

1 月 29 日至 2 月 5 日 中国代表团参加在韩国平昌举行的第十届世界冬季特奥运动会，这是中国第 6 次派团参加世界冬季特奥运动会。

3 月 22 ~ 23 日 2013 年第十五届 CBDF 国际标准舞"院校促进杯"公开赛暨北京轮椅舞蹈公开赛在北京地坛体育馆成功举行。

4 月 12 日 中国残联召开 2013 年全国人大建议和全国政协提案交办会。

4 月 12 ~ 16 日 2013 年全国残疾人青少年田径锦标赛在福州举办。

4 月 22 日 2013 年中国残疾人田径公开赛暨 IPC 田径大奖赛在中国残疾人体育运动管理中心开赛，这是我国首次举办国际残奥委会授权的国际残疾人田径单项赛事。

5 月 23 ~ 26 日 2013 年盲人足球亚洲锦标赛在中国残疾人体管中心举办。这是中国第一次举办盲人足球单项的国际赛事，有中、日、韩 3 支盲人足球队参赛。

5 月 25 ~ 28 日 2013 年全国残疾人（25 岁以下）羽毛球锦标赛在广州市残疾人体育运动中心举办。

6 月 2 ~ 5 日 2013 年"晟大华健杯"全国残疾人乒乓球锦标赛（25 岁以下）及全国残疾人举重锦标赛（30 岁以下）在河北举行。

7 月 15 ~ 30 日 中国派出 32 人的代表队赴法国里昂参加 2013 年世界残

疾人田径锦标赛。中国代表团共获得 25 枚奖牌，名列奖牌榜第五。

8 月 4 ~ 14 日 中国轮椅击剑代表队参加 2013 年轮椅击剑世锦赛。

8 月 12 ~ 19 日 中国代表队参加在加拿大举办的 2013 年蒙特利尔 IPC 游泳世锦赛。

9 月 9 ~ 11 日 第十一届世界盲人举重锦标赛在中国残疾人体管中心举行。

9 月 14 ~ 22 日 中国派 38 人参加在荷兰斯塔茨卡纳尔举办的 2013 年世界轮椅与肢残人运动会。

10 月 9 ~ 14 日 2013 年全国盲人柔道锦标赛在北京市盲人学校举行，该学校是全国首个在特教学校挂牌的残疾人体育培训基地。

10 月 23 ~ 30 日 第三届亚洲青年残疾人运动会在马来西亚吉隆坡举行。这次运动会是该赛事规模最大的一届。

10 月 28 日至 11 月 3 日 2013 年全国特奥乒乓球比赛在浙江省嘉兴市残奥运动管理中心体育馆举办。

10 月 29 日至 11 月 5 日 2013 年全国残疾人（22 岁以下）游泳锦标赛在中国残疾人体管中心成功举办。

2014 年

1 月 11 日 国际乒联 2013 年度颁奖典礼在阿联酋迪拜举行。中国乒乓球运动员马麟获得 2013 年度最佳残疾人男运动员。

2 月 24 日 国际智力残疾人体育联合会批准中国残奥委员会加入，中国由此成为国际智力残疾人体育联合会第 70 个会员国。

3 月 7 ~ 16 日 中国参加在俄罗斯索契举行的第十一届冬季残奥会。

5 月 6 ~ 14 日 全国残疾人自行车锦标赛暨中华人民共和国第九届残疾人运动会暨第六届全国特奥运动会自行车比赛在广州大学城举行。

5 月 12 ~ 19 日 全国坐式排球锦标赛暨中华人民共和国第九届残疾人运动会暨第六届全国特奥运动会坐式排球预选赛在上海市残疾人体育训练中

心举行。

6 月 19 ~ 23 日 全国残疾人赛艇锦标赛暨第九届全国残运会赛艇比赛在浙江省千岛湖国家水上运动训练基地举行。

9 月 7 ~ 14 日 中国派 29 名运动员参加在中国残疾人体管中心举办的 2014 年国际乒联残疾人乒乓球世锦赛。

10 月 18 ~ 24 日 第二届亚洲残疾人运动会在韩国仁川文鹤体育场举行。中国体育代表团以 317 枚奖牌的成绩位列金牌榜、奖牌榜双第一，实现了在远南残疾人运动会暨亚残运会金牌榜和奖牌榜中的"八连冠"。

2015年

2 月 13 日 芬兰 2015 年轮椅冰壶世锦赛落下帷幕，中国队获得亚军，取得历史最好成绩。

3 月 28 日至 4 月 5 日 第十八届冬季听障奥运会在俄罗斯汉特 – 曼西斯克及马格尼托哥尔斯克举行，我国听障运动员参加比赛，实现我国冬季听障奥运会金牌零的突破。

5 月 8 ~ 17 日 2015 年世界盲人运动会在韩国首尔举行，我国盲人门球男女队均获得银牌，夺得 2016 年里约残奥会的参赛资格。

5 月 27 日至 6 月 1 日 中国残疾人体管中心承办的首届国际残疾人羽毛球中国公开赛在中国残疾人体管中心举行。

7 月 13 ~ 19 日 2015 年 IPC 游泳世锦赛在英国格拉斯哥举行，我国运动员获得 13 个里约残奥会参赛资格。

7 月 25 日至 8 月 2 日 第十四届夏季特奥运动会在美国洛杉矶举行。

7 月 26 日 2015 年国际残奥委员会举重亚洲锦标赛暨公开赛在哈萨克斯坦阿拉木图拉开帷幕，崔哲在第一项女子 41 公斤级比赛中获得冠军，并打破土耳其运动员创造的世界纪录。

7 月 31 日 在马来西亚吉隆坡召开的国际奥委会第 128 次全体会议上，2022 年冬奥会举办权被授予北京。

8 月 23 日 在 2015 年残疾人射箭世界锦标赛中，我国获得 9 个里约残奥会参赛资格。

9 月 2 ~ 7 日 IBSA 盲人足球亚锦赛在日本东京举行，中国队获得亚军并取得 2016 年里约残奥会盲人足球比赛参赛资格。

9 月 24 ~ 28 日 第十六届亚洲赛艇锦标赛在顺义奥林匹克水上公园举行，此次锦标赛首次设立男女单人艇残疾人组别比赛，这也是亚洲体育赛事中第一次同时举办残疾人组别比赛。

10 月 10 ~ 17 日 2015 年亚大区轮椅篮球锦标赛在日本千叶举行，中国女队获得里约残奥会参赛资格。

2016年

3 月 2 日 劳伦斯世界体育奖组委会在德国柏林揭晓 7 个类别奖项的提名名单，中国田径视力障碍运动员刘翠青入围，并受邀参加于 4 月 18 日在柏林举行的颁奖典礼。

3 月 18 日 中共中央总书记、国家主席、中央军委主席习近平在中南海主持召开会议，专题听取北京冬奥会和冬残奥会筹办工作情况汇报并做重要讲话。

3 月 19 ~ 26 日 国际硬地滚球协会个人单项世锦赛在中国残疾人体管中心举行，中国运动员拿到 2016 年里约残奥会硬地滚球的入场券。

9 月 7 ~ 18 日（里约热内卢时间） 第十五届夏季残奥会在巴西里约热内卢举行。中国残疾人在该届残奥会上创造 51 项世界纪录，连续第 4 次位列残奥会金牌榜、奖牌榜双第一。

9 月 21 日 中国残联、中央宣传部、文化部、国家新闻出版广电总局、国家体育总局联合发布《残疾人文化体育工作"十三五"实施方案》。

11 月 15 ~ 18 日 中国派出 17 名残疾人运动员参加在荷兰举行的国际残奥委会荷兰高山滑雪和单板滑雪 IPCAS 杯赛、欧洲杯及世界杯赛，17 名运动员成功取得国际分级，3 名单板运动员取得参加单板世界杯比赛的

资格。

11 月 18 日 中国残联办公厅发布《关于组织开展残疾人康复体育、健身体育项目征集活动的通知》。

12 月 7 ~ 16 日 中国残疾人越野滑雪队 18 名运动员参加芬兰越野滑雪世界杯赛。此次比赛中，中国队取得自 2022 年冬残奥会申办成功以后越野滑雪的最好成绩。

12 月 22 ~ 29 日 2016 年全国残疾人越野滑雪比赛在黑龙江亚布力滑雪场举行，这是中国举办的首届残疾人越野滑雪锦标赛。

2017年

3 月 18 ~ 25 日 中国参加第十一届世界冬季特奥运动会，取得了 71 枚奖牌的好成绩。这是中国第 7 次组团参加世界冬季特奥运动会。

7 月 23 日 第八届残疾人世界田径锦标赛在伦敦落幕，中国代表团的奖牌数位居金牌榜和奖牌榜第一。

9 月 5 日 首届全国残奥冰球锦标赛在青岛举行。

2018年

3 月 1 日 韩国平昌冬残奥会轮椅冰壶决赛场上，中国代表团赢得了自参加冬季残奥会以来的第 1 枚金牌，实现了冬残奥金牌零的突破。

3 月 9 ~ 18 日 中国运动员参加第十二届平昌冬季残奥会。

3 月 17 日 中国轮椅冰壶队在 2018 年平昌冬残奥会轮椅冰壶决赛上，夺得中国体育运动历史上第 1 枚冬残奥会金牌，这也是中国代表团自 2002 年参加冬残奥会以来夺得的首枚金牌。

4 月 18 ~ 24 日 全国残疾人跆拳道锦标赛在山东省青岛市举办，本次比赛也是跆拳道首次列入夏季残奥会比赛项目后，全国第一次举办的残疾人跆拳道比赛。

9 月 27 ~ 28 日　第一届全国残疾人体育学术交流会暨冬残奥项目研讨会在清华大学召开。

10 月 6 ~ 13 日　第三届亚洲残疾人运动会在印度尼西亚雅加达举行。中国体育代表团破 7 项世界纪录，破 21 项亚洲纪录，列金牌榜及奖牌榜首位，实现了远南残疾人运动会和亚残运会"九连冠"。

10 月 15 ~ 21 日　2018 年残疾人乒乓球单打世锦赛在斯洛文尼亚举办，中国奖牌数列奖牌榜首位。

11 月 2 日　第三届亚残运会工作总结会在中国残疾人体管中心召开，国际残奥单板滑雪亚洲杯、世界杯两站赛中，江紫豪获得亚洲杯男子 UL 级第 2 名，孙奇获得世界杯 LL2 级第 2 名，这两项成绩是我国运动员在该亚洲杯和世界杯赛事中取得的最好名次。

11 月 14 ~ 15 日　2018 年残奥单板滑雪荷兰世界杯两站赛在兰德赫拉夫举行，我国运动员孙奇在男子坡面回转比赛 LL2 级别中两次荣获金牌，为我国残奥单板滑雪项目首次获得国际赛事金牌。

12 月 8 ~ 11 日　世界残奥高山滑雪国家杯和欧洲杯在奥地利皮茨谷举行，我国运动员夺得了两个世锦赛技术型项目参赛资格。

2019 年

1 月 18 日　第三届中国残疾人冰雪运动季全国示范活动在延庆区世界葡萄博览中心举行。

2 月 1 日　习近平总书记到北京石景山首钢园区考察北京冬奥会和冬残奥会筹办工作。

3 月 3 ~ 10 日　轮椅冰壶世锦赛在冰壶发源地苏格兰斯特灵市举行，中国轮椅冰壶队以 5:2 战胜东道主苏格兰队获得冠军。

3 月 14 ~ 17 日　国际残疾人场地自行车世锦赛在荷兰阿培尔顿举行，中国残奥自行车队代表团取得自参加世锦赛以来的最好成绩。

3 月 25 日至 4 月 1 日　残疾人单板滑雪世锦赛在芬兰举行，本次比赛是我国单板滑雪队首次参加残疾人单板滑雪世锦赛，该成绩也是高级别赛事中我国获得的最好成绩。

4月1~6日 国家残疾人游泳代表队参加了在美国印第安纳波利斯举行的世界残奥游泳系列赛美国站比赛，运动员王李超在S5级男子50米仰泳和50米蝶泳项目上取得2枚金牌并打破世界纪录。

5月31日至6月10日 2019年残疾人射箭世锦赛在荷兰斯海尔托亨博斯举行，中国残疾人射箭队总奖牌数蝉联世锦赛奖牌榜第一。

6月15日 泰国坐式排球亚洲及大洋洲锦标赛中，中国女队获得了冠军，捍卫了中国女子坐式排球队在亚洲的霸主地位。

7月10~18日 2019年波兰轮椅击剑世界杯在波兰华沙举行，中国轮椅击剑队位列金牌榜、奖牌榜第一。

9月15~24日 2019年韩国轮椅击剑世锦赛在韩国清州举行，中国轮椅击剑队位列金牌榜、奖牌榜第一。

11月2~16日 迪拜世界残奥田径锦标赛在迪拜举行，中国队选手创造了8项世界纪录，居奖牌榜首位。

11月13日 单板滑雪荷兰站世界杯坡面回转比赛结束，这次比赛是中国代表团参加该级别赛事荣获奖牌数最多的一次。

2020年

1月5~11日 残奥单板滑雪亚洲杯比赛在河北崇礼举行，这是我国首次举办残疾人单板滑雪国际赛事。

1月7~12日 高山滑雪世界杯在瑞士举行，这是我国首次参加世界杯赛事并获得冠军。

1月8~14日 残奥越野滑雪亚洲杯比赛在黑龙江亚布力举行，这是我国首次举办国际残奥委会批准的越野滑雪国际赛事。

1月26日至2月4日 由国际自盟（UCI）主办的残奥场地自行车世锦赛在加拿大举行，我国荣登奖牌榜和金牌榜榜首，这是我国在残奥场地自行车世锦赛中取得的历史最佳战绩。

7月1日下午 中国残联体育部联合党支部开展庆祝建党99周年主题党日活动，体育部全体党员和干部参加。

2021年

4月29日下午 残奥冠军班召开会议，成立新一届临时党支部。

6月12日 第六届残疾人民间足球争霸赛暨福建省残疾人足球进基层服务活动暨2021年亚足联草根足球日活动在福建省龙岩市举办。

6月16日 全国第十一届残运会暨第八届特奥会轮椅舞蹈比赛在湖北省武汉市举行。

6月18日 中华人民共和国第十一届残疾人运动会暨第八届特殊奥林匹克运动会五人制聋人足球比赛在青岛市城阳区白沙湾足球基地开赛。

6月21日 中华人民共和国第十一届残疾人运动会暨第八届特殊奥林匹克运动会旱地冰壶比赛在浙江省杭州市举行。

7月6日 中华人民共和国第十一届残运会暨第八届特奥会三人制聋人篮球比赛在辽宁省鞍山市举行。

Contents

I   General Reports

Abstract: This report reviews centennial development history of the cause of persons with disabilities in China. Under the leadership of the Communist Party of China, the cause of persons with disabilities in China has experienced four stages: exploration period, preliminary development period, rapid development period and stable and mature development period. The single basic living security in the previous two periods has developed to all-round support including employment, rehabilitation, education and spiritual culture, and has explored a development path with Chinese characteristics. Especially since the 18th CPC National Congress, the CPC Central Committee with Xi General Secretary Xi Jinping as the leadership core has persisted in the development idea of "people-centered" and paid special attention to needed people including persons with disabilities. The social security and service system of persons with disabilities have been continuously improving. The living and development conditions of the persons with disabilities have been significantly upgrading. The system for the development of cause of persons with disabilities has improved and the cause of persons with disabilities has stepped to a new stage.

Keywords: Communist Party of China; Cause of Persons with Disabilities; Social Security

B.2 The Progress of the Cause of Persons with Disabilities and Layout of the 14th Five-Year Plan period (2021)

Yang Lixiong / 017

Abstract: In 2020, people with disabilities and the national people have entered a well-off society in an all-round way. Social security for persons with disabilities has been further improved, the employment proportion of persons with disabilities has further increased, the barrier-free environment has been continuously improved, and their legitimate rights have been effectively guaranteed. During the 14th Five-Year Plan period, the cause of persons with disabilities should focus on high-quality development, further consolidating the achievements of poverty alleviation, improving the quality of employment, promoting equalization of basic public services for persons with disabilities, mending the barrier-free environment, and developing towards common prosperity for persons with disabilities.

Keywords: Cause of the Persons with Disabilities; Public Services for the Persons with Disabilities; The 14th Five-Year Plan

II Special Topics

B.3 Progress Report on Preparation for Beijing 2022 Winter Paralympic Games

Gu Yaodong / 038

Abstract: In July 2015, China successfully won the right to host the 13th Winter Paralympic Games in 2022. At present, Beijing and Zhangjiakou are fully prepared for the Winter Paralympic Games. The holding of the 2022 winter Paralympic Games in Beijing has been boosting the optimization and promotion of

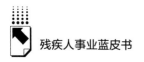
the functions of government departments, improving the sports laws and regulations for the persons with disabilities, optimizing the scientific training system for winter events for the persons with disabilities. Meanwhile, it has been upgrading the construction level of barrier-free environment in city and promoting the development of ice and snow sports for persons with disabilities.

Keywords: Beijing Winter Paralympic Games; Winter Sports for the Persons with Disabilities; Scientific Training

B. 4　Report on the Development of Mass Sports for Persons with Disabilities in China（2021）　*Wu Yandan* / 058

Abstract: After years of efforts, China has made great progress in fitness demonstration sites for the persons with disabilities, mass ice and snow activities, social sports instructors for the persons with disabilities, rehabilitation sports into the family, mass sports branding projects, etc. However, there are also some problems, such as lack of localized interpretation of policy documents, vague functional positioning of fitness demonstration sites for the persons with disabilities, inadequate financial guarantee for rehabilitation sports into the family, low accessibility and inclusiveness of sports participation for persons with disabilities. In the future, we should base on the combination of inclusive plans and special plans, promote the reform of mass sports governance system for persons with disabilities with inclusive development, create a good external environment, improve the initiative of sports participation for persons with disabilities, and promote the vigorous development of mass sports for the persons with disabilities.

Keywords: Persons with Disabilities; Mass Sports; Inclusive Development

B.5   Report on the Development of Competitive Sports for

Persons with Disabilities in China (2021) *Wen An* / 082

Abstract: China has held eleven sessions National Games for the persons with disabilities and eight sessions Special Olympics, which have effectively promoted the active development of sports cause for persons with disabilities in various places and selected various special talents for China to participate in international competitions. Up to now, China has ranked first in gold medals and total medals in five consecutive Paralympic Games. During the 14th Five-Year Plan period, the main goal and task of competitive sports for persons with disabilities is to promote the all-round development of sports for persons with disabilities, make full preparations for the Beijing Winter Paralympics, Hangzhou Asian Para Games and other international competitions, and constantly improve the level of competition.

Keywords: Competitive Sports for the Persons with Disabilities; Paralympic Games; Winter Paralympic Games

B.6   Report on the Development of Rehabilitation Sports for Persons

with Disabilities in China (2021)

Hou Xiaohui, Zhang Malan / 103

Abstract: The development of rehabilitation sports for persons with disabilities in China has experienced the stages of exploration, preliminary development and rapid development, showing a historical evolution from scratch, from prototype to scale. During the 13th Five-Year Plan period, rehabilitation sports for persons with disabilities have been included in the development of national fitness and the cause of persons with disabilities. Laws, regulations and policies have been constantly improved, the number of persons with disabilities receiving family care services of rehabilitation sports has steadily increased, rehabilitation sports dem-

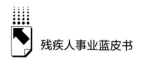

onstration sites have increased year by year, and the team of rehabilitation sports professionals has gradually expanded. In the future, rehabilitation sports for the persons with disabilities should be reformed in the aspects of security system, service mode, resource allocation and talent training.

Keywords: Rehabilitation Sports for Persons with Disabilities; Rehabilitation Medicine; Sports Fitness

B.7　Report on the Development of Physical Education for
　　　　Persons with Disabilities in China（2021）　　*Wu Xueping* / 121

Abstract: This report summarizes the development of physical education for the persons with disabilities in China and analyzes the status quo of physical education for the persons with disabilities in China. During the 13th Five-Year Plan period, physical education for persons with disabilities has comprehensively entered a stage of reform, development and quality improvement. Policies related to physical education for persons with disabilities have been gradually improved, physical activities in physical education schools for persons with disabilities have increased, physical education infrastructure for persons with disabilities has been continuously improved, and physical education curriculum standards in schools for persons with disabilities have been gradually improved. However, there are still some problems, such as lack of physical fitness test standard, lack of targeted sports activities, lack of physical education standard and so on. In the future, we should further clarify the physical education rights of the persons with disabilities, establish physical fitness testing standards, accelerate the reform and development of the modern physical education system for the persons with disabilities, and solve the problems in the development of physical education for the persons with disabilities from the perspective of legislation.

Keywords: Physical Education for Persons with Disabilities; Special Education School; Sports Activities

Ⅲ Local Reports

Abstract：During the 13th Five-Year Plan period，Inner Mongolia Auto-
nomous Region achieved comprehensive success in poverty alleviation for persons
with disabilities，successfully fulfilled the goals and tasks in the 13th Five-Year Plan，
and made remarkable achievements in the "eight networks" of basic public
services for persons with disabilities. During the 14th Five-Year Plan period，with
the theme of promoting the high-quality development of the persons with disa-
bilities，Inner Mongolia will consolidate and expand the achievements of poverty
alleviation for the persons with disabilities，enhance their ability to provide basic
security，improve the supply of rehabilitation services，improve infrastructure，and
comprehensively promote the development of the cause of persons with disabilities.

Keywords：Cause of the Persons with Disabilities；Security for Persons with
Disabilities；Inner Mongolia

Abstract：Through targeted poverty alleviation，all persons with disabilities
identified as poverty in Xinjiang have been lifted out of poverty，ensuring the basic

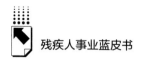

livelihood of persons with disabilities in financial difficulties. Efforts have been made to promote employment and entrepreneurship for persons with disabilities, steadily promote education for persons with disabilities, comprehensively improve the quality of basic public services for persons with disabilities, and improve basic conditions for their development. Great progress has been made in the cause of persons with disabilities. During the 14th Five-Year Plan period, Xinjiang will focus on promoting the high-quality development of cause of persons with disabilities, consolidate and expand the achievements in poverty alleviation for persons with disabilities, and promote their all-round development and common prosperity, comprehensively promote the development of cause of persons with disabilities.

Keywords: Cause of Persons with Disabilities; Security of Persons with Disabilities; Xinjiang

B.10 Report on the Development of the Cause of Persons with Disabilities in Ningxia Hui Autonomous Region (2021)

Pan Hongxiang, Ningxia Hui Autonomous Region

Disabled Persons' Federation / 172

Abstract: Since the founding of the People's Republic of China, especially since the 18th CPC National Congress, Ningxia has made great progress in the cause of the persons with disabilities along with other economic and social undertakings. The living standards of the persons with disabilities have been constantly improved, and the "three-step leap" has been achieved in solving the problem of food and clothing, getting rid of poverty and all-round development. During the 14th Five-Year Plan period, Ningxia will promote the implementation of the "nine major tasks" and strongly support the high-quality development of cause of the persons with disabilities.

Keywords: Cause of Persons with Disabilities; Affair of Persons with Disabilities; Ningxia

B.11 Report on the Development of the Cause of Persons with
Disabilities in Tibet Autonomous Region (2021)

Hu Yun, Tibet Autonomous Region Disabled Persons' Federation / 187

Abstract: The cause of persons with disabilities in Tibet Autonomous Region has experienced exploration, based on advanced and scientific development three stages, has been to establish a relatively perfect protection legal system for the persons with disabilities, policies and measures for assisting and benefiting the persons with disabilities have been gradually improved. The investment in cause of persons with disabilities has increased year by year. The rehabilitation services for the persons with disabilities, level of education increased steadily, and income level grow rapidly, remarkable progress has been made in cause of persons with disabilities. During the 14th Five-Year Plan period, the Tibet Autonomous Region will focus on the "Three Ones" and promote high-quality cause of persons with disabilities in the region.

Keywords: Cause of Persons with Disabilities; The 14th Five-year Plan; Tibet

Ⅳ   Appendix

B.12 Memorabilia of Sports for Persons with Disabilities in
China (1953 −2021) / 202

社会科学文献出版社

皮 书

智库成果出版与传播平台

❖ 皮书定义 ❖

皮书是对中国与世界发展状况和热点问题进行年度监测，以专业的角度、专家的视野和实证研究方法，针对某一领域或区域现状与发展态势展开分析和预测，具备前沿性、原创性、实证性、连续性、时效性等特点的公开出版物，由一系列权威研究报告组成。

❖ 皮书作者 ❖

皮书系列报告作者以国内外一流研究机构、知名高校等重点智库的研究人员为主，多为相关领域一流专家学者，他们的观点代表了当下学界对中国与世界的现实和未来最高水平的解读与分析。截至 2021 年底，皮书研创机构逾千家，报告作者累计超过 10 万人。

❖ 皮书荣誉 ❖

皮书作为中国社会科学院基础理论研究与应用对策研究融合发展的代表性成果，不仅是哲学社会科学工作者服务中国特色社会主义现代化建设的重要成果，更是助力中国特色新型智库建设、构建中国特色哲学社会科学"三大体系"的重要平台。皮书系列先后被列入"十二五""十三五""十四五"国家重点出版规划项目；2013~2022 年，重点皮书列入中国社会科学院国家哲学社会科学创新工程项目。

权威报告·连续出版·独家资源

皮书数据库
ANNUAL REPORT(YEARBOOK)
DATABASE

分析解读当下中国发展变迁的高端智库平台

所获荣誉

- 2020年，入选全国新闻出版深度融合发展创新案例
- 2019年，入选国家新闻出版署数字出版精品遴选推荐计划
- 2016年，入选"十三五"国家重点电子出版物出版规划骨干工程
- 2013年，荣获"中国出版政府奖·网络出版物奖"提名奖
- 连续多年荣获中国数字出版博览会"数字出版·优秀品牌"奖

皮书数据库

"社科数托邦"
微信公众号

成为会员

登录网址www.pishu.com.cn访问皮书数据库网站或下载皮书数据库APP，通过手机号码验证或邮箱验证即可成为皮书数据库会员。

会员福利

- 已注册用户购书后可免费获赠100元皮书数据库充值卡。刮开充值卡涂层获取充值密码，登录并进入"会员中心"—"在线充值"—"充值卡充值"，充值成功即可购买和查看数据库内容。
- 会员福利最终解释权归社会科学文献出版社所有。

数据库服务热线：400-008-6695
数据库服务QQ：2475522410
数据库服务邮箱：database@ssap.cn
图书销售热线：010-59367070/7028
图书服务QQ：1265056568
图书服务邮箱：duzhe@ssap.cn

社会科学文献出版社 皮书系列
SOCIAL SCIENCES ACADEMIC PRESS (CHINA)
卡号：679221189624
密码：

S 基本子库
SUB DATABASE

中国社会发展数据库（下设 12 个专题子库）

　　紧扣人口、政治、外交、法律、教育、医疗卫生、资源环境等 12 个社会发展领域的前沿和热点，全面整合专业著作、智库报告、学术资讯、调研数据等类型资源，帮助用户追踪中国社会发展动态、研究社会发展战略与政策、了解社会热点问题、分析社会发展趋势。

中国经济发展数据库（下设 12 专题子库）

　　内容涵盖宏观经济、产业经济、工业经济、农业经济、财政金融、房地产经济、城市经济、商业贸易等 12 个重点经济领域，为把握经济运行态势、洞察经济发展规律、研判经济发展趋势、进行经济调控决策提供参考和依据。

中国行业发展数据库（下设 17 个专题子库）

　　以中国国民经济行业分类为依据，覆盖金融业、旅游业、交通运输业、能源矿产业、制造业等 100 多个行业，跟踪分析国民经济相关行业市场运行状况和政策导向，汇集行业发展前沿资讯，为投资、从业及各种经济决策提供理论支撑和实践指导。

中国区域发展数据库（下设 4 个专题子库）

　　对中国特定区域内的经济、社会、文化等领域现状与发展情况进行深度分析和预测，涉及省级行政区、城市群、城市、农村等不同维度，研究层级至县及县以下行政区，为学者研究地方经济社会宏观态势、经验模式、发展案例提供支撑，为地方政府决策提供参考。

中国文化传媒数据库（下设 18 个专题子库）

　　内容覆盖文化产业、新闻传播、电影娱乐、文学艺术、群众文化、图书情报等 18 个重点研究领域，聚焦文化传媒领域发展前沿、热点话题、行业实践，服务用户的教学科研、文化投资、企业规划等需要。

世界经济与国际关系数据库（下设 6 个专题子库）

　　整合世界经济、国际政治、世界文化与科技、全球性问题、国际组织与国际法、区域研究 6 大领域研究成果，对世界经济形势、国际形势进行连续性深度分析，对年度热点问题进行专题解读，为研判全球发展趋势提供事实和数据支持。

法律声明

"皮书系列"(含蓝皮书、绿皮书、黄皮书)之品牌由社会科学文献出版社最早使用并持续至今,现已被中国图书行业所熟知。"皮书系列"的相关商标已在国家商标管理部门商标局注册,包括但不限于 LOGO(▨)、皮书、Pishu、经济蓝皮书、社会蓝皮书等。"皮书系列"图书的注册商标专用权及封面设计、版式设计的著作权均为社会科学文献出版社所有。未经社会科学文献出版社书面授权许可,任何使用与"皮书系列"图书注册商标、封面设计、版式设计相同或者近似的文字、图形或其组合的行为均系侵权行为。

经作者授权,本书的专有出版权及信息网络传播权等为社会科学文献出版社享有。未经社会科学文献出版社书面授权许可,任何就本书内容的复制、发行或以数字形式进行网络传播的行为均系侵权行为。

社会科学文献出版社将通过法律途径追究上述侵权行为的法律责任,维护自身合法权益。

欢迎社会各界人士对侵犯社会科学文献出版社上述权利的侵权行为进行举报。电话:010-59367121,电子邮箱:fawubu@ssap.cn。

社会科学文献出版社